발언 II

김종철 칼럼집

2012. 9. ~ 2015. 12.

녹색평론사

책머리에

여기에 묶어내는 것은 그동안 〈시사IN〉, 〈한겨레〉 그리고 〈경향신문〉에 썼던 글들이다. 분량 문제로 1, 2권으로 나누어 펴내기로 했고, 글들은 발표 연월순으로 배치했다. 다만 1권의 서두에 배치한 '거짓언어와 성장논리 속에서―나의 한국 현대사'라는 글은 〈프레시안〉에 썼던 글을 제목과 본문 일부를 수정해서 수록한 것이다. 그 밖의 다른 글들은 대개 발표될 때의 모습 그대로 두었지만, 드물게 해당 지면 편집자에 의해서 원래의 원고 상태와 조금 다르게 수정, 발표된 표현들 중 (나 자신이 그 수정의 이유를 납득할 수 없었던) 일부는 지금 기억을 되살려 가급적 원래 원고 상태로 회복시켰다.

어쨌든 보잘것없는 글들이지만, 딴에는 힘껏 쓰느라고 썼다. 이미 지나간 사건·사태를 언급한 글들이 대부분이지만 지금 다시 읽어도 별로 시효가 끝난 것 같지는 않다는 나름대로의 판단이 서지 않았다면 나는 감히 이것들을 책으로 묶겠다는 용기를 내지 못했을 것이다.

지금 우리에게 가장 절박한 과제는, 말할 것도 없이, 자연과 사회적 약자를 끊임없이 파괴하고 희생시키지 않고는 한순간도 지탱할 수 없는 이 비인간적인 시스템을 어떻게 벗어날 것이며, 그리하여 조금이라도 더 인간적이고 지속가능한 사회를 어떻게 만들어낼 것인가 하는 것이다. 그 문제를 안고 이 암울한 시대를 비통한 심정으로 견뎌내고 있는 사람들에게 무엇보다 필요한 것은 정신적 교감의 공동체일 것이다. 실은 이 변변찮은 책을 펴내는 궁극적인 이유도 그러한 교감의 공동체에 대한 그리움 때문이다.

생각해보면, 제한된 한계 내에서나마 (비교적 자유롭게) '발언'하면서 살아갈 수 있다는 것은 이 사회 전체로 보면 극소수에게 허락된 '특권'이라고 할 수 있다. 과연 내가 그러한 특권을 누릴 자격이 있는지는 스스로에게 계속해서, 아마 죽을 때까지, 물어봐야 할 문제이다. 그동안 소중한 지면을 쓰도록 기꺼이 허락해주신 여러 언론사 편집자들께 이 자리를 빌려 심심한 감사의 뜻을 표한다.

2015년 12월

김종철

목차

책머리에 3

I. 진리를 말할 수 있는 용기

진리를 말할 수 있는 용기 10 / 영토문제와 국가의 논리 14

왜소한 정치, 상상력의 빈곤 17 / 협화민주주의 21

원자력 안전을 위한 긴급 제언 25 / 말 따로, 행동 따로 28

성장 없는 시대의 삶 32 / 밥과 민주주의 36

후쿠시마의 교훈과 '좋은 삶' 40

경제민주화, 주식회사, 협동조합 45

'좋은 삶'과 4대강 파괴 49 / 증여의 원리, 삶의 토대 53

II. 변화냐 자멸이냐

권력의 거짓말, 노예의 언어 58 / 차베스가 독재자라고? 62

차베스와 근원적 민주주의 65 / 차베스, 대처, 미디어 70

변화냐 자멸이냐 74 / 전력대란, 정말 두려운 게 뭘까 78

국익이라는 관념, 악마의 논리 83 / '괴담' 운운할 때인가 87

진짜 싸움, 가짜 싸움 91

원전은 서울에, 권력자는 최전선으로 96

물구나무선 세계 100 / '복음의 기쁨' 104

III. '기본소득'이라는 희망

문명의 지속가능성과 민주주의 110

과학자의 양심과 '국익' 114

'기본소득'이라는 희망 118

기본소득과 '도덕경제' 122

'기업하기 좋은 나라'의 비극 127

정치의 실패, 아이들의 죽음 131

비협력, 불복종을 위하여 136

세월호 진상규명, 누가 해야 하나 141

왜 전교조를 지켜야 하는가 145

인간다운 국가냐, 재앙의 원천이냐 150

생각 없는 정치, 인간다운 삶의 소멸 155

양심의 정치, 이대로는 불가능하다 159

예의를 지켜라, 제발 164

IV. '깊은 민주주의'가 세상을 살린다

제비뽑기 민주주의, 왜 필요한가 170

녹두장군이 꿈꾼 '됴흔' 나라 175

희망의 정치, 개헌, '시민의회' 180

삼척 주민투표, 국민주권, 개헌 184

'모욕 속의 삶'에서 해방되려면 189

'깊은 민주주의'가 세상을 살린다 194

민주정치의 재생, 어떻게? 198

'깊은 민주주의'의 또다른 예 203

민병산, 무소유, '자유시민' 207

피케티, 자본주의, 민주주의 212

후쿠시마 4년, 문제는 민주주의다 217

세월호 1년, 민주주의를 살려야 한다 221

V. '패도'의 세계에서 '왕도'를 생각한다

제비뽑기 민주주의라는 희망 228

에두아르도 갈레아노, 뒤늦은 추도사 233

'개혁'의 아름다움 237 / 메르스와 민주주의 243

정치와 용기 247 / 평범한 자들의 민주주의 252

김수행, 아름다운 영혼을 기리며 257

'패도'의 세계에서 '왕도'를 생각한다 261

거짓언어의 홍수 속에서 266 / 프란치스코, 샌더스, 코빈 271

학술원과 예술원은 왜 침묵하고 있나 275

'헬조선', 국가의 거짓말, 니힐리즘 279

무욕의 정신, 진짜 에고이즘 285

정치의 부재, 공화주의 정신의 결여 289

I. 진리를 말할 수 있는 용기

진리를 말할 수 있는 용기

옛 중국의 사회적 위계질서는 엄격했다. 수많은 백성 위에 관료가 있었고, 관료조직의 정점에 대신(大臣), 그리고 그 위에는 말할 것도 없이 황제가 존재했다. 그런데 흥미로운 것은 황제 위에 또 누군가가 있었다는 점이다. 그러한 존재를 후세인들은 일민(逸民)이라고 불렀다. 왜냐하면 그는 황제의 권력 바깥에 있는 자유인이었기 때문이다. 원래 군주의 권력행사는 신하를 자처하는 자들의 협력 없이는 실현 불가능하다. '일민'이란 말하자면 그 신하됨을 거부한 인간이었다. 그럼으로써 그는 자신의 인간적 존엄을 지키는 것이 가능했으나 동시에 온갖 시련과 불이익을 각오하지 않으면 안되었다.

중국 역사상 대표적인 '일민'은 아마 시인 도연명(陶淵明, 365-427)일지도 모른다. 그는 동진(東晉) 사람으로 지방 여러 곳에서 관직생활을 하다가 41세에 사임하고 향리로 돌아가 평생 농사를 짓고 살기로 결심했다. 그때 그가 쓴 것이 "돌아가리라, 전원이 황폐해지고 있는 지금 내 어찌 아니 돌아갈 것인가"로 시작되는 유명한 시 〈귀거래사(歸去來辭)〉이다. 왜 그런 결심을 했는지 묻는 사람에게 그는 "쌀 다섯 말 때문에 (상사에게) 허리 굽히기 싫어서"라고 답했다. 말하자면, 쌀 다섯 말이 봉급으로 주어지는 직장을 그만두고, 쌀을 직접 지어서 먹는 자유로운 삶을 선택했다는 것이다.

그러나 향리라고는 하지만, 대대로 벼슬살이를 한 가문의 후손인 도연명에게 농사는 낯선 경험이었다. 따라서 그의 농사일은 서툴 수밖에 없었고, 항시 곤궁을 면할 수 없었다. 하지만 그는 끝까지 농사를 짓고 살다가 62세에 시 130편을 남기고 죽었다. 다작(多作)이 아니었던 것은 그가 단지 자연을 즐긴 음유시인이 아니라 무엇보다 하루하루의 생계를 위해 몸소 노동해야 하는 농사꾼이었기 때문이다. 그러니까 도연명이 택한 '일민'의 길은 한가로운 은둔자의 생활이 아니라 끝없는 고투의 삶이었다. 그런 점에서 그것은 정작 임금 곁을 떠나는 것을 극도로 두려워하면서도 입으로는 늘 '귀향'을 말했던 수많은 시인묵객들의 관념적인 '탈속'과는 전혀 무관한 것이었다.

도연명이 속세를 초월한 인간이 아니라 정치적 현실에 예민했던 인간이었음을 명확히 지적한 것은 루쉰(魯迅, 1881-1936)이었다. 루쉰은 완전히 초탈한 인간이라면 시를 쓸 이유가 없다고 말했다. 루쉰의 생각으로는, "사귐도 어울림도 이제 모두 끊으리라/세상과 나는 어긋나기만 하니 다시 수레에 오른들 얻을 게 무엇이냐"라는 〈귀거래사〉의 구절에 이미 세상에 대한 도연명 자신의 '분노'와 '저항'이 내포되어 있었다. 동시에 거기에는 "고귀한 정신을 육신의 노예로 만들어버린" 지금까지의 생활을 청산하고 인간으로서의 존엄을 회복하겠다는 준엄한 윤리의식이 작용하고 있었다.

루쉰이 1,500년 전의 시인 도연명에 각별히 주목한 것은 무슨 까닭일까? 아마 그 자신 불의(不義)한 세상 속에서 한 자루의 붓에 의지해 분투하지 않을 수 없는 작가·지식인으로서의 강한 자의식 때문이었을 것이다. 지식인이란, 따져보면, 자신의 역할이나 재능을 인정해주는 권력자·후견인의 도움 없이는 살아갈 수 없는 매우 불안한 존재이다. 현대사회라고 해서 다를 게 없다. 성공을 바란다면 변덕스러운 대중의 취향을 무시할 수 없는 게 또한 모든 현대의 작가, 예술가, 철학자, 지식인들의 기본적 운명이기 때문이다. 적극적인 아첨은 아닐지라도 어쨌든 권력자나 대중의 눈치를 보지 않으면 살아남는 것 자체가 불가능한 게 예나 지금이나 변함없는 지식인의 생존상황이다. 루쉰이 도연명에 관해 언급한 것은 그게 결코 남의 일이 아니라는 심경 때문이었을 것이다. 즉, 그것은 어떻게 하면 한 사람의 작가·지식인으로서 좋은 삶, 혹은 적어도 부끄럽지 않은 삶을 살 수 있을지에 대한 루쉰 자신의 고뇌가 담긴 언급이었다고 할 수 있다.

최근 《이상호 기자 X파일》(2012)이라는 책을 읽었다. 2005년 7월에 MBC방송을 통해 세상에 널리 알려진 '삼성 녹취록 사건'이 보도되기까지의 전말이 세세히 기록된 일기책이다. 이 책에 의하면, 담당기자가 처음에 제보를 받고 관련된 취재를 하고, 그것이 실제로 보도되기까지 10개월이 걸렸다. 왜 그렇게 많은 시간이 걸렸는지, 그리고 그게 오늘날 한국사회에서 어떤 의미를 갖는지, 그것을 해명하는 게 이 책의 주제라고도 할 수 있다.

'삼성 녹취록 사건'이란, 간단히 말해, 이 나라 최대의 자본권력이 국가권력을 좌우해왔거나 하려고 해온 내막이 명확한 증거와 함께 폭로된 사건이다. 오늘날 자본주의사회를 지배하고 있는 것이 근본적으로 금권정치라는 사실은 새삼 말할 필요도 없다. 하지만 삼성녹취록사건이 보여준 것은 그 금권정치의 방식이 너무나 비열하고 음습할 뿐만 아니라 사회의 공공질서도 노골적으로 무시하며 민주주의를 뿌리로부터 훼손하고 있다는 사실이었다.

그러나 《이상호 기자 X파일》을 보며 새삼 전율하는 것은 이보다 조금 다른 문제 때문이다. 즉, 지금 자본이 행사하는 영향력은 국가의 공권력뿐만 아니라 지식인 사회 전체에도 걸쳐 있다는 가공할 사실이다. 한국 현대사에서 가장 큰 언론자유가 보장되고, 노조위원장이 방송사 사장이 되어 있던 시절임에도, 이 중대한 사건이 보도되기까지 10개월이나 걸린 이유는 외부압력 때문만이 아니었다. 그보다 더 큰 요인은 권력의 눈치를 보며 미리 자기검열을 하는 방송사 내부 분위기였다. 이 책에는 이런 분위기 속에서 따돌림을 당하며 고군분투하는 기자의 모습이 생생하게 그려져 있다. 그런데 이 과정에서 가장 괴로운 게 뭐냐면 본의 아니게 선후배, 동료들의 자존심을 건드리고 상처를 준다는 것이었다.

책을 읽는 동안 생각해봤다. 그 상황에서 나라면 어떠했을까. 나 역시 내 일상의 평온을 깨뜨리는 이상호 기자를 십중팔구 미워했을 것이다. 철학자 미셸 푸코(1926-1984)는 생애 말년에 '진리를 말할 수 있는 용기'에 대해서 강의했다. 그는 진리를 말하는 데는 목숨을 걸 정도의 용기 혹은 적어도 남들과의 우호적 관계를 손상시킬 각오가 필요하다고 말했다. 뒤집어 말하면, 많은 사람들이 듣기 좋아하는 말은 '진리'가 아니라는 뜻이다. (경향신문, 2012-9-6)

영토문제와 국가의 논리

영토분쟁은 원래 무서운 것이다. 그것은 이 문제가 기본적으로 국가 혹은 국민이라는 집단의 본능적 이기심에 직결되어 있기 때문이다. 그러므로 거기에는 이성적 언어가 개입할 공간이 매우 좁게 마련이다.

현재 일본에 사토 마사루(佐藤優)라는 외교관 출신의 정력적인 논객이 있다. 특이한 것은 정통 우익 성향의 인물임에도 일본 재생의 길을 사회민주주의에서 찾고 있다는 점이다. 그것은 그가 현재 일본사회가 파시즘의 부활 가능성이 높은 방향으로 가고 있다고 우려하기 때문이다. 그 점에서 그는 비교적 양식 있는 지식인으로 볼 수 있다. 그가 지금 보수·진보를 막론하고 일본 논단에서 꽤 영향력 있는 필자로 평가받고 있는 것도 아마 그 때문일 것이다.

그러나 문제는 그런 인물도 영토문제에 관해서는 막무가내라는 점이다. 수년 전 그는 독도(일본명 다케시마)에 근접한 오키도(隱岐島)를 방문한 뒤 어느 잡지에 장문의 르포기사를 실고, "다케시마 영유권은 국가의 명예와 존엄이 걸린 절대로 양보할 수 없는 문제"라고 강조하였다. 최근에도 그는 작심하고 글을 써서 자신의 블로그에 올려 "한국의 횡포에 대응하여 국가와 국민이 일체가 되어 반격하지 않으면 안된다"고 역설하고 있다.

멀쩡한 사람을 미치광이로 만드는 데는 영토문제를 건드리는 것보다 더 효과적인 것은 없을지 모른다. 영토분쟁의 가공할 파괴성을 보여주는 극단적인 예로 전바오(珍寶)섬을 둘러싼 중소(中蘇) 대립을 들 수 있다. 우수리강 가운데 위치한 이 작은 섬은 19세기에 제정러시아가 극동지역 진출 과정에서 청나라로부터 강제 할양받은 것이었다. 그러나 시대가 바뀌고 사회체제가 바뀐 상황에서 이 섬의 영유권은 애매한 상태로 방치돼 있다가 1960년대에 중소 간 이념대립이 격화됨에 따라 심각한 분쟁의 대상이 되었다. 그리하여 1969년 3월, 양측이 직접 무력을 사용하는 사태로 발전했고, 많은 희생자를 냈다.

그러나 나중에 밝혀진 사실이지만, 경악할 것은 사태가 거기서 끝나지 않고 소련이 중국의 핵시설에 대한 공격을 계획했다는 점이다. 소련은 자칫 핵전쟁으로 비화할 수 있는 이 계획을 실행으로 옮기기 전에 은밀히 워싱턴과 접촉을 했으나 미국정부가 반대했다는 기록이 있다. 미국과 불구대천의 관계에 있던 소련이 '사회주의 형제국'인 중국과 영토문제로 다투는 도중에 미국의 의견을 물었다는 이 이야기는 무엇을 뜻하는가? 그것은 사회주의든 뭐든 현대정치의 공간에서 제일 중요한 것은 국가의 논리라는 것, 그리고 국가의 논리란 여하한 이념, 사상, 가치도 무력하게 만드는 가장 근원적인 힘 혹은 멍에라는 것을 뜻하는 게 아닌가?

한국 대통령 이명박의 느닷없는 독도행에서 촉발되어 지금 한일 양국 간은 정상적인 외교행위가 중단되고 준전시 상황이 벌어지고 있다. 우리 대통령이 우리 땅을 밟은 게 뭐가 문제냐 하는 게 보통 한국인들의 생각이지만, 문제는 그렇게 생각하지 않는 상대 국가와 국민이 존재하고 있다는 사실이다. 독도의 영유권이 과연 누구에게 있는지, 그 역사적 진실을 아무리 말한다 하더라도 상대방이 수긍하지 않는 한, 영토분쟁은 계속될 수밖에 없다. 영토분쟁이란 그런 것이다. 설령 양쪽이 동의하여 국제사법재판소의 심판을 받는다 할지라도, 어느 쪽도 자신에게 불리한 결정에 순순히 따르지 않을 것이다. 요컨대 세계정부가 세워지기 전까지는, 전쟁이나 특수 상황이 전개되지 않는 이상, 영토분쟁은 해결될 수 없는 문제라고 할 수 있다. 그것이 근대 국민국가의 논리이다.

어떻게 보면 국민국가란 다른 국가, 특히 인접국가와의 긴장관계에서 나오는 에너지를 근본동력으로 해서 움직이는 시스템이라고 할 수도 있다. 이번 사태로 인한 가장 큰 이익이 결국 양국 정부와 지배층에게 돌아가고 있다는 것도 결코 우연한 일이 아니다. 그들은 '국민적' 지지하에 지금 거친 언사를 교환하고 있지만, 그 과정에서 실제로 회복·강화되고 있는 것은 그들 자신의 실추된 권력기반인 것이다.

그러나 국가이기심에 의존하는 정치란 오늘날 시급히 극복하지 않으면 안될 최대의 장애라는 것은 길게 말할 필요가 없다. 지금은 국가 간 협력 없이는 아무것도 해결할 수 없는 전지구적인 총체적 위기의 시대이다. 이 상황에서 아직도 국가이기심을 자극하여 권력기반을 강화하려는 통치방식을 시도한다면, 그것은 시대착오적인 동시에 명백히 범죄적인 행위라고 하지 않을 수 없다. 이런 어리석고 무책임한 '정치'의 결말은 공멸밖에 없기 때문이다. (시사IN, 260호 2012-9-8)

왜소한 정치, 상상력의 빈곤

대선이 코앞에 닥쳤는데도 대통령이 되겠다고 나선 사람들의 포부와 이상, 그리고 그 실현방안이 무엇인지 구체적인 발언을 아직 들을 수 없다. 참으로 답답하다. 물론 그들이 아무 말도 하지 않는 것은 아니다. 신기하게도 여야 가릴 것 없이 경제민주화를 말하고, 정의롭고 평화로운 복지국가를 들먹이고 있기는 하다. 하지만 현재의 상황에서 이러한 원론 수준의 이야기는 누구나 할 수 있고, 또 누구든 듣기 좋아할 만한 언설일 뿐이다. 그러니까 그것은 공허한 이야기이다.

하기는 찰나적인 대중적 인기가 모든 것을 좌우하는 '극장정치'의 시대에 시대상황을 정확히 읽고 그것을 설득력 있는 정치적 언어로 표현할 수 있는 식견과 능력을 갖춘 정치지도자를 기대한다는 것은 어리석은 일일지 모른다. 지금 우리 눈앞에 전개되고 있는 것은 매스미디어의 주의를 끌기 위한 갖가지 수준 낮은 쇼와 이벤트, 저열한 정치적 책략일 뿐이다. 엄청난 비용과 사회적 에너지를 소비하면서 왜 선거를 해야 하는지 알다가도 모를 상황이 계속되고 있다고 말하지 않을 수 없다.

지금 나라 안팎은 전대미문의 심각한 복합적 위기상황에 직면해 있지만, 이 위기는 결국 정치의 열화(劣化)현상에 연결돼 있음이 분명하다. 생각해보면, 폐부를 찌르는 뛰어난 정치연설을 들어본 지도 까마득하다. 물론 정치가 늘 진지하고 엄숙한 것일 필요는 없다. 엄숙주의는 권위주의의 소산일 수도 있다. 그러나 정치가 대중에게 보다 친근한 것이 된다는 것과 정치의 천박화가 같은 것은 아닐 것이다. 오늘날 대중과의 친밀한 '소통'을 위한답시고 실제로 행해지는 정치적 행태는 대부분 대중을 즉자적인 욕망충족에만 매달린 근시안적인 존재, 즉 유아나 백치처럼 취급하기 일쑤이다. 이런 식으로는 나라의 장래에 결정적인 영향을 미칠 대중의 정치적 교양이 질적으로 고양되는 것은 요원할 수밖에 없다.

왜 이렇게 되었을까? 간단히 답할 수 없는 문제이지만, 나는 지금과 같은 정치의 열화현상이 초래된 원인은 일차적으로 이 나라 '엘리트들'―좌우를 불문하고―의 상상력의 빈곤 혹은 정신적 왜소함에 있다고 생각한다. 예를 들어, 지금 한창 얘기되고 있는 '경제민주화'라는 것만 해도 그렇다. 경제민주화란 시대상황으로 볼 때 결코 더는 미룰 수 없는 절박한 명제임이 분명하다. 그럼에도 지금 그 어떤 진영으로부터도 경제민주화가 구체적으로 무엇이며, 그것이 어떻게 실현될 수 있는지 명쾌한 설명과 실현방안이 나오지 않는 것은 무엇 때문인가.

간단히 말하면, 경제민주화란 극단적인 부의 양극화 현상 때문에 생긴 개념이다. 지금과 같은 극심한 부의 편중이 더 계속된다면 사회적 안정성이 파괴되는 것은 말할 것도 없고, 결국은 특권계층 자신의 존립기반도 허물어질 것임은 명약관화한 일이다. 그러므로 경제민주화란 무엇보다 경제적 평등화를 뜻하는 개념일 수밖에 없다. 그런데 중요한 것은 이 경제적 평등화를 실질적으로 구현하기 위해서는 부분적인 땜질이나 미온적인 대책으로는 어림도 없다는 사실이다. 모든 정황으로 미루어 볼 때, 적어도 해방공간에서 행해진 토지개혁과 유사한 수준의 과감한 개혁이 아니면 안될지도 모른다.

아니, 어쩌면 토지개혁보다도 더 근본적인 개혁이 필요하다고 할 수 있다. 왜냐하면 지금은 그동안 우리의 삶을 지탱해온 온갖 시스템의 근본적 전제였던 '경제성장'이 더이상—항구적으로—계속될 수 없는 시대가 바야흐로 시작되었기 때문이다. '성장시대의 종언'이 뜻하는 궁극적인 의미를 조금이라도 깊이 생각한다면, 중앙집중적 거대 금융 및 산업 시스템의 끊임없는 확대로써만 유지될 수 있는 생활방식, 그리고 그 방식에 의존하면서 동시에 그것을 부추기는 정치, 경제, 문화, 군사, 교육 등 온갖 제도와 관행이 근본적으로 탈바꿈되지 않으면 안된다는 결론에 극히 자연스럽게 도달할 것이다.

그러나 참으로 걱정스러운 것은 우리사회가 문명의 존립방식 자체의 전환이라고 할 수 있는 이 중대한 과제에 대응할 준비가 전혀 되어 있지 않다는 점이다. 결국은 이 전환이라는 과제도 정치적 합의와 결정을 거쳐야 할 것인데, 지금처럼 질 낮은 정치로써 어떻게 이 사활적인 문제에 대처할 수 있을 것인가?

우리사회에 지금 경제민주화의 필요성을 말하는 이코노미스트들이 적지 않은 것은 다행이지만, 그들 가운데 '성장 없는 시대'를 고려하는 사람은 거의 없는 것으로 보인다. 그들 중 진보적이라는 이들도 결국은 성장논리에 고착되어, 새로운 성장정책으로 가령 우주항공, 신소재, 첨단 제약·의료 분야 등 혁신기술 개발에 투자해야 할 필요성을 논하고 있다. 그리하여 이 혁신기술 개발에 드는 막대한 비용 때문에라도 재벌을 '활용'해야 한다는 논리도 나오고 있다.

이 시대착오적인 성장논리로부터의 해방을 위해서도 지금 절실한 것은 과감한 상상력이다. 오늘날 우리의 상상력이나 정신력의 빈약함은 멀리 갈 것도 없이 제헌헌법의 '이익균점권' 조항을 돌아보면 금방 느낄 수 있다. 제헌헌법이 외국의 헌법을 졸속으로 베낀 것일지 모른다는 선입견을 갖고 있는 사람들이 있지만, 적어도 자본과 노동 간의 공평한 관계를 규정한 '이익균점권'이라는 조항은 국회에서 장시간에 걸친 격론을 통해서 성립된 것임을 기억할 필요가 있다. 제헌헌법 제18조 제2항의 이 조항은 초대 사회부장관을 지낸 전진한(錢鎭漢, 1901-1972) 등에 의해 발의되었다. 전진한에 의하면, 노동자는 '노력'을 출자한 자본가이기도 하기 때문에 '돈'을 출자한 자본가와 이윤을 균점하는 것은 지극히 당연한 권리이다. 전진한은 "노동을 상품시하여 자본에 예속시키는 것은 고루한 사상"임을 역설했다. 그러니까 이익균점권의 논리는 오늘날 재벌과의 협력을 운위하면서 결국은 재벌의 눈치를 보는 왜소한 자세와는 전혀 다른 차원의 정신적 강인함의 표현이었던 것이다.

실제로 '이익균점권' 조항이 현실에서 실천되었는지 여부는 일단 별개 문제이다. 중요한 것은 60년 전 선인들의 당당한 정신과 자세에 비해서 우리들이 지금 한없이 초라한 몰골을 하고 있다는 사실이다(그런데 사실상 사문화된 것이었음에도, '이익균점권' 조항은 박정희 독재정권에 의해 헌법에서 삭제되었다).(경향신문, 2012-10-4)

협화민주주의

대통령이 거리낌 없이 기차여행을 하고, 경호원 없이 거리를 유유자적 걸어 다니는 나라가 있을까. 우리 상식으로는 상상하기 어렵지만, 실제로 그런 나라가 있다. 그것은 아름다운 산악국가 스위스이다.

스위스의 아름다움은 결국 그 살아있는 '민주주의' 때문이다. 이것은 스위스인 자신들의 관점이다. 그들은 자신들의 행복한 삶은 알프스의 빼어난 풍광이나 튼튼한 경제 이전에 근본적으로 자신들이 향유하는 민주주의 덕분이라고 생각하고 있다. 스위스에서 민주주의가 '살아있다'고 하는 것은, 스위스가 현대 국가의 전형적인 정치시스템인 대의제 민주주의를 채택하고 있으면서도 동시에 직접민주주의적인 요소를 풍부하게 실천하고 있다는 사실에 연유한다. 오늘날 독자적 주권을 가진 26개의 '칸톤'[州]이 결집되어 '연방국가'를 형성하고 있는 스위스에서 정치는 기본적으로 분권적 자치 중심으로, 시민들의 생활에 관한 중요한 문제는 풀뿌리 차원에서 결정하는 게 오랜 관습이 되어 있다. 그리하여 보통의 스위스 시민들도 일상적으로 크고 작은 정치의제에 관련하여 활발한 참여를 하고 있는 것이다.

실제로 스위스 내에서도 시민들의 정치참여도가 상대적으로 높은 지역일수록 공공서비스나 일반적인 경제상황이 더 양호하다는 것은 여러 자료로 입증되고 있다. 그러니까 밥을 제대로 먹기 위해서도 민주주의가 불가결한 것임을 여기서도 확인할 수 있다.

분권적 정치에 못지않게 연방정부나 의회의 기능도 물론 빠뜨릴 수 없다. 예를 들어, 원자력발전소 신규 건설 금지, 유전자공학 남용 금지 등 국민생활에 결정적인 영향을 끼칠 국가적 차원의 중대사를 처리하는 데는 연방의회의 역할이 불가결할 수밖에 없다. 그러나 흥미로운 것은, 스위스에서는 의회가 통과시킨 법률이라 할지라도 그것이 문제가 있다고 생각하면 5만 명 이상의 유권자 서명을 확보하여 누구라도 그 법률의 정당성을 묻는 국민투표를 요구할 수 있고, 국가는 그 요구를 받아들여야 한다는 사실이다. 지금까지 실제로 국민투표에 의해 법률이 개폐된 예는 많지 않지만, 중요한 것은 이러한 국민투표 제도가 존재한다는 사실로 인해 국회의원들의 입법행위가 극히 신중해지지 않을 수 없다는 점이다. 뿐만 아니라 스위스에서는 헌법이나 국제조약과 같은 국가 중대사에 관한 최종 결정권은 어디까지나 시민들 자신에게 있다는 인식이 확고하다. 그리하여 유권자 10만 명 이상의 서명만 있으면 시민들이 헌법의 개정도 요구할 수 있는 '국민발의권'이 명문화되어 있기도 하다.

이러한 살아있는 민주주의가 하루아침에 이루어진 것은 물론 아니다. 원래 인종, 언어, 종교가 다양한 산악민들이 중세기에 외세의 침략위협에 맞서서 연대와 단결의 필요성을 느껴 오랫동안 느슨한 연합체를 유지하다가 1848년에 연방국가 체제로 전환하면서 근대적 국가를 형성한 게 스위스의 역사이다. 그 과정에서 치열한 내란까지 겪었던 스위스는 분권의 중요성과 동시에 통일권력의 중요성을 인식했고, 그 결과가 직접민주주의 요소를 풍부히 가미한 근대적 대의제 민주주의체제의 성립이라고 할 수 있다. 그리하여 스위스 민주주의는 '협화민주주의(concordance democracy)'라고 불리게 된 것이다.

스위스의 '협화민주주의'는, 단적으로, 현재 스위스의 정치에서는 여당과 야당의 구별이 없다는 사실에서 표현된다. 스위스 연방정부는 7명으로 된 임기 4년의 각료와 그 각료들이 돌아가면서 맡는 임기 1년의 대통령으로 구성되는데, 각료들은 연방의회에서 선출된다. 그런데 재미있는 것은 이 각료들은 연방의회에서 주요 정당들의 의석수에 비례하여 예컨대 2:2:2:1로 선정된다는 사실이다. 즉, 주요 정당들이 정부의 권력을 공유함으로써 모두 여당이 되는 것이다. 그러니까 스위스의 정치는 각 정당들이 대립·반목·갈등하는 게 아니라 나라의 살림을 공동으로 책임을 지고 운영하는 시스템을 유지하고 있는 것이다.

나라 안팎 사정은 걷잡을 수 없이 심각한 위기상황으로 치닫고 있는데도, 각 정파와 이익집단의 좁은 이해관계에 얽매여 끊임없는 분열, 격렬한 정쟁, 유치한 말싸움으로 허무하게 세월을 보내고 있는 한국정치는 지금 완전히 기능부전이다. 이대로 가면 공멸이 필연적이다. 지금 우리에게 가장 절박한 것은 '정치 쇄신'임이 확실하다. 주요 정당이 여야 가릴 것 없이 국정에 공동책임을 지는 정치시스템의 구축이라는 아이디어를 깊이 고려해봐야 하지 않을까. (시사IN, 266호 2012-10-20)

원자력 안전을 위한 긴급 제언

선거판에 가려져 있지만, 지금 이 나라의 가장 긴급한 현안은 원자력문제이다. 제아무리 좋은 정부가 들어선다 하더라도, 만약 현재 운전 중인 23기의 원전 어디선가 중대사고가 터진다면 이 나라는 전면적 붕괴를 면할 길이 없다. 그런데도 정부와 관계 전문가들은 "우리 원자력은 안전하다"는 말을 앵무새처럼 되풀이하고 있다. 후쿠시마라는 대참사를 보고도 이런 자세를 고치지 않고 있는 것은 실로 놀라운 일이다.

더욱이 최근 우리는 원전 현장에 온갖 부조리·비리·불법이 만연돼왔음을 알려주는 뉴스에 부쩍 자주 접하고 있다. 원전에 오랫동안 납품비리가 계속되어왔다거나 원전 근무자의 기강 해이 혹은 감독기관의 직무유기가 도를 넘어섰음을 말해주는 보도를 보며 우리는 분개하지만, 달리 생각해보면 도처에 불법과 비리와 몰상식이 활개를 치고 있는 사회에서 원전이라고 예외일 수 없음은 자명한 일이다.

그러나 이러한 부조리와 비리는 한국의 원전에만 국한된 현상은 아니다. 일본 국회에 의해 꾸려진 '후쿠시마 원자력사고 독립조사위원회'는 지난 7월의 보고서에서 "핵 사고로부터 안전해야 할 국민의 권리를" 짓밟은 후쿠시마 사고의 근본원인은 지진이나 쓰나미가 아니라 "원자력을 취급하는 기관과 개인들의 용서할 수 없는 무지와 교만"에 있었다고 결론지었다. 요컨대 후쿠시마 참사는 불가항력의 자연재해가 아니라 어디

까지나 인재(人災)였다는 것이다. 여기서 주목할 것은 그 '무지
와 교만'은 정부와 산업계, 언론, 학자들 사이의 뿌리 깊은 유
착관계에 의해서 조장·강화되어왔다는 사실이다.

이 범죄적인 '유착관계'를 폭로해준 생생한 현장 증언이 하
나 있다. 그것은 독일의 반핵활동가들이 만든 〈후쿠시마 거짓
말〉(2012)이라는 다큐멘터리에 등장하는 일본계 미국인 기술자
의 증언이다. 이 기술자는 후쿠시마 제1원전의 원자로를 제작
한 미국 제너럴일렉트릭(GE)사의 직원으로서 여러 해 동안 후
쿠시마 원전 상태를 점검하는 일에 종사했는데, 그 과정에서
원자로 내부의 증기건조기가 거꾸로 부착돼 있는 등 허다한
결함을 발견했다고 말한다. 문제는 이러한 안전상의 중대한
위험을 지적할 때마다 회사 측이 침묵을 강요하고, 보고서 내
용을 수정·조작할 것을 지시했다는 사실이다. 더욱 기막힌 것
은 나중에 회사를 그만두고 일본정부와 관계기관에 이 내용들
을 알렸으나 일관되게 묵살돼왔다는 점이다. 말할 것도 없이,
안전대책을 강화하는 데에 막대한 비용이 들기 때문에 미국
회사든 일본의 관계 당국이든 쉬쉬하며 사실을 은폐하고, 위
험을 방치해왔던 것이다.

이 믿어지지 않는 일들은 핵 혹은 원자력을 보유 혹은 운영
하고 있는 나라라면 어디서든 공통한 현상이다. 비단 경제문
제뿐만 아니라 정치적·군사적 측면이 개입하고 있기 때문에
관련 정보는 늘 은폐되고, 국민들은 항상 거짓말만 들을 수밖
에 없는 게 원자력의 현실인 것이다. 그런데 그러한 비밀주의

의 궁극적인 결과는 '국익'에 기여하는 게 아니라 국가의 멸망을 초래한다는 게 문제이다.

지난 5월 독일의 막스플랑크연구소는 매우 중요한 연구 결과를 발표했다. 그 연구에 의하면, 지구상에서 체르노빌이나 후쿠시마 같은 대규모 원전사고가 터질 확률은 10년 내지 20년마다 한 번이라는 것이다. "우리나라 원전은 괜찮다"라는 허튼소리가 얼마나 근거 없는 발언인가를 드러내는 연구 결과이기도 하지만, 정작 두려운 것은 막스플랑크연구소의 예측이 현실화된다면 앞으로 100년 안에 북아메리카, 서유럽, 동아시아를 비롯한 북반구 전역이 완전히 거주 불가능한 땅으로 변해버린다는 점이다.

세계적인 반핵사상가·활동가 다카기 진자부로(高木仁三郎, 1938-2000)는 생전에 "오늘날 많은 사람들의 마음 한구석에는 종말에의 어두운 예감이 있어서, 먼 장래나 다음 세대의 삶에 관해서는 생각하지 않는 풍조가 일반화되어 있다"고 말한 적이 있다. 결국, 무서운 것은 우리들의 무관심 혹은 체념이다. 지금 우리에게 무엇보다 필요한 것은 거짓과 부조리, 비밀주의에 둘러싸인 원자력시스템에 대한 집요한 비판과 감시, 민주적 통제이다.

그런데 원자력에 대한 감시와 민주적 통제를 실현할 수 있는 매우 효과적이고 간단한 방법이 하나 있다. 그것은 원자력안전위원장을 반핵 혹은 탈핵 인사 중에서 임명하도록 법제화하는 것이다. 원자력업계와의 유착 혐의를 받는 인사가 원자력안전위원장이 되는 몰상식한 풍조가 반복되면, 파국은 시간 문제일 뿐이다. (시사IN, 270호 2012-11-17)

말 따로, 행동 따로

> 번개시장에는 번개가 없고,
> 붕어빵에는 붕어가 없고,
> 국화빵에는 국화가 없고,
> 정치판에는 정치가 없네

이것은 작고한 시인 이선관(1942-2005)이 쓴 〈없다〉라는 시의 전문이다. 절로 웃음이 나는 유머러스한 작품이지만, 그러나 생각해보면 매우 심각한 '진실'을 내포한 은유적 표현이라고 할 수 있다. 이것은 이선관의 전형적인 수법이다. 그는 비근한 일상적 경험이나 하찮은 사물들을 아무렇지도 않은 듯 투박한 언어로 언급하다가 의외의 순간에 시대와 사회의 근본 모순과 어둠을 비수처럼 날카롭게 폭로하는 놀라운 재능을 갖고 있었다. 예를 들어, 해마다 성탄절이 다가오면 가로수에 전등을 달아 거리를 화려하게 장식하는 장면 앞에서 시인은 돌연 나무들의 편이 되어 이렇게 말한다. "하나님이시여/당신 아들 탄생도 좋지만/제발 잠 좀 자게 해주십시오." 구세주의 탄생을 기린다면서 정작 나무라는 피조물에 대한 배려는 털끝만큼도 없는, "말 따로, 행동 따로"의 타락한 현실에 대한 이보다 더 간결하고 힘찬 항의의 목소리가 있을까.

이선관은 아직 세상에 별로 알려져 있지 않은 시인이다. 그러나 그의 시를 찬찬히 읽어본 사람이라면, 전혀 시적이라고 할 수 없는 투박한 언어를 통해서 뜻밖의 정신적 고양 혹은 개안을 경험하는 순간이 허다하다는 것을 고백하지 않을 수 없을 것이다. 그리하여 정말 좋은 시, 좋은 문학이란 치졸한 자기현시나 감상적인 말의 잔치가 아니라 근원적으로 소박하고 단순한 마음에서 우러나온다는 사실을 인정하지 않을 수 없을 것이다.

게다가 이 시인이 평생 뇌성마비를 앓았다는 사실, 극빈 속에서 홀로 자식을 키우며 실로 고달픈 나날을 지냈다는 사실, 평생 출생지를 벗어나본 적 없이 '협소한' 생을 보냈다는 사실 등등을 알면 그의 시와 삶에 대해 경탄을 느끼지 않는 사람은 드물 것이다.

이선관은 이미 산업화 초기인 1970년대 중반에 마산 앞바다의 생태적 죽음을 예리하게 묘사한 시 〈독수대〉를 발표함으로써 우리나라 최초의 '환경시인'이 되었다. 비록 육신은 좁은 공간에 갇혀 있었는지 모르지만, 그의 시야는 일찍부터 세계적인 보편성을 향해 열려 있었던 것이다.

그런데 이선관의 생의 궤적을 살펴보면, 그가 지녔던 이 '세계적 시야'의 원점은 다름 아닌 4·19혁명이었음을 알 수 있다.

그때 고등학교 졸업반이었던 그는 4·19를 촉발시키는 데 기여한 3·15 마산의거에서 데모대에 씩씩하게 합류했고, 그것은 이후 그가 민주주의와 통일, 평화, 환경 등과 관련하여 한국과 세계의 정치현실에 부단히 치열한 관심을 갖고 다가가는 사색의 원점이 되었음이 분명하다. 그는 시대의 모순과 사회적 정의의 문제를 자신의 문제로 받아들였다. 예를 들어, 그의 아들의 증언에 의하면, 1987년 6월 시위 도중 최루탄을 맞은 연세대 학생 이한열의 사망소식을 듣자 저녁을 먹다가 시인은 그 자리에서 마치 아이처럼 흐느껴 울었다고 한다.

공공심은 지식인이 갖춰야 할 기본적 덕목이겠지만, 중요한 것은 이 공공심이 시인에게는 철저히 육화된 것이 아닌 한 무의미한 것이라는 점이다. 요컨대 좋은 시는 궁극적으로 타자, 특히 약자의 운명을 자신의 것으로 느끼는 거의 본능적인 공감능력에 달려 있는 것이다. 이런 의미에서 이선관은 우리 시대의 탁발한 시인 중의 한 사람임이 분명하다. 그는 "씨알 한 톨/흙 알갱이 하나/물 한 방울/공기 한 모금/햇빛 한 뼘"의 소중함을 설령 우리가 "치매에 걸리더라도 잊지 말아야" 할 것이라고 말한다. 또한 그에게는 "손녀가 할아버지 등을 긁어준다든지/갓난애가 어머니의 젖꼭지를 빤다든지/할머니가 손자 엉덩이를 툭툭 친다든지/지어미가 지아비의 발을 씻어준다든지/사랑하는 연인끼리 입맞춤을 한다든지/이쪽 사람과 위쪽 사람이/악수를 오래도록" 하는 것보다 더 행복한 삶이 있을 수 없다.

행복한 삶에 대한 그리움이 강렬한 것은 이 세상에는 가난하고 외롭고 쓸쓸한 사람이 너무나 많다는 것을 알기 때문이다. 그러나 이러한 얘기를 할 때도 이선관은 감상에 젖거나 수다를 떨지 않는다. 그는 그냥 "가정집마다 한두 대의 전화/이천만 대 이상의 휴대폰/그러나/하루에 전화 한 통 받지 못하는 사람이 있다는/사실도 알아야 한다"고 말한다. 무뚝뚝한 말이지만, 그 속에 오히려 측량할 수 없는 연민의 감정이 담겨 있음은 더 말할 필요가 없다.

모든 생명 가진 것, 특히 버림받거나 소외된 약자의 존재에 대한 시인의 관심은 당연히 정의로운 정치에의 갈망으로 연결되고, 그 결과는 흔히 위선과 거짓의 정치에 대한 억누를 수 없는 역겨움, 증오감을 표출하게 한다. "우리가 살아가는 지구 곳곳에서는/칠 초마다 어린이가 한 명씩 굶어 죽는데/서울 부자동네 국회의원이 단식을 하신단다/제발 웃기는 짓 좀 그만하시라."

시인 이선관이 간경화로 숨을 거둔 지 7년이 흘렀다. 그를 기리는 추모행사가 해마다 가을이면 마산의 창동에서 열리고 있다. 11월 초 나는 시인과의 개인적 인연도 있어서 거기 참석했다.

행사 전 창동시장 일대를 천천히 둘러보았다. 실은 그곳은 어린 시절 내가 어머니를 따라 많은 시간을 보낸 전통시장이기도 하다. 실로 몇십 년 만에 둘러보다가 나는 비통한 심정을 억제할 수 없었다. 시장에는 그 옛날의 시끌벅적한 분위기가 전혀 없었다. 이게 시장인가 싶을 만큼 썰렁하기만 했다. 전쟁 직후였지만, 내 어린 시절의 이 시장은 언제나 사람이 붐비고, 설명하기 어려운 자유와 풍요와 명랑성이 있었다. 그런데 지금은 시장의 외형은 지붕이 설치돼 있는 등 예전에 비할 바 없이 현대화되었으나 전체 분위기는 누추함과 빈곤이 지배하고 있었다.

지금 우리사회의 치명적 질환은 부의 양극화임에 틀림없다. 이 현상은 방치하면 곧 사회 전체의 공멸을 초래할 것이다. 그러기에 현재 사실상 이 나라의 최고 권력자라 할 수 있는 여당 대통령 후보도 입만 열면 '국민행복'과 서민생활의 안정에 헌신하겠노라고 공언하고 있는 게 아닌가. 그런데 골목상권과 전통시장을 최소한이나마 보호하려는 법안의 국회 상정이 여당에 의해 좌절되고 있는 것은 왜일까? 정치지도자의 "말 따로, 행동 따로"라는 악습이 박멸되지 않는 한, "정치판에 정치가 없는" 괴기스러운 상황은 계속될 것이다. (경향신문, 2012-11-29)

성장 없는 시대의 삶

대선 후보 1차 TV토론이 있던 저녁, 바깥 볼일을 보다가 늦은 시각에 허술한 식당으로 들어갔다. 할머니 두 분이 하시는 조그만 밥집, 다른 손님은 없었다. 마침 켜놓은 TV에서는 토론이 마무리 단계였다. 밥을 먹고 있는데 "박근혜 후보를 떨어뜨리려고 나왔다"는 이정희 씨의 야멸찬 말이 들려왔다. 깜짝 놀라 쳐다보는데, 할머니 한 분이 "선생님은 누구를 찍을 거예요?"라고 묻는다. 나는 별생각 없이 "가난한 사람들 형편 아는 사람 찍어야죠"라고 대답했다. 그러자 할머니는 "근데 누가 가난한 사람 위하는지 어떻게 알아요?" 하는 것이었다.

재래시장과 골목시장을 뻔질나게 찾아다니며 서민경제를 살리겠다고 공언하면서 실제 국회에서는 서민경제를 최소한이나마 보호할 목적으로 입안된 법마저 좌절시켜버리는 권력의 추악한 위선과 거짓이 할머니들에게는 보이지 않는 것이다. TV 토론에서도 바로 그 점이 지적됐음에도 할머니들은 포착하지 못한 모양이었다.

하지만 누가 자기편인지 모르겠다고 '겸손'하게 말하는 할머니들의 경우는 나은 편이다. 나는 요즘 택시를 탈 때마다 운전사들과 이런저런 얘기를 나누는 경우가 많다. 그런데 운전사들 중에는 갈수록 생활이 어려워지고 있음을 호소하다가 "박정희시대, 군사정권시대가 좋았다"고 하면서 여당 후보를 찍겠다는 사람이 압도적이다. 연령이 많은 사람일수록 그렇다. 그러면서 "우리나라는 독재가 필요하다"고 단언하는 사람도 드물지 않다.

어쩌다 이렇게 되었을까? 국가권력을 사익 추구 수단으로 삼고, 노골적인 기득권세력 옹호와 서민 방기(放棄), 전면적 국토 파괴행위를 자행해온 이명박 정권의 폭주를 실질적으로 견제할 수 있는 유일한 권력자는 현재의 여당 대통령 후보였다. 그런데도 그는 중요한 정책결정 과정에서 5년 내내 침묵을 지키거나 모호한 태도로 일관해왔다. 그런 인물에게 지금 이 나라의 가난한 백성들은 잔뜩 기대를 걸고 있다.

이 괴기스러운 현상은 무엇 때문인가? 물론 사회 전체에 걸친 기득권 권력의 지배가 너무도 오래 강고히 계속돼온 탓일 것이다. 특히 언론과 대학의 타락은 극심한 수준에 이르렀다. 공영방송을 비롯한 주류 언론이 사실을 끊임없이 은폐·왜곡하고, 진실을 말해주지 않는 이상, 생활고에 허덕이는 백성들은 무지에 갇혀 지낼 수밖에 없다. 지배층의 이해관계에 충실한 학교교육은 말할 것도 없다. 이번의 TV토론에서 '다카기 마사오'라는, 일본천황에 충성을 맹세한 식민지시대 어떤 조선 청년의 이름이 언급되자 많은 젊은이들이 충격을 받았다고 한다. 이것은 따져보면 오늘날 젊은이들이 현대사에 대한 기초적인 지식과 교양을 얻을 기회를 박탈당해온 탓이라고 할 수 있다.

상황은 실로 엄혹하다고 하지 않을 수 없다. 세계 최고의 자살률을 기록하고, 서민들의 살림은 붕괴 직전인 데다가, 대학 졸업생의 절반 이상이 일자리 없이 지내고 있는 게 지금 이 나라의 현실이다. 이런 현실이기에 '경제민주화'가 여야를 막론한 주요 공약으로 등장했을 것이다. 그러나 말할 필요도 없지만 '경제민주화'라는 게 재벌의 횡포에 일정한 제동을 거는 정도에 머물러서는 아무 의미가 없다. 여당 후보는 이마저도 사실상 포기했으니 더이상 할 말이 없지만, 야당 측도 사태의 심각성에 대한 인식은 결여돼 있음이 분명하다. 그들은 집권하면 일자리를 많이 만들고 복지국가를 이루겠다고 약속하고 있지만, 그러나 이게 실현될 것이라고 믿는 사람은 별로 없다. 갈수록 정규직 창출이 어렵고, 따라서 정규직 노동인구를 기반으로 하는 복지국가의 성립이 난망하다는 것은 대중들 자신이 거의 본능적으로 알고 있기 때문이다.

이런 상황에서 특히 젊은이들 사이에 냉소와 절망감이 만연돼가는 것은 당연한 사회현상이다. 그 때문에 메시아의 출현을 기다리는 심리적 토양이 만들어지고, '안철수 현상'이라는 기묘한 상황이 전개된 것이다.

이 시점에서 가장 필요한 것은 정확한 현실인식이다. 앞으로는 정규 노동자가 갈수록 줄어드는 '성장 없는 시대'임을 똑바로 볼 필요가 있다. 정규 산업노동자(프롤레타리아)가 변혁의 중심축인 시대는 사라지고, 곧 일자리 없는 사람(프리케리아트)들이 대세를 이룰 게 분명하다. 이 상황에서 인간다운 삶은 호혜적 상호부양 및 사회적 공공재의 고른 분배에 의존할 수밖에 없다. 이를 위해 불가결한 조건은 풀뿌리 차원의 자급·자치 능력의 회복과 동시에 능동적 정치참여를 통한 민주주의의 강화임은 물론이다. (시사IN, 274호 2012-12-15)

밥과 민주주의

예상 못한 것은 아니지만, 서글픈 선거결과이다. 어차피 합법적인 경쟁이니만큼 비록 내가 원했던 결과가 아닐지라도 평정심을 잃지 말고 순순히 받아들여야 한다는 것을 모르는 게 아니다. 하기는 또 누가 아는가. 우리가 미처 생각하지 못한 방식으로 이게 전화위복의 계기가 될지도 모른다.

그러나 며칠이 지났건만 여전히 울적하고, 허망한 기분을 떨쳐버리기가 쉽지 않다. 일도 제대로 손에 잡히지 않는다. 왜 이럴까. 5년 전에는 보나마나 뻔한 결말이었기 때문인지 이런 기분은 아니었다. 그리고 그때는 실패한 정권은 심판받는 게 대의민주주의의 기본원리에 부합한다는 생각도 없지 않았다. 하지만 이번은 성격이 전혀 다른 선거였다. 이번 선거의 독특한 성격은, 적어도 내가 이해하는 한, 박정희시대에 대한 국민적 평가가 암묵리에 핵심적인 이슈가 된 선거라는 점이었다. 그리하여 군사독재체제에서 벗어난 지 25년이 경과한 지금 과연 다수 한국인이 어떤 가치를 보다 중하게 여기는지 명확히 판별할 기회가 이번에 주어졌던 셈이다.

박근혜를 박정희와 연결시키는 것에 대하여 '연좌제'라고 비판하는 사람들도 있지만, 오늘날 박근혜라는 '정치지도자'가 존재하는 것은 순전히 그의 혈통 때문이라는 것은 세상이 다 알고, 본인 자신도 부인하지 못할 사실이다. 실제로 그가 15년 동안 국회의원을 지냈다고 하지만, 큰 정치가다운 행동을 보여준 바도 없고, 국가 중대사에 관련하여 민중으로부터 찬양 받을 수 있는 방식으로 적극적인 관여를 한 것도 아니었다. 그의 정치적 영향력은 대부분 단순히 그가 '독재자의 딸'이라는 데 근거한 것임은 의문의 여지가 없다.

선거에서는 공약 자체도 중요하지만, 그보다 더 중요한 것은 그 공약의 신뢰성과 진정성이다. 그것을 판단하자면, 후보자의 과거 경력과 언행을 되돌아보는 수밖에 없다. 요컨대 그가 내세우는 공약과 그가 지금까지 걸어온 삶이 얼마나 조화되는 것이냐를 봐야 한다는 것이다. 그런데 이번 선거의 결과는 다수 유권자들이 공약도, 공약의 신뢰성도, 고려하지 않고 표를 찍었음이 뚜렷한 정황이 여기저기서 발견된다. 선거 후 나온 여러 분석·논평을 종합해보면, 여야 공히 주요 공약으로 내세운 '경제민주화'는 사실상 선거에 별 영향을 주지 않았음이 분명하다. 결국 '민주주의'가 아니라 '경제'가 더 중요하다고 지금 한국인 대다수는 생각하고 있음이 드러난 셈이다. 선거 막판에 "다시 한번 잘살아보세!"라는 구호가 먹혀들 것이라고 판단한 여당 측의 계산은 틀리지 않았던 것 같다.

지금 세계경제는 작동 불능 상태에 빠진 자본주의시스템이 언제 회복될지, 혹은 회복이 되기나 할 것인지 심히 불확실한 상황이다. 따라서 오늘날의 경제가 박정희시대의 경제논리로 대응할 수 있는 게 아니라는 것은 길게 말할 필요가 없다. 현재의 경제위기는 생산력 부족이 아니라 오히려 과잉생산으로 인한 위기이다. 그리고 부의 집중, 사회적 격차, 구매력 부족이 이 위기를 초래한 주요 요인이라고 할 수 있다. 그렇다면 이 상황에서 가장 필요한 것은 더 많은 경제가 아니라 더 많은 민주주의라고 생각해야 옳다.

그러나 여당 측은 말할 것이 없지만, 민주개혁 세력을 대변한다는 야당 후보 측이 선거기간 중 이 점을 유권자들에게 전달하기 위해서 과연 얼마나 노력했는지는 분명치 않다. 아니, 야당을 포함하여 현재의 소위 민주개혁 진영이 얼마나 민주주의 자체에 대한 확고한 신념을 지니고 있는지도 별로 믿음이 가지 않는다.

중요한 것은 민주화운동을 했고, 민주화에 성공했다는 이야기를 자꾸 해봤자 소용없다는 사실이다. 국민들 태반이 "민주주의가 밥 먹여주느냐"라는 생각을 하고 있는 현실에서 "왜 민주주의가 아니면 안되는가"를 확실하게 보여주는 견고한 논리와 사상과 실천이 없다면 민주주의의 퇴행은 불가피하다고 할 수밖에 있다.

박정희시대가 아무리 심한 억압과 인권유린의 시대였다 할지라도, 자신이나 가족·친지에게 직접적인 피해가 없었다면 그것을 심각하게 느끼지 않는 게 보통사람들의 심리와 정서이다. 더욱이 한국은 예나 지금이나 어렸을 때부터 토론다운 토론을 통해 정치적으로 성숙한 인간으로 자랄 수 있는 일상적 공간이 거의 없다. 뿐만 아니라 오늘날 한국의 주류 언론과 대학의 타락은 극에 이르렀고, 제도권 교육에서 사실상 교육이 사라진 지는 오래되었다.

돌아가신 리영희(1929-2010) 선생은 군사독재시대를 한마디로 "숨을 쉴 수가 없었던" 시대라고 했다. 박정희시대는 인간다운 존엄성과 상식을 소중하게 생각하는 사람들에게는 지옥이었다. 박정희는 근대 국민국가의 기본원리, 즉 동등한 권리와 자격을 가진 '우리들 중의 한 명'으로서 선출되어 권력을 위임받은 지도자가 아니었다. 박정희가 선포한 '유신정치'의 '유신'은 일본의 메이지(明治)유신에서 따온 것이었다. 그런데 그 '유신(維新)'은 영어로 'Restoration', 즉 '왕정복고'로 번역된다는 것을 아는 사람은 많지 않다. 아마 박정희 자신은 모르지 않았을 것이다. 그는 사실상 왕이었고, 국민을 시혜의 대상으로 간주했다. 그러기에 그는 한 번도 국민 개개인의 인격과 자존심을 진지하게 고려해본 적이 없었다. '행복한 돼지'이기를 거부하는 자는 그의 국민에서 배제되었다.

알다가도 모를 일은, 그 박정희시대에 꺾이지 않는 인간정신의 숭고함을 대변했던 시인 김지하가 선거 동안 보여준 행태이다. 요약하자면 "후천개벽의 시대에는 여자가 왕이 되어야 한다, 그래서 박근혜를 지지한다"는 기묘한 논리로 그는 '독재자의 딸'이 대통령이 되는 것을 도왔다. 실제로 얼마나 도움이 됐는지를 떠나서 충격적이었다. 며칠 후에는 〈조선일보〉를 통해서 온당한 글이라고는 할 수 없는 궤변과 독설과 욕설로 옛 민주화의 동지이기도 했던 선배들을 공격함으로써 그의 논리가 변절도, 전향도 아닌 지적·정신적 파탄의 소산임을 드러냈다. 그러나 이것도 엄밀히 보면 특정 개인의 문제라기보다 박정희시대를 극복해내지 못한, 우리들 자신의 정신적·사상적 빈곤을 상징적으로 집약한 서글픈 사건이었다. (경향신문, 2012-12-27)

후쿠시마의 교훈과 '좋은 삶'

지난 6월 7일 일본 여성들 수십 명이 총리 관저를 찾았다. 한동안 전면 정지상태에 있던 원전의 재가동을 정부가 허가할 움직임을 보이자 항의의 메시지를 전하기 위해서였다. 거기에는 후쿠시마 원전 부근에 삶터가 있는 어머니들도 포함돼 있었다. 이들은 후쿠시마 원전사고 이후 자신들이 처한 절망적인 상황을 눈물과 분노로써 묘사하고, 이 참극에도 원자력을 단념하지 않는 정부의 자세를 격렬히 규탄했다. 한 어머니는 "우리는 후쿠시마 사고 이후 역사를 처음부터 다시 배웠다, 그리고 우리는 인간의 역사가 말할 수 없이 어리석은 역사였음을 알게 되었다"고 비통하게 말했다.

생각하면, 인간의 어리석음을 열거하자면 끝도 없지만, 그중에서 원자력기술의 개발과 응용보다도 더 어리석은 짓은 없다고 할 수 있다. 하이데거(1889-1976)에 의하면, 근대적 기술에는 근원적인 폭력성 혹은 파괴성이 내포되어 있다. 이 말의 구체적인 의미가 무엇이든, 실제로 거의 모든 근대적 기술이 인간생활에 혜택을 주는 만큼 반드시 부작용을 수반한다는 것은 틀림없는 사실이다. 그리고 흔히 혜택은 단기적이고, 피해는 장기간 지속되게 마련이다.

근대적 기술의 이 근본적 한계는 어디서 기인하는가. 간단히 답하면, 그 기술을 뒷받침하는 서구 근대의 '과학적 이성'이라는 것이 "모든 자연은 계산을 통해서 정복될 수 있는 대상"이라는 자폐적이고 근시안적인 자연관 위에 구축돼왔기 때문이다. 그 결과, 세계는 부분적·단기적으로는 합리적이되 전체적·장기적으로는 비합리적인 사고와 논리에 의해 압도적으로 지배되어왔다.

그러한 사고의 극단적인 산물이 원자력기술이다. 원자력기술은 방대한 전력생산 기술로서는 유효할지 모르지만, 핵폐기물 처리를 비롯한 사회적·정치적·경제적·생태적 비용은 인류사회가 감당할 수 있는 수준을 훨씬 넘어선다. 그 핵심적 비용에는 물론 생물체에 대한 치명적인 손상이라는 문제가 있다. 지구 탄생 이후 최초의 원시 생명이 출현하기까지 10억~20억 년이 경과해야 했던 것은 방사능이 제거되기를 기다려야 했기 때문이다. 방사능은 지구 생물체와 절대 공존할 수 없기 때문이다.

생물학자 허먼 멀러(1890-1967)는 일찍이 〈방사선과 유전〉(1964)이라는 논문에서 제2차 세계대전 후 빈번한 핵실험에 의한 대기 중 방사능 증가로 인류의 장기적 생존 가능성이 축소되고 있다고 경고했다. 멀러의 이 경고가 나온 지 반세기가 지나는 동안, 핵실험 이외에 420기가 넘는 상업용 원자로, 그리고 스리마일·체르노빌·후쿠시마에서의 핵 사고로 세계는 돌이킬 수 없이 심각히 오염되었다. 게다가 작년 5월 독일 막스플랑크연구소가 발표한 연구에 의하면, 세계의 원전에서 중대사고가 터질 확률은 10~20년 만에 한 번이다. 만약 이 연구가 옳고, 원자력시스템이 이대로 계속된다면, 앞으로 100년 안에 북반구 전역은 인간의 거주가 불가능한, 광대한 방사능오염 지대로 변할 것이 분명하다.

원자력이란, 군사용이든 민생용이든, 이 지상에서 결코 용납돼서는 안될 기술이다. 세계적 반핵활동가 헬렌 칼디콧의 말이 아니더라도, 원자력의 근간에 있는 것은 '광기'라고 하지 않을 수 없다. 그럼에도 수많은 정치가·관료·경제인·과학자·언론인은 한사코 원자력을 장려·옹호해왔고, 지금도 변함이 없다. 원자력이 값싸고 풍부한 에너지를 제공한다는 널리 유포된 거짓말을 그들이 믿기 때문은 아닐 것이다. 원전의 건설과 유지, 폐기를 모두 고려한다면 원자력의 경제성이란 완전히 허구임이 이미 명확해졌다. 그런데도 원전에 집착하는 것은, 말할 것도 없이, 원전 비즈니스를 둘러싼 강고한 기득권체제가 존재하기 때문이다.

오늘날 자본주의체제에서 절박한 것은 단기적인 이윤추구이지 생명과 자연의 보호가 아니다. 따라서 자본의 이해관계와 긴밀히 결합돼 있는 산업국가의 입장에서 볼 때도, 생명의 논리는 부차적일 수밖에 없다. 지난번 대선 후보들의 세 차례에 걸친 텔레비전 토론에서 원전을 포함한 환경문제가 완전히 배제된 것은 우연이 아니었다.

근대국가는 자본주의를 토대로 전개돼온 정치체제이다. 따라서 자본주의의 성장·확대에 불가결한 기술혁신을 위한 테크놀로지는 자본과 국가 모두에게 요긴한 존재이다. 설령 그 기술의 궁극적 결과가 세계의 파괴일지라도 단기적인 이익에 골몰한 눈에는 그런 게 보이지 않는다. 예컨대 핵폐기물 처리와 같은 것은 자신들이 걱정할 문제가 아니다. 이게 원전을 옹호·지지하는 자들의 근본적인 정신구조라고 할 수 있다. 사실상 오늘날 이들이 지배하고 있는 정치와 경제, 법질서 전체가 '조직화된 무책임의 체계'가 된 것은 이 때문이다.

돌이켜보면, 1868년 메이지유신 이후 지금까지 일본이 지향해온 것은 서구 근대문명을 단시간에 모방하여, 자신도 세계 열강의 일원이 되기 위한 대국주의(결국은 제국주의) 노선이었다. 그 길을 따라 정신없이 달린 끝에 전쟁 참패라는 좌절을 겪었으나 다시 전후의 경제성장을 통해 세계적인 경제대국으로 발돋움하는 데 성공한 듯했다.

그러나 후쿠시마 사태는 대국이 되고자 하는 꿈의 허망함을 명확히 드러냈다. 후쿠시마 이후 널리 공개된 사실이지만, 지진의 나라 일본에 54기의 원전 건설이라는 이해하기 어려운 현실이 전개된 데에는 단순한 전력 확보 이외에 숨겨진 목적이 있었다. 그것은 "언제든 핵무기 제조가 가능한 잠재능력을 보유함으로써 국제사회에서 발언력을 높이려는"(기시 노부스케

(岸信介)) 것이었다.

군국주의를 통한 제국 건설의 꿈이 히로시마·나가사키 원
폭투하로 산산조각이 난 것처럼, 경제대국 일본은 후쿠시마
사태로 종언을 고했다. 애당초 화석연료와 원자력에 토대를
둔 경제발전과 대국 지향 노선 자체가 지속 불가능한 것이었
다. 후쿠시마 사태는 재생 불가능한 자원과 원자력이라는 광
기의 기술에 의존하는 정치·경제 체제의 필연적인 붕괴를 상
징하는 파국적 재앙이었다고 요약할 수 있다.

물론 일본만의 이야기가 아니다. 이것은 산업혁명 이후의
모든 근대국가, 서구 근대문명을 무반성적으로 모방해온 모든
신흥 산업국가의 공통한 운명이다. 이것을 뚜렷이 드러냈다는
점에서 후쿠시마 핵 사고는 스리마일이나 체르노빌 핵 사고와
결정적인 차이를 갖는다. 그 차이의 배경은 후쿠시마 핵 사고
가 경제성장시대의 종말이 가시화되기 시작한 시점에 발생했
다는 점이다. 따라서 후쿠시마 이후에도 맹목적인 경제성장을
추구하고, 경제성장을 위해서 원자력을 계속 사용할 수밖에
없다는 논리를 펴는 것은 어리석을 뿐만 아니라 무책임한 작
태임이 확실하다.

지금 인류에게 정말로 필요한 것은 진실로 '좋은 삶' 혹은
'좋은 사회'를 상상할 수 있는 능력이다. '좋은 사회'란 무엇
보다 안심하고 자식을 키울 수 있는, 자연과 인간이 조화롭게
공존하는 지속가능한 사회여야 한다. 그러한 사회가 현실적으
로 가능하다는 것을 보여주는 선례도 존재한다. 그중 빠뜨릴

수 없는 나라는 물론 독일이다. 후쿠시마 사고 직후 독일이 원전의 단계적 폐기를 거국적으로 결정할 수 있었던 것은 오랫동안 이뤄진 탈핵운동의 성과였다. 그러나 그에 못지않게 중요한 것은 간소한 생활양식을 추구하고, 활발한 대안에너지 개발 등 진지하게 미래에 대비해온 국민적·국가적 차원의 지혜와 합리성이었다.

그러나 동아시아의 상황은 아직 절망적이다. 원전강국이라는 완전히 비현실적인 망상에 사로잡혀 있는 한국은 말할 것도 없지만, 재앙을 직접 겪은 일본정부도 별로 나을 게 없다. 후쿠시마의 어머니들이 피눈물을 흘리며 쓴 탄원서를 접수한 바로 다음 날 노다(野田) 당시 총리는 오이(大飯)원전의 가동을 재개할 것을 결정했다. 시급한 것은 동아시아 주민들의 정치적 각성과 궐기이다. (한겨레, 2012-12-31)

경제민주화, 주식회사, 협동조합

정권교체에 대한 열망이 어느 때보다도 컸음에도 불구하고, 이번 선거가 여당의 승리로 끝난 것은 결국 야당이 제대로 싸우지 못했다는 이야기가 된다. 모처럼 여야가 공통하게 제기한 '경제민주화'를 둘러싸고 야당이 이것을 날카롭게 쟁점화하지 못한 것은 큰 실책이었다.

선거가 갖는 중요한 의의는 그 기간 동안 중요한 사회적 이슈가 활발한 토의의 대상이 됨으로써 민중의 식견이 높아지고, 결과적으로 보다 성숙한 사회가 될 가능성이 열린다는 점이다. 이런 의미에서도 이번 대선은 낙제였다. 그 책임의 절반 이상은 도전자다운 용기와 적극성을 보여주지 못한 야당에 있었다고 하지 않을 수 없다.

원래 지난 4월 총선 때부터 '경제민주화'가 새로이 부각된 것은 현재의 극심한 사회적 격차 때문이었다. 심각한 고용불안, 높은 청년실업률, 끊임없는 실질소득의 감소, 엄청난 가계부채 등은 그 확실한 증상들이다. 경제적 불평등은 자본주의 경제의 불가결한 요소이지만, 문제는 그 정도가 이미 용납할 수 있는 수준을 훨씬 넘어섰다는 점이다. 세계 최고의 자살률은 더 말할 것도 없지만, 청년실업 문제만 하더라도 거의 재앙 수준이다. 지금 젊은 세대는 이대로 간다면 대부분 평생 단 한 번도 정규직 일자리를 가져보지 못한 채 늙어버릴 가능성이 크다.

문제는 이 상황이 달라질 전망이 있느냐 하는 것이다. 지금까지 거의 모든 사회적·경제적 모순에 대한 처방은 늘 더 많은 경제성장이었다. 그리고 많은 경우 사회적 문제들이 경제성장으로 해결되지는 않더라도 완화되어온 것은 어느 정도 사실이다. 그러나 그 메커니즘이 앞으로도 통할까? 선거에서 '경제민주화'가 중심적 화두가 된 것은 이미 이 사회에서도 경제성장만으로는 문제 해결이 어렵다는 광범한 인식이 존재한다는 뜻일 것이다. 그럼에도 이 사회에서 아직도 경제성장이 핵심 가치로 운위되고 있는 것은 변함이 없다.

중요한 것은 사태의 본질에 대한 냉정한 파악이다. 오늘날 세계적인 경제위기의 본질은, 간단히 말하면, 지구의 생물물리학적 한계가 더이상의 성장을 허용하지 않는데도 불구하고 무리하게 성장을 추구하는 근본적인 모순에 있다고 할 수 있다. 무리한 성장이 추구되는 것은, 계속적인 성장이 가능했던 시대의 전형적인 경제활동 주체, 즉 '주식회사'가 여전히 압도적인 세력이 되어 있기 때문이다. 그러므로 경제민주화가 진짜가 되려면, 재벌의 폭군적 권력을 통제하려는 데서 더 나아가서 주식회사체제 자체의 구조적 폭력성을 직시하고, 새로운 대안을 제시하는 데까지 가지 않으면 안된다.

주식회사란 한마디로 주주들의 이익을 위해서라면, 세상이 망해도 상관없다는 파괴적인 논리가 시스템의 원리로 되어 있는 기구이다. 보이거나 보이지 않는 다수 주주들의 이익을 보호하고 확대해야 한다는 것은 기업의 지상명령이기 때문이다. 그러므로 윤리적인 기업경영 따위는 애당초 성립 불가능한 개념이라고 할 수 있다. 그러면 어떻게 할 것인가. 하나는 노동운동과 공적 권력을 통해서 기업이 윤리적인 행동을 하지 않을 수 없도록 강제하는 방법, 또하나는 주식회사체제 바깥에서 가능한 인간적인 비즈니스 방식을 찾고, 그것을 확대하는 것이다.

그런 의미에서 지금 우리사회의 가장 큰 희망의 신호는 협동조합 결성 움직임이 활발해지기 시작한 현상이라고 할 수 있다. 협동조합운동은 민주정부를 세우는 것 이상으로 중요한 일이라고 할 수 있다.

협동조합이 주식회사 대신 지배적인 경제활동 주체로 확대될 때, 더이상 성장이 안되는 상황일지라도, 우리가 더 자유롭고 행복한 삶을 누릴 수 있는 가능성이 열릴 것이다. 왜냐하면 협동조합 중심의 경제는 이윤추구가 목적인 경쟁시스템이 아니라 인간생활의 필요를 충족시키는 것이 목적인 연대와 협동의 경제이기 때문이다. 주식회사란 본래 이윤추구가 목적인 이상, 경제성장이 계속되지 않으면 존립할 수 없다. 게다가 그것은 '1주 1표'의 시스템인 까닭에 대자본가의 전횡을 피할 수 없다. 반면에 협동조합은 경제성장을 전제로 할 필요가 없다. 또한 협동조합 특유의 '1인 1표'의 운영원리는 기본적으로 민주주의 원칙에 완전히 부합한다. 그러니까 협동조합은 단지 민중의 경제적 욕구 충족뿐만 아니라 민주적 자치능력의 향상에 기여하는 소중한 틀이 될 수 있다.

분명한 것은 지금 우리가 직면한 시련과 고통은 결코 더 많은 경제발전으로 해결될 문제가 아니라는 것이다. 경제위기를 극복하기 위해서도 가장 필요한 것은 민주주의에의 확고한 신념과 그 실천이다. 경제위기를 계속해서 성장논리로 대응하려 한다면, 그 결과는 강화된 파시즘체제로 나타날 것이다. (시사 IN, 278호 2013-1-12)

'좋은 삶'과 4대강 파괴

지금 세계는 전대미문의 복합적 위기상황에 처해 있다. 기후변화와 환경위기, 석유 및 각종 자원이 값싸고 풍부하게 공급되던 시대의 종식, 광범위한 농경지 축소 혹은 사막화, 근대적 금융통화제도의 파탄과 세계 동시 채무위기, 사회적 격차의 심화, 걷잡을 수 없는 실업률과 범죄의 증가 등등, 인간다운 삶의 지속을 근원적으로 위협하는 사태 앞에서 인류사회는 현재 속수무책이다. 정치지도자들은 자신도 믿지 않는 헛된 공약을 남발하며 임시 미봉책에 골몰할 뿐, 미래에 대한 신뢰할 만한 장기적인 비전을 아무것도 제시하지 못하고 있다. 이 무능력의 근본원인은 무엇일까. 한마디로 답한다면, 아직도 그들이 성장 패러다임에 사로잡혀 있기 때문이라고 할 수 있다.

따져보면, 오늘의 이 위기상황은 유한한 지구상에서 무한한 진보의 추구라는 맹목적인 성장논리가 초래한 필연적인 결과이다. 제아무리 뛰어난 기술적 재간이 있다 하더라도 인간의 삶이 근본적으로 지구가 제공하는 한정된 자원과 생태적 조건을 벗어나서 영위될 수 없음은 자명하다. 이 근본적 제약을 받아들이지 않고, 계속해서 성장이라는 주문(呪文)을 무작정 외며 위기를 돌파하려 해봤자 헛일이라는 것을 아직도 세계의 다수 권력엘리트들은 이해하지 못하고 있다. 오바마 대통령이 2010년 시정연설에서 "지금부터 세계에서 창출되는 고용은 전부 미국 내에서 생기지 않으면 안된다" 혹은 "미국경제의 성장에 공헌하지 않는 외국인 젊은이들을 미국 대학에서 교육하는 것은 우스운 일이다" 따위 난폭한 발언을 주저하지 않은 것은, 말할 것도 없이, 경제성장에 대한 뿌리 깊은 신앙 때문이다. 그러나 오바마식의 접근방식이 일시적으로는 몰라도 장기적인 성공을 거둘 확률은 제로라고 우리는 단언할 수 있다. 왜냐하면 그것은 위기의 원인을 가지고 위기를 해결하려는 어리석고 무모한 방식임이 분명하기 때문이다.

여전히 낡은 사고방식에 붙들려 있는 정치세력이 세계를 지배하고 있는 현실이 개탄스럽기는 하지만, 그럼에도 주목할 것은 세계 곳곳에서 대안적 방식을 찾는 진지한 움직임이 근래에 한층 활발해지고 있다는 점이다. 특히 유럽에서는 유로권 경제(나아가 글로벌경제)의 사실상의 파산을 진작부터 예견하면서 상당수의 지식인·활동가들이 탈성장사회와 새로운 경제논리를 탐색하고 논의하는 장을 계속적으로 확대해왔다. 후쿠시마 원전사고 이후 일본에서도 눈에 띄게 이런 움직임이 나타나고 있다. 일본의 정치는 여전히 미망 속을 헤매고 있지만, 사회 저변에서는 이제부터는 성장·확대가 아니라 축소·균형의 경제가 필요하다는 인식이 빠르게 퍼져나가고 있다. 이런 분위기 때문이겠지만, 지난 1년간 일본 아마존 서점에서 가장 많이 팔린 서적의 제목도 '작은 상업의 권유'였다.

그러나 이런 움직임 중에서도 가장 괄목할 곳은 아마도 라틴아메리카 나라들일 듯싶다. 예를 들어, 에콰도르와 볼리비아가 특히 그렇다. 룰라의 브라질이나 차베스의 베네수엘라가 국제적으로 큰 주목을 받아온 것에 가려져왔지만, 이 두 나라는 자본주의 이후의 삶의 대안적인 모델 제시라는 면에서 매우 모범적인 개혁을 착실히 수행해왔다.

그 가운데서 특기할 것은 각기 2005년과 2006년에 선거를 통해 민주정부가 수립된 이후 '좋은 삶'을 강조하고, 근대국가로서는 최초로 '자연의 권리'를 명확히 규정한 새로운 헌법을 제정한 것이다. 여기서 '좋은 삶'이란 종래의 상투적 행복관, 즉 풍부한 재화의 소유나 소비를 기반으로 한 개인주의적 삶이 아니라 어디까지나 공동체 속의 조화로운 관계를 중시하는 검소한 삶을 뜻한다. 그리고 또 중요한 것은, 두 나라의 신헌법에서 말하는 공동체란 인간공동체만을 의미하는 게 아니라 자연 만물이 어울려 사는 생명공동체 전체를 의미한다는 점이다. 그러니까 '좋은 삶'이란 인간끼리의 관계를 넘어서 자연과의 조화로운 관계 없이는 불가능하다는 근본인식이 이 헌법에 내포돼 있는 것이다. 신헌법에서 '자연의 권리'를 명시해 국민들이 자연의 혜택을 누리는 대신에 자연을 보호해야 할 책임이 있다는 것을 강조하고 있는 것은 이 때문이다.

신헌법에 명시된 '자연의 권리'라는 사상은 기본적으로 안데스 전통문화의 세계관·자연관을 토대로 한 것이다. 안데스 토착문화는 원래 '파차마마'(어머니 대지)에의 끝없는 공경심에 기초한 문화였다. 안데스의 농민은 대지를 단순히 땅이나 흙덩어리로 생각하지 않았다. 대지는 만물의 어머니였다. 그리고 그들에게는 돌도, 흙도, 온갖 식물도, 물도, 안개도, 바람도,

해와 달과 별도 모두 자신들과 함께 사는 식구였다. 그리하여 그들은 자연 만물을 인격화해 '그이' 혹은 '그이들'이라고 불러왔다. 이러한 근원적인 생명 옹호 사상과 지혜로운 삶의 태도를 바탕으로 그들은 생태적 악조건 속에서도 놀랄 만큼 다양한 작물을 만년 이상 길러왔다. 세계 전역에서 생물종이 급속히 소멸되고 있는 지금도 안데스 농가에서는 평균 50종 이상의 감자를 수확하고 있다.

결국 에콰도르와 볼리비아의 신헌법이 언급하고 있는 '좋은 삶'이란 서구인들에게 침략을 당하고 식민화되기 이전의 토착 문화에 내포돼 있던 근원적인 생명가치의 복구를 통해 지금 자본주의 이후의 삶에 대한 창조적인 비전을 제시하는 것으로 해석될 수 있다. 프랑스혁명 이후 근대세계는 자유·평등·우애를 늘 말해왔지만, 본시 그것은 자연과 사회적 약자를 원천적으로 배척·차별하는 구조 위에서만 작동이 가능한 자본주의 논리로는 절대로 실현될 수 없는 이상일 뿐이었다. 그런 의미에서 안데스의 이 두 나라 신헌법은 세계사의 오래된 숙제를 푸는 해법을 담고 있다고 할 수도 있다.

지구의 다른 쪽에서는 이처럼 중대한 정신적 각성에 따라 진지한 정치적 실험과 사회적 개혁이 시도되고 있는 동안에 대한민국이라는 나라에서는 공동체의 가장 값진 보물 중 보물인 4대강과 그 주변 농경지를 철저히 파괴하고 유린하는 광태가 벌어졌다. 게다가 그 광란은 '녹색성장'이라는 거짓 이름 밑에서 정권의 최대 업적으로 국내외에 널리 선전되었다. 부끄러운 것은 둘째치고, 이 광란의 후유증으로 '좋은 삶'을 위한 가장 중요한 기반이 영구히 사라진 것을 생각하면 피눈물이 난다. (경향신문, 2013-1-24)

증여의 원리, 삶의 토대

수도권 도시에서 세 자매가 극심한 영양실조 상태로 발견되었다. 동생 둘은 발작 증세를 보이고, 골다공증으로 뼈가 부러진 상태로 방치되어 있었다. 반찬이라고는 고추장밖에 없는 밥이나 라면을 먹으며 냉골의 지하 월세방에서 몇 년을 그렇게 지냈다는 것이다. 떠돌이 노동자인 아버지가 얼마간의 생활비를 보내주었지만, 그중 절반도 아이들의 손에 전달되지 않았고, 그 결과 비참한 상황이 벌어졌다는 게 언론보도의 내용이다.

10대 소녀들이 겪은 이 비참한 이야기에서 제일 마음 아픈 대목은, 맏이가 중학교를 다니지 못한 두 동생들에게 검정고시를 위한 공부를 꾸준히 시켜왔다는 점이다. 우편물과 광고지, 혹은 거리에서 주워온 폐지를 가지고 학습장을 만들어서 말이다. 이 이야기를 듣고 향학열을 운위하며 감탄하는 사람도 있을지 모르지만, 사실 이것은 오늘날 우리사회가 심히 황폐화된 사회임을 간접적으로 암시하는 이야기라고 해야 옳다.

본시 인간다운 삶의 근원적 토대는 어디까지나 사람들끼리의 상호부조의 관계망이다. 그런데 이 세 자매가 극한적인 영양실조 상황에서도 이웃들의 도움에 기댈 생각은 전혀 못 하고, 검정고시 공부를 하고 있었다는 이야기는, 상호부조라는 개념 자체가 이 사회에서 언젠가부터 극도로 위축되어왔음을 반증한다고 할 수 있다. 그런 의미에서 이 '검정고시' 이야기는 오늘날 많은 젊은이들이 동료들과의 우정이나 인간관계에는 아무 관심 없이 오로지 개인적으로 살아남기 위한 '스펙' 쌓기에 열중해 있는 사태와 본질적으로 다른 이야기가 아니라고 할 수 있다.

세 자매의 이야기가 알려지자 많은 사람들은 국가적인 사회 안전망의 확충과 보완을 이야기하고 있다. 물론 당연한 반응이다. 하지만 복지국가 시스템도 중요하지만, 더 중요하고 근본적인 것은 사람끼리의 자발적 상호부조, 능동적인 자립과 협동의 생활방식이라는 것을 우리는 기억하지 않으면 안된다. 주의해야 할 것은, 아무리 좋은 통치일지라도 국가의 논리로는 개개인의 인간다운 생존과 존엄성이 보장되는 데는 명백한 한계가 있다는 사실이다.

10대 소녀들이 차디찬 지하방에서 극한적 고통을 겪고 있는 동안 임기 말의 대통령은 자신의 재임 중에 '국격'이 높아졌다고 자화자찬을 하고, 유력한 여당 대통령 후보는 '국민의 행복'에 관해 열심히 말하고 있었다. 이것은 단지 이 나라의 저열한 정치 수준만 아니라 현재의 국가의 근본적인 성격을 드러내는 희극적인 에피소드라고 할 수 있다. 국가권력은 늘 국민을 위한다고 하지만, 구체적인 재난상황에서는 기민(棄民)정책으로 일관하는 게 이 국가의 본질이 되어버렸기 때문이다. 하기는 모든 국가 혹은 '국익'의 논리에는 본질적으로 파시즘적 요소가 잠재돼 있다는 것을 우리는 간과해서 안된다.

실제로 장구한 세월 동안 풀뿌리 민중이 생존을 영위하며 삶을 향유해온 주된 방식은 국가의 틀도, 시장의 논리도 아니었다. 오늘날 우리는 모든 게 상품화된 사회에서 돈이 없으면 죽는다고 생각하고, 그 보완책으로 흔히 복지국가 시스템을 구상하지만, 대개 그 이상은 상상하지 못한다. 이렇게 상상력이 빈곤해진 것은 오랫동안 민초들의 생을 뒷받침해왔던 상부상조의 정신과 그것을 가능하게 한 공동체를 잃어버렸기 때문이다.

중요한 것은 역시 공동체이다. 아무리 가난해도 공동체가 살아있는 한, 사람이 외로이 굶주려 죽는 사태는 일어나지 않는다. 왜냐하면 공동체란 화폐의 원리가 아니라 증여의 원리에 의해 유지되는 생의 공간이기 때문이다. 오늘날 절망의 땅이라는 아프리카에서도 대부분의 공동체는 다마(dama), 즉 보상을 바라지 않고 주고받는 전통적 증여경제의 틀 속에서 생명을 보호·유지하고 있다.

따져보면 어떤 사회든 증여의 원리가 완전히 사멸될 수는 없다. 아직도 우리 주변에는 자기 차에 선뜻 남을 태워주고, 다시 만날 기회가 없는 택시기사나 상점종업원에게 팁을 주기도 하고, 이웃집 앞에 쌓인 눈까지 치워주는 사람이 없지 않다. 최근 '월가 점령' 사태에서 두각을 드러낸 인류학자 데이비드 그레이버에 따르면, 인간사회의 근저에는 예외 없이 상호 협력의 '코뮤니즘적' 관계가 반드시 존재한다. 그는 자본주의조차도 이 바탕 없이는 성립 불가능하다는 점을 말하고, "자본주의란 코뮤니즘을 관리하는 하나의 (참혹한) 방식"이라고 정의하고 있다. 지금 우리에게 가장 필요한 것은 이 원초적 증여의 원리에 입각한 상호부조의 관계를 민주적으로 강화하려는 노력이다. 희망이 보이지 않는 상황일수록 더 그렇다는 것은 말할 필요도 없다. (시사IN, 282호 2013-2-9)

II. 변화냐 자멸이냐

권력의 거짓말, 노예의 언어

고전적인 교양소설 《빌헬름 마이스터의 수업시대》(1795~
1796)에서 괴테는, 인간다운 삶을 원한다면 날마다 몇 가지 일
을 습관적으로 실행해야 한다고 말했다. 매일 좋은 음악을 듣
고, 좋은 시 한 편을 읽고, 훌륭한 그림을 적어도 하나는 보아
야 한다. 그리고 가능하다면 하루 중에 이치에 맞는 말 몇 마
디를 할 수 있어야 한다는 것이었다. 여기서 '이치에 맞는 말
몇 마디'라는 말에 못지않게 흥미로운 것은 '가능하다면'이라
는 유보적 표현이다. 즉, 괴테는 사람이 일상생활 속에서 '이
치에 맞는 말'을 듣거나 말한다는 것은 결코 쉬운 일이 아니라
고 생각한 것이다.

괴테가 그렇게 생각했다는 것은, 다시 말하면, 18세기 독일
사회의 '후진성'에 대해서 그가 치를 떨었다는 얘기가 된다.
원래 '교양'이라는 개념 자체가 어떤 점에서 독일사회의 후진
성의 증표였다. 당시 영국이나 프랑스는 시민혁명을 통해서
근대적 문물제도를 확립해가며 세계사적 변혁의 선두에 서 있
었다. 하지만 독일에서는 여전히 중세적 질서가 압도적이었고,
신흥 부르주아계급의 관심은 재산 증식에 집중되어 보다 넓은
정치적·사회적 각성에는 이르지 못하고 있었다. 이 상황에서
자칫 대혼란을 초래할 혁명이 아닌 온건한 방식으로 '후진성'
을 탈피해야 한다는 요구가 생겼고, 이를 위해서는 무엇보다
부르주아계급의 지적·정신적 깨달음이 필요하다는 게 괴테를

비롯한 선각자들의 생각이었다. 그래서 그들이 강조한 게 인간의 내면적 성장을 위한 자기교육, 즉 '교양'이었던 것이다.

그러나 역사적 배경이 무엇이든, '교양'의 중요한 척도로서 괴테가 '이치에 맞는 말'을 할 수 있는 능력을 꼽았다는 것은 매우 시사적이다. 젊었을 적에 괴테의 이 구절을 처음 대했을 때 내 시선이 거기에 한참이나 머물러 있었던 기억이 난다. 나는 괴테의 심정을 누구보다 잘 알 것 같았다. 이것은 결코 옛날 남의 나라 이야기가 아니었다. 돌이켜보면, 우리 자신이 너무나 오랫동안 거짓말과 위선적 언어를 당연지사로 여기며 살아온 게 아닌가. 그리하여 늘 이치에 맞지도 않는 소리를 지껄이거나 들어야 하는 상황에 익숙해졌고, 그 결과 마침내 거짓과 진실에 대한 감각조차 사라져버린 게 아닌가. 이러고서야 우리가 어떻게 존엄한 인격에 대해서 말할 자격이 있을까. 괴테의 책을 읽으며 나는 그런 우울한 상념을 떨쳐버릴 수가 없었다.

그 이후 수십 년이 흘러 청년은 속절없이 늙은이로 변했다. 그러나 한스러운 것은, 적어도 우리사회의 공적 언술공간에서 거짓언어와 부조리한 언어를 이제는 그만 들었으면 하는 평생의 소원이 내 생애 동안에 성취될 전망이 점점 흐려지고 있다는 사실이다. 선진사회란 무엇보다 이치에 맞는 말이 통용되는 사회라는 괴테식의 생각이 옳다면, 한국사회가 후진성을 벗어날 날은 지금으로서는 아득하다고 하지 않을 수 없다.

비행을 저지른 자신의 측근들이 죗값을 치르기도 전에 특별

사면을 단행한 임기 말의 대통령이 자신의 재임 중에 '국격'이 높아졌다고 앞뒤가 맞지 않는 천박한 자랑을 일삼고, 경제민주화와 복지를 공약함으로써 대통령에 당선된 이가 자신의 공약이 가진 의미를 완전히 몰각하고 민주주의와 복지를 우습게 여기는 대표적인 신자유주의 경제학자를 태연히 중용하는 나라가 오늘의 한국사회이다.

그러나 가장 절망적인 것은 사법부가 조금도 이치에 맞지 않는 문장을 판결문이랍시고 내놓는 현실이다. 노회찬 의원에게 통신비밀보호법을 어겼다고 실형을 선고함으로써 국회의원직을 박탈한 대법원의 결정에 대하여 지금 많은 시민들이 분노하는 것은 직업적 법률가들이 걸핏하면 내세우는 소위 '법리'를 몰라서가 아니다. 법리라는 것도 결국은 '법의 이성'을 뜻한다면, 그것은 어디까지나 이성적인 생각에 부합하는, 즉 이치에 맞는 논리여야 한다고 믿기 때문이다. 뇌물을 주고받은 자의 죄는 묻지 않고, 뇌물을 받은 자들의 이름을 공개했다는 이유로 국회의원직까지 박탈하는 게 과연 정상적인 사법권력 행사라고 할 수 있는가.

더욱이 그 뇌물 수수는 사사로운 개인 사이가 아니라 재벌과 검찰공무원 사이에 진행되어 국가의 법질서 자체를 근원적으로 무너뜨릴 수 있는 중대한 범죄행위에 관련된 것이었다. 그런데도 대법원은 "(뇌물 수수 행위가 발생한 것은) 8년 전의 일로서, 공개하지 않으면 공익에 중대한 침해가 발생할 가능성이 현저해 비상한 공적 관심의 대상이 되는 경우에 해당한다고 보기 어렵다"고 말했다. 오늘날 삼성이라는 거대재벌이 음으로 양으로 이 나라의 권력기관, 언론, 학계에 엄청난 영향력을 행사하며, 공무원의 정당한 직무수행과 지식인의 비판정신을 마비시키고 있다는 것은 삼척동자도 알고 있는 사실이다. 그런데 이 나라의 사법적 정의에 대한 최종적 판단을 내리는 기관만은 그게 "8년 전의 일이기 때문에 별로 문제될 게 없다"라는 식의 경악할 만큼 나이브한 엉터리 논리를 펴고 있다.

또하나 간과할 수 없는 것은 사법부의 국회 경시 태도이다. 현행 통신비밀보호법은 도청 금지라는 좋은 취지에도 불구하고, 유죄일 경우 벌금형은 없고 징역형만 있다는 문제점을 갖고 있다. 그래서 여야 의원 152명은 이 법률의 개정을 준비하며, 노회찬 의원에 대한 판결을 늦춰줄 것을 대법원에 요청해 놓은 상태였다. 하지만 대법원은 이를 수용하지 않았다. 이것은 삼권분립의 본의가 무엇인지 착각하고 있음을 가리킨다. 삼권분립은 국가권력의 집중에 의한 독재를 방지하기 위한 제도이지 합리적인 설명 없이 민중이 선출한 국회의원을 추방해도 좋다는 제도가 아닌 것이다.

굳이 선후를 따진다면, 민의와 보다 직결된 국회야말로 국권의 최고 기관이라고 할 수 있다. 민주주의 역사가 제일 오래된 영국에서 대법원이 설치된 것은 2009년이었다. 그때까지 최고재판소 기능은 국회(상원)가 대행해왔던 것이다. 민주정치란 철저히 의회 중심이어야 한다는 철학이 배경에 있었기 때문이다(올해부터 영국 대법원은 모든 판결을 '유튜브'로 공개하기로 결정했다).

일찍이 몽테스키외는 공화주의의 원리란 사익보다 공익을
중시하는 시민적 덕(德), 즉 자유인의 정신임을 갈파했다. 자유
인의 언어에는 원래 무리가 없다. 거짓언어는 결국 노예(혹은
노예근성에 젖은 자)들의 언어이다. (경향신문, 2013-2-21)

차베스가 독재자라고?

차베스 대통령이 결국 숨을 거두었다. 암이라는 게 무섭기
는 무서운 모양이다. 베네수엘라 안팎의 수많은 정적들도 도
저히 꺾을 수 없었던 이 59세의 정력적인 정치가를 암이 무자
비하게 쓰러뜨려버렸다.

차베스(1954-2013)의 죽음이 알려지자 곧 세계의 주요 언론
들은 지난 14년 동안 차베스가 걸어온 정치적 삶과 그 의의를
추도사, 해설, 논평을 통해서 부산하게 조명하고 있다. 차베스
에 대한 평가는 정치적 입장에 따라 확연히 갈라지고 있지만,
그럼에도 왜소한 기술관료정치가 압도하고 있는 오늘의 일반
적 세계 정치무대에서 예외적인 거인이 사라졌다는 사실에 대
해서는 대개의 언론이 공감하고 있다. 한국 언론도 예외가 아
니다.

그러나 건방진 말일지 모르지만, 내가 보기에 국내 언론의

기사는 대체로 피상적인 수준을 넘어서지 못하고 있다. 아마도 라틴아메리카 사정에 밝은 전문가가 거의 없는 상황에서 외신을 근거로 기사를 급조한 탓일 것이다. 게다가 더 큰 문제는 우리나라 언론이 의존하는 게 대개는 세계의 주류 미디어가 제공하는 자료라는 점이다. 이런 사정은 진보 매체들이라고 해서 별로 다른 것 같지도 않다. 그 결과 다소 뉘앙스의 차이는 있지만, 언론들의 논지는 거의 한결같다. 즉, 차베스는 오랜 세월 계속돼온 라틴아메리카 사회의 과두지배체제를 깨고 민중의 삶을 획기적으로 개선한 공로는 크지만, 14년 동안 정치적 반대자를 무자비하게 탄압하고 언론자유를 봉쇄해온 독재자였다는 것이다.

물론 차베스의 통치에 독재적인 요소가 없었던 것은 아니지만, 정치가로서의 차베스의 공죄를 가린답시고 이런 식으로 요약을 해버리면, 그가 추구한 '볼리바르 혁명'의 진실이 무엇인지 전혀 알 수 없게 된다. 더욱이 이런 요약으로는 터무니없는 오해가 생길 여지가 있다. 즉, 차베스가 마치 박정희와 닮은 존재가 아니냐는 오해 말이다. 하지만 '독재'라고 해도 차베스의 독재는 박정희의 그것과는 전혀 질이 다른 것이었다. 박정희는 대기업 중심의 철저히 물량적 경제발전에 집중하며 국민 개개인의 인격과 자존심에 대해서는 털끝만큼도 관심이 없었다. 이에 반해 차베스의 관심은 철두철미 가난한 사람, 소외된 원주민, 아프리카계 주민들의 인간다운 삶의 회복에 있었고, 이 목적을 실현하기 위해서 오랜 세월 민중의 노예화를 강요해온 수탈체제와 투쟁하지 않으면 안되었다. 그리고 그 투쟁은 국내외의 막강한 기득권세력과의 격렬한 대립을 불가피하게 했다.

중요한 것은, 단순한 권력욕 때문이라면 차베스가 미국정부를 비롯한 국내외의 자본가, 투자자, 언론, 대학 등 막강한 기득권세력에 맞서서 싸우는 것은 불가능했을 것이라는 사실이다. 그가 가열한 투쟁을 계속할 수 있었던 것은 민중의 근원적 욕구에 누구보다 예민하게 공감하고 있었기 때문이다. 가난한 사람은 밥만 먹여주면 된다고 생각하는 것은 소위 엘리트들이 가장 흔히 범하는 착각이다. 민중에게는 밥도 중요하지만, 개개인은 각기 인격적인 존재로서 자기 인생의 주체로 살고자 하는 깊은 욕구를 갖고 있다는 것을 차베스는 잘 이해하고 있었다.

그 단적인 증거가 '공동체평의회(communal councils)'라는 베네수엘라의 주민자치 시스템이다. 차베스 집권 후반기에 본격적으로 확대된 이 시스템은 기존 지역 행정기관이라는 관료시스템과는 별도로, 도시에서는 200~400세대, 농촌에서는 20세대 정도를 1개 단위로 주민들이 모여서 자기 동네에 관련된 문제들을 자유롭게 토의·결정하며, 필요하면 정부에 예산지원을 요청하는 직접민주주의 형태의 풀뿌리 의회이다. 이 '평의회'에는 학식, 재산, 연령, 성별에 관계없이 15세 이상의 모든 주민이 평등한 발언권을 행사한다. 이것은 오늘날 세계 도처에서 민주주의가 사실상 죽어가고 있는 상황에서 특기할 사태임이 분명하다. 실제로 지금 베네수엘라에는 그동안 정치로부터 철저히 소외되었던 가난한 사람들 중에서 난생 처음으로 자기 인생의 주인이 된 기분을 느낀다고 말하는 사람들이 허다하다는 것이다.

차베스는 자신의 목표가 '21세기적 사회주의' 건설이라고 말했다. '공동체평의회'를 염두에 둔다면, 차베스가 겨냥한 '사회주의'란 결국 민중의 자기통치, 즉 래디컬 데모크라시를 뜻한다고 할 수 있다. 앞으로 상황이 어떻게 변할지 모르지만, 차베스를 통해서 모처럼 '민주주의'를 체험한 민중을 다시 노예시절로 되돌리는 것은 쉽지 않을 것이다. (시사IN, 287호 2013-3-16)

차베스와 근원적 민주주의

차베스 대통령 사거 이후 열흘 남짓 시간이 흘렀다. 왜소한 기술관료정치가 대세인 오늘의 상황에서 이 예외적인 거인 혹은 '풍운아'에 대한 평가가 궁금해서 꽤 열심히 세계의 주요 미디어 온라인판을 읽었다. 예상보다 인색하거나 가혹한 평가가 주류였지만, 그럼에도 몇몇 매체는 '균형'을 고려해서인지 차베스의 죽음을 진심으로 애도하는 글도 게재했다. 예를 들어, 〈뉴욕타임스〉는 브라질 전 대통령 룰라의 글을 실었고, 영국 신문 〈가디언〉에는 저명한 맑스주의 철학자 타리크 알리의 '차베스와 나'라는 글이 실렸다.

타리크 알리의 글은 차베스와의 인연과 개인적인 일화가 소개돼 있어서 매우 흥미로웠다. 차베스와 쿠바의 카스트로 사이의 관계가 이념적·사상적으로뿐만 아니라 기질적으로도 얼마나 친밀한 것이었던가를 설명하는 대목 같은 게 특히 그랬다. 즉, 카스트로와 차베스는 밤늦도록 독서에 몰입하는 공통한 습관이 있고, 오랫동안 매일 한 번 이상 통화를 해왔다. 어떤 때는 새벽 3시에 통화하면서 각자 읽고 있는 게 같은 책임을 확인하는 날도 드물지 않았다. 그러면 잠도 자지 않고 전화로 한 시간 이상이나 그 책에 관해 열띤 토론을 벌이곤 했다는 것이다.

차베스가 어렸을 적부터 독서광이었다는 것은 잘 알려진 사실이다. 연설을 시작하면 때로는 9시간 이상, 짧아도 3시간을 원고 없이 동서고금의 사상가, 작가, 혁명가를 쉴 새 없이 인용하며 계속할 수 있었던 것은 차베스의 강인한 체력 때문만이 아니었다. 양친 모두 교사였던 가정에서 자라서인지 차베스는 교육과 독서의 중요성을 누구보다 깊이 이해하고 있었다. 1998년 대통령에 당선되자 바로 시작한 첫 사업의 하나가 문맹 퇴치였다. 그 덕분에, 유네스코의 자료에 의하면, 현재 베네수엘라는 문맹률 제로 국가이다. 차베스는 글자를 깨친 사람들을 위하여 정부가 비용을 부담해 스페인어로 쓰인 대표적 소설 《돈키호테》를 100만 부 넘게 발간하여 무료로 배포했다. 문맹 퇴치의 목적이 절대로 국가행정의 편의를 위한 게 아니었던 것이다. 인간이면 누구든 차별 없이 존엄한 생활을 누리고, 문화적인 삶을 향수할 권리가 있다는 게 차베스의 신념이었다.

차베스를 독재자라고 부르며 가혹하게 비판하는 사람들도 어쩔 수 없이 인정하는 한 가지 엄연한 사실이 있다. 그것은 차베스 집권 14년을 통해서 베네수엘라의 수많은 빈민, 원주민, 아프리카계 주민들의 생활이 획기적으로 개선되었다는 사실이다. 절대빈곤 인구는 거의 사라졌고, 가난한 사람들의 평균 소득은 두 배 이상 증가했다. 게다가 무상의료, 무상교육이 보편적으로 시행되고, 종래에는 꿈도 꿀 수 없었던 빈민촌 자제들의 대학 진학도 가능해졌다. 통계를 보면, 현재 베네수엘라의 대학진학률은 80퍼센트 가까이 이르고 있다. 차베스 집권 이전에 비해서 갑절이 된 셈이다. 차베스는 국립대학의 분교를 지방 곳곳에 설치하고, 대학등록금과 입시제도를 철폐함으로써, 원한다면 젊은이들 누구든지 고등교육의 혜택을 누릴 수 있는 기회를 제공했다.

그러나 통계가 보여주는 물량적 조건의 개선보다도 훨씬 더 중요한 것은 이러한 정책의 근저에 있는 확고한 인간적 원칙이다. 그것은 한마디로 사람에게 필요한 것은 빵만이 아니라는 사상과 신념이다. 기회 있을 때마다 차베스는 인간다운 존엄성이 빵보다 더 중요하다는 것을 강조했다. 실제로, 베네수엘라의 가난한 사람들의 가장 큰 고통은 본질적으로 그들이

"자신의 땅에서 소외와 배제를 강요당하며" 인간적인 모욕을 끊임없이 겪어왔다는 데 있다. 예를 들어, 차베스 집권 이전, 수도 카라카스의 주변 언덕배기를 꽉 채우고 있는 수많은 바리오(빈민촌)는 지도상에서 사람이 살지 않는 '녹지대'로 표시되어 있을 뿐이었다. 전체 국민 중 절대다수를 점하는데도 빈민들은 베네수엘라 권력층과 중산층의 눈에는 '불가시적' 존재였던 것이다.

이러한 일상적인 멸시와 모욕 속에서 긴 세월을 살아온 사람들의 좌절된 심리와 욕구를 차베스는 누구보다 깊이 공감하고 있었다. 차베스의 '볼리바르 혁명'에서 가장 중시된 것이 '공동체평의회'라는 이름의 주민자치 시스템이었던 것은 그 때문이었을 것이다. 이 시스템은 국가의 관료적 행정체계와는 별도로, 일정한 가구 수를 단위로 지역주민들이 자신이 속한 동네나 마을의 문제를 자유롭게 토의·결정하며, 필요하면 중앙정부에 예산을 요청·집행하는 명실상부한 주민의회로서, 차베스 집권 후반기에 본격적으로 확산되었다. 물론 이 풀뿌리 의회의 원초적 형태는 안데스 민족들의 전통사회에 존재하고 있었다. 그러나 이 근원적 민주주의 전통은 외세와 엘리트에 의한 과두지배제제 밑에서 오랫동안 숨통이 끊어져 있었던 것이다. 차베스가 원한 것은 이 근원적 민주주의의 전통을 되살려놓는 것이었다고 할 수 있다.

차베스는 '21세기적 사회주의' 건설이 자신의 목표라고 말했지만, 그 사회주의란 결국 옛 소련이나 중국의 국가 중심 관료제 사회주의가 아닌 민중의 자발적인 자결권이 충분히 보장되는 '깊은 민주주의'를 뜻하는 것이었음이 분명하다. 그것은 공동체평의회 이외에 다양한 협동조합 조직, 생필품 가격통제, 토지개혁, 식량자급을 위한 농정혁신, 민영화 및 시장개방 억제 등등, 수많은 개혁조치의 근간에 있는 일관된 원칙이었던 것이다. 차베스의 개인적 권력욕만으로는, 국내외 기득권세력으로부터의 엄청난 저항을 무릅쓰고 단행된 이러한 개혁조치를 설명할 수가 없다. '볼리바르 혁명'은 어디까지나 민중사회의 잠복된, 그러나 끓어오르는 인간다운 삶에의 갈구와 거기에 예민하게 감응한 탁월한 정치지도자의 결합의 산물이라고 할 수 있다.

베네수엘라의 풍부한 석유자원 때문에 이 모든 게 가능했다는 주장도 있지만, 그것은 단견이다. 석유가 있다고 해서 모든 정치지도자가 차베스식 개혁을 시도하는 것도 아니지만, 무엇보다 석유 때문에 형성된 기득권세력과 차베스가 피나는 투쟁을 하지 않을 수 없었다는 사실을 기억해야 한다. 59세라는 아까운 나이에 떠난 차베스는 국민을 통치의 객체로 간주한 적이 없었다. 그를 '독재자'라고 부르는 것은 부르주아 민주주의라는 껍데기 민주주의밖에 모르는 자들의 정신적 빈곤과 지적 태만의 소산이다. (경향신문, 2013-3-21)

차베스, 대처, 미디어

한 달 간격으로 현대 세계의 정치에 잊을 수 없는 족적을 남기고 두 '거인'이 세상을 떠났다. 3월 초 베네수엘라의 우고 차베스 대통령이 암 투병 끝에 사망한 데 이어서 4월 초에는 영국의 마거릿 대처(1925-2013) 전 총리가 운명했다. 세계의 언론들은 단순히 사망소식을 전달하는 데 그치지 않고, 그들의 업적과 실패에 관해서 매우 신속하고 활발한 분석·해설·논평을 쏟아냈다. 좋은 의미든 나쁜 의미든, 걸출한 인물이었던 이들의 죽음에 대하여 세계의 언론이 비상한 열의를 갖고 반응한 것은 자연스러운 일이었다.

그러나 세계의 언론들이 내놓은 기사와 논평들을 주의 깊게 읽어본 사람이라면, 지금 이 세계가 화해하기 어려운 두 개의 가치, 신념, 철학, 세계관으로 양극화되어 있다는 것을 새삼스럽게 느끼지 않을 수 없었을 것이다. 무슨 말이냐 하면, 기사의 분량에서는 큰 차이가 없을지 몰라도, 언론의 성향에 따라 두 사람에 대한 평가가 확연히 갈라지고 있기 때문이다.

흥미로운 것은, 대체로 언론이 부정적인 평가를 내릴 때, 그 주된 근거는 차베스 혹은 대처가 사회를 분열시키고, 국민통합을 깨는 데 기여했다는 것이다. 따져보면 이것은 틀린 말이 아니다. 차베스와 대처에게 공통점이 있다면, 그들이 모두 강력한 신념의 소유자로서 정치적·사회적·경제적 질서를 근본적으로 변혁하려는 확고한 목표를 갖고 흔들림 없이 행동했다는 사실이다. 따라서 그들에게는 당연히 반대자와 적이 많을 수밖에 없었고, 사회적 대립과 분열은 불가피한 귀결이었다.

그런데 강력한 카리스마의 지도자라는 공통점에도 불구하고, 그들의 이상과 가치관은 완전히 대극적이었다. 대처에게 제일 중요한 것은, 장기적 지속성 여부와는 상관없는 당장의 경제성장과 국가이익이었다. 대처는 이른바 영국병을 다스린다며 노동운동을 무력화하고, 작은 정부를 제창하여 민영화, 규제철폐, 노동유연화, 사회보장제 축소를 강행했다. 대처의 사상적 스승은 신자유주의 이론가 밀턴 프리드먼(1912-2006)이었다. 신자유주의란, 한마디로, 공익이 아니라 사익 추구가 더 합리적이고 자유로운 사회를 만든다는 매우 난폭한 논리이다. 그리하여 대처는 부유층과 기업에 대한 감세, 직접세의 축소와 간접세 확대, 국유산업의 민영화, 금융자본에 대한 규제를 과감하게 철폐했다. 그러나 레이건 정부와의 긴밀한 협력으로 진행된 이 일련의 정책들의 결과는 세계 전역에 걸친 '카지노 자본주의'의 창궐, 빈부격차 심화, 교육과 의료에서 소외된 수많은 대중의 비참한 생활현실로 나타났다. 대처의 사망소식이 전해지자 세계적인 영화감독 켄 로치가 "대처의 장례식도 민영화하라"고 야유를 하고, 수많은 젊은이들이 대처의 죽음을 기뻐하며 성대한 장례식을 반대하는 시위를 벌인 것은 결코 우연이 아니다.

대처의 경제논리에는 우애와 공생의 윤리가 들어설 틈이 전혀 없다. 그것은 이미 대처 자신의 유명한 선언, "사회 따위는 존재하지 않는다"라는 말에 명확히 표명되어 있었다. 원래 신자유주의 논리에서는 이기심과 탐욕은 배격이 아니라 오히려 상찬해야 할 덕목이다. 그런데도 이 터무니없는 약육강식의 경제논리가 어떻게 해서 이 세계를 수십 년, 아니 수백 년 동안 계속 지배하고 있을까? 한 가지 중요한 이유는 세계여론에 막대한 영향력을 행사하는 기업언론(corporate media) 때문이라고 할 수 있다. 이들은 보편적 진실을 표방하면서도, 기본적으로는 서구 부르주아 자본주의 문화의 가치와 이념에 충실한 태도에서 벗어나지 않는다. 이번에도 예외가 아니었다. 그들은 일반대중의 정서와 감정을 완전히 외면하고, 입이 마르도록 대처를 기리고 찬양했다. BBC와 CNN도, 〈뉴욕타임스〉, 〈월스트리트저널〉, 〈파이낸셜타임스〉, 〈이코노미스트〉도 마찬가지였다(예외적으로 중도 좌파 일간지 〈가디언〉은 대처의 실패를 신랄하게 지적했다). 그들이 불과 한 달 전 차베스의 죽음에 대해서는 비방과 조롱 섞인 언어로 냉랭하거나 모호한 반응을 보여준 것(〈가디언〉도 포함해서)과 너무나 대조적인 풍경이라고 하지 않을 수 없다.

부르주아 언론들이 차베스를 기피하는 것은 차베스의 정치가 위협으로 느껴졌기 때문이다. 차베스는 기성의 질서를 보호하기 위해서가 아니라 오랜 세월 억눌리고 멸시받아온 자들의 삶을 들어올리기 위해서 자신의 권력을 사용했다. 그리고 무엇보다 중요한 것은 그가 시혜자의 입장에서 일을 한 게 아니라 언제나 민중과 함께해왔다는 점이다. 차베스가 궁극적으로 노린 것은 국가권력이 아니라 민중권력의 강화였다. 그는 밑으로부터의 협동운동, 자치의 전통을 되살려 풀뿌리 민중이 국가와 관료의 개입 없이 스스로의 운명을 통제할 수 있기를 원했다. 공동체평의회, 협동조합, 노동자 자주관리 등, 그의 집권 중에 새로 생기거나 활성화된 운동들은 참여민주주의에 대한 베네수엘라 민중의 갈구와 차베스의 믿음이 결합된 결과였다. 그들은 몇 년에 한 번 투표하는 것으로 민주주의가 된다고 생각하지 않는다는 점에서 일치했다.

정치지도자로서의 차베스의 독특함은 우애와 협력에 토대를 둔 세계가 실제로 가능하다고 믿었다는 점일 것이다. 그의 정책들의 급진성은 따져보면 이 믿음에 기인된 것이라고 할 수 있다. 그는 라틴아메리카의 이웃 나라들을 위해서 기꺼이 베네수엘라의 석유를 제공했다. 그렇게 해서, 예를 들어, 베네수엘라가 석유를 값싸게 공급하고, 쿠바는 의료진과 교사들을 파견한다ー라는, 문자 그대로의 호혜무역을 통해서 쿠바는 경제적인 어려움을 견뎌내고 베네수엘라의 다수 빈민은 난생 처음 현대적 의료와 교육의 수혜자가 될 수 있었다. 이 호혜적 관계는 살벌한 경쟁논리가 압도하고 있는 자본주의 무역시스템에서는 상상도 하기 어렵다. 그러나 차베스는 그러한 연대와 협력의 관계가 상상이 아니라 현실에서 실제로 가능하다는 것을 증명했고, 그럼으로써 오늘날 자본주의체제가 직면한 위기상황에 대한 활로를 제시해준 셈이다. 그러나 오늘의 (타락한) 주류 미디어가 가장 두려워하는 것이 바로 이러한 대안적

세계에의 가능성인지도 모른다. (경향신문, 2013-4-18)

변화냐 자멸이냐

대기 중 이산화탄소 농도가 마침내 400피피엠을 넘어섰다. 하와이의 관측소에서 측정된 결과를 과학자들이 엊그제 발표한 내용에 따르면 그렇다. 예견된 수치이지만, 매우 두려운 측정 결과이다. 이대로 가면, 그래도 인류문명의 존속이 가능할 것으로 믿어지는 섭씨 2도 상승이라는 한계치를 훨씬 넘어서 지구 평균기온이 빠르게 상승할 것이 분명하다. 이미 기후변화는 우리 모두가 생활 속에서 구체적으로 실감하는 현실이 되었지만, 이 정도는 아무것도 아닌 전면적인 혼돈상태가 곧 밀어닥칠 것을 경고하는 과학적 예견은 갈수록 증가하고 있다.

이런 상황에서 세계의 권력엘리트들과 주류 미디어가 기후변화 현상에 대하여 더이상 외면할 수 없게 된 것은 당연한 일이다. 뻔질나게 열리는 엘리트들 간의 국제회의는 최근 들어 기후변화 문제를 거의 단골 주제로 삼고 있다.

실제로 금년 초 다보스포럼에서도 경제위기와 지구온난화의 관련성이 핵심 의제의 하나였다. 특히 주목을 끈 것은 이 회의에 참석한 영국 경제학자 니콜라스 스턴의 발언이었다. 영국 정부 경제자문이자 한때 세계은행 수석 이코노미스트였던 스턴은 2007년에 영국정부의 의뢰로 〈기후변화의 경제학〉이라는 보고서를 작성했고, 그 보고서는 영국뿐만 아니라 여러 정부와 환경운동가들의 지침서로 활용되기도 했다. 그런 그가 이번 다보스포럼에서 수년 전 자신의 평가가 잘못됐다고 말했다. 즉, 리스크를 과소평가했다는 것이다. '스턴보고서'에서는 지구 기온이 장기적으로 섭씨 2도 내지 3도까지 상승할 확률이 75퍼센트라고 예견했으나 지금은 4도 이상으로 상승할 수 있는 트랙에 접어들었다고 그는 말했다.

그에 따르면, 이것은 지금 "인류가 러시안룰렛 게임을 하고 있는 것"이나 다름없는 상황이므로 시급한 대응이 필요하다 (〈가디언〉, 2013년 1월 27일).

다급한 우려의 목소리는 같은 포럼에 참석한 김용 세계은행 총재에게서도 나왔다. 김용 총재는 기후변화로 인해 "세계 도처에서 물과 식량을 둘러싼 싸움이" 치열해질 것이라고 경고하고, 5년 임기 중 자신의 우선적 과제가 기후변화에 대처하는 일이 될 것이라고 말했다. 이 발언이 중요한 것은 세계은행의 공식적 견해로는 최초로, 기후변화가 인간의 산업활동과 관련이 있다는 것을 인정했기 때문이다. 그리하여 김용 총재는 사람들이 이 사실을 잊고 있다면 그것을 상기시켜주는 일이 자신의 임무라고까지 말했다.

그러나 문제는 세계의 정치지도자들이 이 명백한 사실을 인지하면서도 그것을 행동으로 옮길 의지도 용기도 보여주지 않는다는 사실이다. 아직까지 이산화탄소 배출을 실효적으로 제한할 수 있는 국제협약이 성사되지 않는 것은, 말할 것도 없이, 미국이든 중국이든 자국의 경제성장에 그 협약이 방해된다고 생각하기 때문이다. 2009년에 코펜하겐에서 열린 기후변화 관련 정상회담에서 당시 베네수엘라 대통령 차베스가 명확히 지적한 것이 바로 그것이다. "기후가 은행이라면 기후는 벌써 구제되었을 것"이라고 말했을 때, 차베스는 오늘날 세계를 급속도로 망가뜨리고 있는 금권정치의 본질을 날카롭게 폭로했던 것이다.

나아가서 차베스는 지구환경을 살리려면, 문제의 근원으로 돌아가서 "생명을 끝장내는 파괴적인 개발·발전 모델", 즉 자본주의시스템을 극복하지 않으면 안된다는 것을 역설했다. 그는 오늘날 지구를 위험에 빠뜨려온 책임은 낭비적인 사치와 소비생활을 배타적으로 누리고 있는 세계의 7퍼센트 부유층에 있음을 명확히 해야 한다는 점을 강조했다.

생각하면, 차베스는 — 그리고 몇몇 라틴아메리카 국가지도자들은 — 오늘의 정치현실에서 매우 예외적인 존재이다. 이들을 제외하고는 대부분의 정치지도자, 엘리트들은 아직도 시대착오적인 경제성장 논리에 붙들려 있다. 경제학자 스턴이나 김용 총재도 예외가 아니다. 그들이 제시하는 해결방안도 결국은 "녹색경제를 위한 투자 증가" 혹은 "환경친화적 기술 개발을 통한 성장"이기 때문이다.

중요한 것은 끝없는 성장이 아니라 물질대사가 원활히 진행되는 순환경제만이 장기적으로 지속가능하다는 사실이다. 이 점에서 가장 우려되는 게 농업현실이다. 오늘날 미국의 경우, 곡물 1칼로리의 생산에 사용하는 화석연료가 10칼로리이다. 비료, 농약, 기계 없이는 안되는 게 근대식 농법이기 때문이다. 그러니까 지금 우리가 먹는 것은 밥이 아니라 석유라고 해야 옳다.

가장 비참한 것은 북한의 경우이다. 북한은 오늘날 가장 폐쇄적이고 빈곤한 천민국가로 떨어져 결국 자위를 위해 핵무장까지 한다는 매우 불합리하고 위험한 길을 선택했다. 이것은 어떤 점에서 강요된 선택이기도 했다. 핵심적 요인의 하나는 1990년대 초 소비에트사회주의권 붕괴 이래의 전면적 농업괴멸 현상이다. 원래 1970~1980년대 북한은 집약적 화학농업·기계농업이 중심이 된 '농업 선진국'이었다. 문제는 그게 과도한 석유 의존 농업체제였다는 점이다. 그 결과 소비에트사회주의권이 무너지고, 값싼 석유 공급이 중단되자 순식간에 농업기반이 붕괴되고 말았다. 그리하여 극심한 기아상황, 천민국가, 체제붕괴의 위험, 마침내 핵개발이라는 사태로 이어진 것이다.

그러나 잘 생각해보면, 북한의 곤경은 근대식 농법을 일방적으로 추구해온 산업사회 전체가 조만간 직면할 사태를 미리 앞질러 보여준 것에 불과하다고 할 수 있다. 특히 맹목적인 도시화·산업화 논리에 빠져 극도로 무분별한 방식으로 농민과 농촌을 파괴해온 남한사회의 장래는 심히 불길하다고 하지 않을 수 없다.

유한한 지구환경에서 무한한 성장이라는 게 불가능하다는 것을 모를 리 없건만, 사람들이 성장논리에서 벗어나지 못하는 것은 어째서일까? 한마디로 상상력의 빈곤 때문일 것이다. 기존 질서의 근본적 변화를 바랄 리 없는 기득권자·권력엘리트들의 마음에 상상력이 싹틀 공간은 사실 협소할 수밖에 없다. 그들은 "변화보다는 자멸"을 택하고 싶을지 모른다.

이것은 우리 시대의 큰 비극이자 재앙이다. 지금은 인류사 전체를 통해서도 가장 파괴적이고 어리석은 시대라고 할 수 있다. 경제발전이라는 이름으로 인간사회는 자신의 생존 발판을 밤낮없이 파괴하는 일을 멈추지 않고 있기 때문이다. 이제 나락으로 떨어질 순간이 왔는데도 이른바 엘리트들은 여전히 전도몽상(顚倒夢想)이다. (경향신문, 2013-5-16)

전력대란, 정말 두려운 게 뭘까

꼭 30년 전 미국이라는 나라에 난생처음 가서 대학원에 등록을 하고, 록펠러가 지어줬다는 건물에서 공부를 하기 시작했다. 어느 날 야간수업을 듣고 제일 늦게 방을 나서던 나는 전등을 끄고 나오기 위해서 스위치를 찾았다. 그러나 아무리 둘러봐도 스위치 비슷한 것도 보이지 않았다. 다음 강의시간에도 같은 일이 반복되었다. 궁금해서 옆방에 가보았다. 거기도 스위치 같은 것은 없었다. 웬일일까? 나중에 들으니, 건물 전체가 그렇다는 것이다. 전기는 중앙변전소에서 통제하고, 특별한 경우가 아니면 밤낮없이 강의실이건 연구실이건 전기를 켜놓은 상태를 유지한다는 것이다. 황당하고도 충격적인 뉴스였다.

그러니까 미국에서는 전기란 공기 같은 것, 즉 건물 속에 들어가면 그냥 늘 있는 것이어서 의식할 필요가 없는 것이었다. 전기라는 것 때문에 얼마나 많은 사회적 약자의 삶과 자연이 망가지고 있는지, 조금이라도 느낄 수 있는 생활구조가 아니었다. 그동안 내가 한국에서 듣던 '협상 불가능한 미국식 생활방식'이란 결국 이런 것이었구나!

일찍이 국제문제 전문가 조지 케넌(1904-2005)은 "세계인구의 6.3퍼센트를 점하는 미국은 미국식 생활을 위해서 세계의 부 50퍼센트를 필요로 한다. … 미국이 윤리적인 외교를 추구한다는 것은 매우 순진한 생각이며, 경우에 따라서는 외국을 침략할 각오가 돼 있어야 한다"고 공언했다. 이 유명한 발언이 나온 것은 1948년이었다. 그 이후 역사는 우리가 익히 알고 있는 대로이다.

'미국식 생활방식'의 구체적인 진상을 목도하고, 나는 복잡한 상념에 빠져들었다. 오늘날 대학이나 학문이라는 것도 결국은 이 터무니없는 미국식 생활을 합리화하고, 그것을 전세계로 확산하려는 목적에 봉사하는 문화적 제도에 불과한 것이며, 대학 내 소수의 비판적인 학자·지식인들도 근본적으로는

'충성스러운 야당'과 같은 존재일지 모른다는 생각을 억누를 수 없었다. 이런 생각이 들자 내가 미국에 무슨 공부를 왜 하러 왔는지 심히 모호해졌다.

마침 그때 유럽과 미국에서는 신형 핵무기를 서유럽 나토(NATO) 가맹국에 배치하려는 레이건 정부의 계획에 대항하여 격렬한 반핵운동이 벌어지고 있었다. 이 운동을 이해하기 위해서 나는 관련서 몇 권을 읽고, 상당한 계몽을 받았다. 그러나 보다 근본적인 개안(開眼)을 경험한 것은 루돌프 바로(1935-1997)라는 철학자의 발언 덕분이었다. 바로는 원래 동독의 공산주의자였지만, 반체제 혐의로 구금됐다가 서독으로 추방된 이후 녹색당 창설기의 핵심 멤버로 활약하고 있었다. 그는 이 무렵 '절멸주의'라는 용어로써 현대문명이 이미 집단자살체제가 되었음을 명료하게 지적하고 있었다. 1983년 가을, 미국 시민단체의 초청으로 뉴욕을 방문한 그는 반핵 시위대 앞에서 "우리가 핵무기를 반대하려면 먼저 뉴욕 시내를 질주하고 있는 저 수많은 자동차를 반대할 필요가 있다"고 말했다. 좌파진영 사이에서 이 발언은 즉각 격렬한 성토의 대상이 되었다. 그들은 바로가 제3세계 민중이 빈곤의 늪에서 벗어나와 현대적 문명생활을 누릴 권리를 부정한다고 주장했다.

나는 이 논쟁을 보면서 좌파의 앞날이 걱정되었다. 그들은 루돌프 바로가 무슨 말을 하는지 알아듣지 못하고, 알려고도 하지 않았다. 그들은 무엇보다 생명과 자연의 입장에서 보자면, 핵무기나 자동차나 하등 다를 것이 없다는 사실을 주목하지 않았다. 실제로 좌파진영 속에서 핵무기를 반대하는 목소리가 큰 것에 비해 핵에너지 시스템(혹은 대규모 화력발전 시스템)을 반대하는 목소리는 늘 모깃소리였다.

'미국식 생활방식' 앞에서 절망을 느끼고 있던 내게 바로의 발언은 큰 위안이었다. 그래서 한동안 바로의 책들에 몰두했다. 그의 목소리는 통렬했다. "우리는 안전을 추구하되 무기를 버려야 하는 것과 마찬가지로, 화학물질을 쓰지 않는 보건위생을 추구해야 하고, 산업적 시스템 바깥에서 생계를 강구해야 하며, 땅과 숲의 보존을 위해서 짐승고기를 포기해야 한다. 그러지 않는 한, 우리는 모든 생명의 적이며 사탄이다." 요컨대 우리 개개인이 특별히 악한 동기가 없더라도, 오늘날의 거대산업체제에 별생각 없이 순응하는 생활 자체가 가공할 악행이라는 것이다.

최근 오랫동안 은폐됐던 엄청난 비리들이 드러나면서 원전 가동이 일부 중지되자 전력대란이 운위되고 있다. 이 기회에 일차적으로 중요한 것은 우리나라 전력문제의 본질을 제대로 밝혀내는 일일 것이다. 세계에서도 유례가 없는 값싼 산업용 전기요금 체계, 그로 인한 극도로 몰상식한 에너지 낭비 구조, 대기업과 깊게 유착된 국가권력에 의한 무책임한 에너지정책 등을 철저히 캐묻지 않으면 안된다.

그러나 가장 중요한 것은 지금 우리가 무엇을 왜 두려워하는지 근본적으로 따져보는 일이다. 우리가 진실로 두려워해야 할 것이 과연 전기부족 상황인가? 우리는 지금과 같이 생명과 자연을 끊임없이 파괴하지 않고서는 한순간도 지탱할 수 없는 대규모 산업·소비 시스템이 과연 지속가능하다고 믿는가? 그리고 무엇보다도 전기를 풍부히 쓰는 산업과 생활이 정말 '좋은 삶'이라고 생각하는가? 이 마지막 철학적 물음은 1980년대 초 원전 도입 여부를 둘러싼 논쟁 중에서 덴마크 시민들이 던진 질문의 하나였다. 그런 근본적인 질문과 사회적 토론의 결과, 덴마크는 원전을 짓지 않기로 결정했던 것이다.

생각해보면, 원래 인간생활에서 물자와 에너지를 흥청망청 소비하는 생활은 정상이 아니라 일탈이라고 해야 옳다. 잊지 말아야 할 것은 장구한 인류사에서 '경제성장'시대는 찰나에 불과한 것이라는 사실이다. 문명비평가 루이스 멈퍼드(1895-1990)는 고대 그리스가 자유와 자치에 입각하여 위대한 문명을 창조했던 기반에는 간소한 생활이 있었다는 점을 강조했다. 그에 의하면, "그리스 문화와 가난은 쌍둥이"였다.

생명에는 빛과 밝음 못지않게, 아니 그 이상으로, 어둠과 그늘이 필요하다고 할 수 있다. 그늘과 어둠이 없으면 수면도 휴식도 취할 수 없다. 전기를 꺼야 밤하늘의 별들도, 북극성도 나타나게 마련이다. '미국식 생활방식'의 지배 밑에서 별을 잃고, 침로(鍼路)를 잃은 채 방황하는 이 정신적 빈곤상황은 언제까지 계속될 것인가. (경향신문, 2013-6-13)

국익이라는 관념, 악마의 논리

"한국인이 아닌 중국인 두 명이 사망자로 파악됐다는 소식이 들어왔습니다. 우리 입장에서는 다행이라고 말할 수 있을 것 같은데요."

아시아나 여객기 샌프란시스코공항 착륙 사고를 보도하면서 어느 종편 텔레비전 앵커가 했다는 '멘트'이다. 항공기 사고란 대개 대참사로 이어지기 쉽고, 항공여행은 현대인에게는 불가결한 이동수단이다. 따라서 항공기 사고는 폭발적인 뉴스가 되기 쉽다. 더욱이 이번에는 대규모 인명피해는 면했지만 비행기가 불타고 대파되는 큰 사고였다. 그 와중에서 정신없이 보도작업에 몰두하다 보면 멀쩡한 사람도 이성을 잃는 경우가 있는지 모른다. 하지만 저 '멘트'는 너무도 난폭한 발언이었다. 이 상황에서 우리나라 사람이 죽지 않아서 다행이라는 건 인간으로서 할 만한 말이 아니었다. 게다가 사고로 목숨을 잃은 희생자는 10대의 꽃다운 소녀들이었다. 직접적이든 간접적이든 이 방송을 접한 많은 사람이 경악하고, 분개한 것은 극히 당연한 반응이었다.

그런데 조금만 더 주의해서 들여다보면, 이 사건은 일회성의 단순한 방송사고에 그치는 문제가 아니라는 것을 알 수 있다. 해당 방송사가 여론 무마용으로 내놓은 다음과 같은 해명을 보면 그 점이 더욱 확실해진다. "사망자 가운데 한국인이 없다는 사실이 우리 입장에서는 다행이라는 점을 강조하기 위한 멘트였다. 하지만 생방송 중 매끄럽지 않게 진행한 점 사과드린다."(채널A 보도자료, 2013년 7월 7일) 이 설명에는 문제의 '멘트'가 왜 사회적 공분을 사고 있는지 제대로 이해한 흔적이 전혀 들어 있지 않다. 놀라운 것은, 사과할 것이 있다면 방송을 '매끄럽지 않게 진행한 점'에 있다는 사고방식이다. 즉, 자신들이 저지른 과오가 있다면 그것은 어디까지나 기술적인 문제이지 도덕적·윤리적 문제와는 전혀 관계가 없다는 것이다.

그러니까 이 해명 아닌 해명 속에는 왜 비판을 받아야 하는지 모르겠다는 생각이 강력하게 암시돼 있다고 할 수 있다. 그 생각은 무엇보다 '우리 입장'이라는 말을 아무런 망설임도, 거리낌도 없이 쓰고 있는 데서도 엿볼 수 있다. '우리 입장'이라고 할 때, '우리'란 과연 누구를 가리키는가? 희생자의 죽음을 진실로 마음 아파하고 슬퍼하는 데 꼭 희생자와 국적이 같아야 할 이유가 있는가? 이런 질문이 제기될 수 있다는 사실은 완전히 무시되어 있다.

물론 한국인이라면 한국인의 생사문제가, 중국인이라면 중국인의 생사문제가 우선적인 관심사가 되는 것은 자연스러운 일일 수 있다. 이런 논법을 밀고 나가면, 같은 나라 사람 중에서도 동향인이나 동창생의 일은 내게 더욱 친근한 관심사가 될 수 있다. 내 친척, 내 친구, 내 가족에 이르면 그냥 무조건 봐주고, 충성을 바치고, 호의를 베푸는 대상이 된다. 하기는 공자님도 아버지가 법을 어겼다고 아들이 고발하는 것은 문제라고 생각했고, 《맹자》에는 짐승을 제물로 쓸 때도 늘 봐서

낯이 익은 놈보다는 낯선 놈을 쓰도록 배려하는 임금에 관한 이야기가 기록돼 있다.

그러나 중요한 것은 혈연, 지연, 학연 등 개인적 인연에 따른 이러한 충성·호감의 이면에는 낯선 타자들에 대해서는 무관심 혹은 심지어 적대감이 작용할 가능성이 있다는 사실이다. 만약 우리가 좋은 사회, 좋은 삶을 진실로 바란다면, 이 점을 늘 잊지 말고 상기할 필요가 있다. 왜냐하면 대체로 거의 누구나 당연하게 여기는 이 현상은 인간의 어쩔 수 없는 실존적 한계일지라도, 자칫하면 사람 사이의 차별을 정당화하고, 나아가서는 야만적인 폭력을 정당화하는 논리로 발전할 수 있는 토양이 되기 때문이다. 실제로 유사 이래 인간사회를 짓눌러온 온갖 종류의 차별은 기본적으로 여기에 연유한다고 할 수 있지만, 그중에서도 특히 인간끼리의 격심한 경쟁을 구조적으로 강제하는 자본주의시스템은 이 차별을 극단적으로 심화·확대시켜왔다. 이러한 과정에서 자본주의와 '국익'논리가 결합되고, 그 결과로 식민주의, 제국주의, 파시즘이 형성되어, 세계가 끝없이 파괴·유린되어왔다는 것은 우리들이 익히 알고 있는 대로이다.

국익논리에 의거한 극단적인 인간차별을 둘러싼 가장 치열했던 논쟁이 바로 16세기 스페인을 중심으로 전개된 이른바 '인디오 논쟁'이다. 일찍이 유럽인들이 신대륙에 당도하여 발견한 것은 한마디로 지상낙원이었다. 뜻밖에도 거기에는 풍요로운 자연환경에서 지극히 평화롭게 살아가는 낯선 인간사회가 있었다. 하지만 유럽인들은 황금과 노예와 토지를 대량 획득하기 위해서 그 지상낙원을 아비규환의 지옥으로 전환시킬 필요가 있었다. 이로부터 역사상 가장 야만적인 타자(他者) 박멸 작전이 시작됐던 것이다. 그러나 백인들도 사람인지라 그들은 처참한 살육과 노예화의 희생자들이 자신들과 같은 인간이라는 사실이 꺼림칙했다. 그리하여 원주민은 '인간'이 아니라는 주장이 제기되고, 가톨릭 사제 라스카사스(1474-1566)를 비롯한 소수의 목소리가 이에 저항하여; 대논쟁이 전개됐던 것이다. 압도적인 대세는 인디오의 인간성을 부정하는 쪽이었다. 그것이 스페인사람들의 '국익'논리에 적합했기 때문이다. 그 이후 500년이 지난 지금도 스페인에서는, 물론 일부이겠지만, 여전히 라스카사스라는 이름은 국익을 해친 매국노 혹은 공적(公敵)으로 기억되고 있다고 한다. 국익이라는 관념은 이처럼 무서운 것이다.

오늘날 세계는 벼랑 끝에 서 있다. 이 위기상황은 예전처럼 국가적·민족적 단위에서 해결할 수 있는 차원을 넘어선 지 오래되었다. 그런데도 세계를 지배하고 있는 것은 여전히 자민족, 자국 중심의 배타적 이익 논리이다. 그러나 이 배타적인 논리의 장기적인 결과는 비참한 공멸일 것임은 불을 보듯 뻔하다. 따라서 이 시점에서 국익논리는 '악마의 논리'라고 할 수밖에 없다. 어쨌든 국익 관념에 붙들려 있는 한, 활로가 열리지 않을 것은 확실하다고 할 수 있다.

그러나 폐색상황을 타개할 가능성이 없는 게 아니다. 그것은 지금 라틴아메리카가 가리키는 방향이다. '위키리크스' 개설자 어산지에게 피신처를 제공한 데 이어서 남미 국가는 지금 국제적인 미아가 된 에드워드 스노든에게 망명을 허가하겠다고 나섰다. 제국과의 갈등이 초래할 '국익' 손상을 각오한 이 용기 있는 행동은 모든 양심적인 인간의 존경을 받아 마땅하다고 할 수 있다.(경향신문, 2013-7-11)

'괴담' 운운할 때인가

후쿠시마 관련 '괴담'이 떠돈다며 단속·처벌하겠다는 총리의 의지가 표명됐다. 대체 '국민행복을 저해하는 괴담'이 뭔지 들여다보니, 일본 국토는 절반 이상 방사능으로 오염됐다, 혹은 위험한 일본산 수산물은 먹지 말아야 함에도 현재 한국으로 대량 반입되고 있다 등등, 실은 내 자신이 여러 곳에서 공개적으로 해왔던 이야기들이다. 앞으로는 정부나 원자력 마피아, 사이비 언론의 말만 듣고 조용히 입 닫고 살아야 할까? 군사독재시대로 되돌아가는 것인가? 어쩐지 으스스하고 기분이 좋지 않다.

후쿠시마 원전사고 이후 2년 반, 충격과 슬픔, 분노 속에서 지냈다. 사고 직후 멍하게 있다가 닥치는 대로 자료를 찾아보던 중 어쩐지 이 사태가 체르노빌을 능가하는 세계적 대재앙이 될지 모른다는 불길한 예감에 사로잡혔다. 어쨌든 이전까지 하던 일을 잠시 중지하고, 내가 해독할 수 있는 종류의 원자력 관련 문헌을 찾아서 읽고 또 읽었다. 그리고 읽은 것을 토대로, 가급적 많은 동료 시민들과 기본인식을 공유하기 위해 글과 강연으로 이런저런 이야기를 꽤 해왔다. 그리고 이 모든 게 결국은 국가의 정치적 선택으로 귀결되는 문제라는 것을 통절히 깨달았다. 그래서 한국에서도 이제는 녹색당 출현이 절박하다는 적지 않은 젊은이들의 열정적인 뜻에 공감하며, 녹색당 창설에 동참했다.

시민환경단체들의 활동만으로 충분하다면 우리가 군이 녹색당을 만들 필요는 없었다. 하지만 정치를 바꾸지 않는 한, 원자력에 기반을 둔 사회경제체제의 변경이 불가능하다는 것은 너무도 분명했다. 그리하여 녹색당이 의회에 진출해 끊임없이 문제를 제기하고, 대안을 제시하며, 정치적 결단을 촉구하는 일이 매우 시급하다고 판단했다.

한국에서 녹색당은 아직 미약하지만, 그 존재의의는 갈수록 중요해질 것이라고 믿는다. 그 근거는 무엇보다 일본의 현 상황이다. 후쿠시마 사태를 수습하기 위해서는 과거 어느 때보다도 지혜로운 정치가 작동해야 할 것임에도, 일본은 지금 이성과 합리성이 완전히 실종된 매우 질 낮은 정치의 전형을 드러내고 있다. 그것은 이미 단순한 우경화의 수준을 훨씬 넘어선 것으로 보인다. 이른바 국가운영의 주역들이 시대착오적인 군국주의적 정서에 집착하고 있는 자세와 발언을 계속하는 이유는 대체 뭘까.

나는 일본정치의 이 열화현상은 후쿠시마 사태와 무관하지 않다고 생각한다. 미증유의 재해에 속수무책일 수밖에 없는 절망적인 현실에 맞설 수 있는 지혜와 용기가 없기 때문에 정치가 저토록 저열해지는 것으로 볼 수 있기 때문이다. 물론 평화헌법의 폐기와 군사국가로의 회귀는 일본 우익세력의 오래된 염원이다. 하지만 지금 그들이 동아시아는 물론 국제사회 전체의 비웃음을 사면서도 계속 어리석은 행동을 하는 것은 후쿠시마라는 요인을 배제하고는 설명하기 어려운 것으로 생각된다.

이제 진상이 밝혀지기 시작했지만, 후쿠시마 사고 대책은 아직 가닥도 잡히지 않은 상태에서 언제 수습될지, 수습이 가능하기는 할지 매우 불투명한 상황이 계속되고 있다. 지난 4월 워싱턴에서 일본 원자력위원회의 스즈키 다쓰지로(鈴木達治郎) 위원장 대리가 한 말은 비교적 솔직했다. 그는 후쿠시마 사고 현장은 지금 "조그만 쥐 한 마리가 전력공급선을 절단할 수도 있는" 상황임을 인정했다. 즉, 당장이라도 걷잡을 수 없는 사태가 발생하더라도 이상할 게 없는 상황이라는 것이다. 그런가 하면 사고 현장에 투입된 어떤 노동자는 7월 11일자 트위터에 글을 올려 현재 상황을 이렇게 묘사했다. "오늘은 동일본 대지진이 발생한 지 28달이 되는 날이다. 2년 4개월이 지난 지금 후쿠시마 제1원전의 사고 대책은, 세 가지 대응 원칙, 즉 '멈춰라'(핵분열 중지), '식혀라'(냉각), '닫아라'(방사성물질 유출

봉쇄) 중에서 '멈춰라'밖에 가능하지 않은 상태다. 냉각시스템도, 봉쇄 대책도, 오염수(汚染水) 문제도, 대기 중 방사능오염 확산도 수습되지 않고 있는 현실."(@Happy11311)

일본정부와 도쿄전력이 지난 7월 말 마침내 오염된 냉각수가 바다로 흘러 들어가고 있음을 공식적으로 인정한 것은 더 이상 은폐하는 게 불가능했기 때문이라고 할 수 있다. 지금 우리는 일본산 수산물 반입에 대해서 걱정하고 있지만, 그보다 더 치명적인 상황이 곧 닥칠 것을 각오하지 않으면 안될지도 모른다. 작년 7월 독일 킬(Kiel) 해양연구소가 발표한 시뮬레이션 연구에 의하면, 후쿠시마 사고 직후 대기와 해양으로 방출된 방사능을 근거로 측정한 실험에서 4~5년 후에는 미국 서부 해안까지, 10년 후에는 태평양 전체가 완전히 오염된다는 결론이 나왔다. 물론 방사능은 바닷물에 희석될 것이지만, 전체적인 해양 방사능 농도는 지금보다 2배가 된다는 것이다. 그런데 일본 원자력당국이 그동안 방사능 유출을 은폐해왔을 뿐만 아니라 앞으로도 이 유출상황이 기약 없이 진행될 것을 감안한다면, 태평양은 머잖아 고농도 방사능오염으로 죽음의 바다로 변할 가능성이 없지 않다고 할 수 있다.

그러나 당장 가장 두려운 것은, 후쿠시마 제1원전 4호기의 운명이다. 지난번 대지진 때 일부 손상되고 현재 기울어진 채 버티고 있는 이 건물 수조(水槽)에는 사용후 핵연료봉 1,500여 개가 담겨 있다. 전문가들은 만약 어떤 이유로든지 이 수조의 냉각시스템이 작동 불능 상태로 빠지면, 북반구는 즉시 아마

겟돈이 될 것임을 우려하고 있다. 지진학자들의 예측대로, 다시 대규모 지진이 후쿠시마 부근에서 발생한다면 우리에게 남은 것은 기도밖에 없을지도 모른다.

불길한 얘기를 하자면 끝이 없다. 작년 5월 독일 막스플랑크연구소가 발표한 연구도 그렇다. 그 연구에 의하면, 향후 지구상에서 원자력 대사고 발생 확률은 10~20년에 1회라는 것이다. 이 예측이 맞고, 세계의 원자력시스템이 이대로 간다면, 100년 안에 적어도 북반구는 거주 불가능한 불모의 공간으로 변할 것이 틀림없다.

후쿠시마 사태는 일본만이 아니라 세계 전체가 직면한 대재앙임이 분명하다. 원자력은 본래 인간이 감당할 수 있는 기술이 아니다. 그럼에도 이것을 망각하고 덤벼든 주제넘은 짓의 결과가 지금과 같은 속수무책의 상황이다. 아무리 몰라도 '괴담' 운운할 때가 아니라는 것쯤은 알아야 한다. (경향신문, 2013-8-8)

진짜 싸움, 가짜 싸움

이 세상에 미래가 있을까? 우리에게 정말 희망이 있는가? 연일 '내란음모'니 뭐니 하며 시끄럽게 떠들어대는 '뉴스쇼'들을 보고 있자니 괴롭다기보다 한심하다는 생각만 든다. 하기는 현역 국회의원이 '내란음모'에 연루되었다니 재판 결과가 어떻게 되든 혐의 사실만으로도 충격적인 것은 분명하다. 그런데 그 혐의를 뒷받침하고, 인신 구속의 근거로 제시된 증거물, 즉 소위 '녹취록'을 읽어보면 이게 코미디도 아니고 대체 뭔가 하는 허망한 생각이 절로 든다. 장난감 총을 개조해서 뭘 어떻게 한다는 것인지, 통신시설과 유류탱크를 어떻게 공격해서 뭘 하자는 것인지, 혹시 이 방면의 전문가들은 짐작하는 게 있는지 모르지만, 우리처럼 어리석은 백성은 아무리 머리를 굴려봐도 잡히는 게 없다. 당사자들한테는 실례되는 말이겠지만, 이른바 '주사파'에 속한 활동가나 정치인들의 지적·정신적 능력이 이 정도인 줄은 정말 몰랐다.

국가권력도 한심하기는 더 말할 것도 없다. 벌써 수년 전부터 사찰을 시작해 획득한 증거라는 게 겨우 이 코미디보다 못한 '녹취록'인가? 막대한 세금을 써서 움직이는 국가 정보기관이 이 정도밖에 실력이 없다면, 그것도 물론 작은 문제가 아니다. 그러나 정말 중요한 것은, 이 사건을 둘러싼 유치하기 이를 데 없는 소동 속에서 우리가 진정으로 붙잡고 씨름해야 할 보다 긴급하고, 절실한 과제들에 대한 정치적·사회적 의식이 위축되고, 심지어 증발해버린다는 점이다. '내란음모'가 있고, '간첩죄'에 해당하는 범죄행위가 있다면, 그때그때 법적 절차에 따라 적발하고, 심판하면 되는 것이다. 정말로 시민들의 신뢰를 받는 국가기관이 되고 싶다면, 정치적 목적을 위해 공안사건을 조작하거나 활용했던 군사독재시대를 연상시키는 행동은 하지 않는 게 마땅하고, 그게 주권자인 국민에 대한 도리라고 할 수 있다. 그렇지 않으면 그들의 '애국행위'는 오히려 망국에 이르는 길이 될 수 있음을 냉정히 생각해볼 필요가 있다.

그러나 누구보다 냉정히 자신을 되돌아볼 필요가 있는 것은, 말할 것도 없이, 언론기관들이다. 요 며칠 주류 미디어가 보여주는 모습은, 보도매체라기보다 오랜만에 먹이를 발견한 굶주린 승냥이를 방불케 한다. 누군가 이미 지적했지만, 신이 나서 어쩔 줄 몰라 하는 모습이다. '내란음모'라는 무시무시한 사건을 다루는데, 왜 그토록 신이 날까.

(이 과잉 흥분상태의 원인이 정확히 무엇인지 모르지만, 나는 이런 모습을 보면서 이 '정열'의 만분지 1이라도 때늦지 않게 4대강 공사나 원자력문제의 진실을 캐는 데에 바쳐졌더라면 얼마나 좋았을까, 부질없는 생각을 하지 않을 수 없었다. 그리고 언론들이 냉정을 잃으면 공정성과 객관성을 잃어버리는 것은 말할 것도 없고, 한없이 천박해진다는 것도 이번에 나는 새삼 깨달았다. 그런 점에서 엊그제 언론인 손석희 씨가 뉴스앵커로 재등장하게 된 것을 계기로 행한 어느 인터뷰에서, 뉴스의 객관성·공정성 못지않게 '품위'의 중요성을 거론한 것은 퍽 인상적이었다.)

항용 그래왔듯이 이번에도 주류 언론의 공격 대상은 사건 당사자들만이 아니다. 지금 가장 황당한 것은 이 사건을 빌미로 우리사회에서 이른바 좌파 혹은 진보 진영 전체가 존명을 유지하기 어려울 만큼 심각한 타격을 입고 있다는 사실이다. 사태가 이렇게 된 것은 물론 좌파 혹은 진보 진영 자신의 잘

못도 크지만, 기본적으로는 주류 언론에 의한 끊임없는 비방과 공격의 결과라는 것은 더 말할 것도 없다.

오늘날 우리가 살아가는 세계는, 좌우 이데올로기의 구분을 갈수록 무의미하게 만들고 있는 세계이다. 이런 현실이기 때문에 더욱, 당면한 인류사적 위기들을 극복하기 위해서 지난 수세기 동안 인류사회 속에 축적되어온 다양한 사상과 경험과 기술을 포괄적으로 지혜롭게 계승하면서 어려운 상황을 타개할 수 있는 힘을 얻어야 한다. 이것은 극히 초보적인 상식이다. 그런 점에서 오늘날 좌우의 이념·사상은 대립을 통한 상호 승인과 대화가 계속돼야 할 관계이지, 한쪽이 다른 쪽을 섬멸해야 할 불구대천의 관계는 결코 아니다.

'내란음모' 사태 속에서 또다시 좌파들에 대한 적대감을 퍼뜨리는 데 분주한 주류 언론들의 기세등등한 태도를 보면서 문득 물어보고 싶어졌다. "그래 다 좋다. 그런데 그대들은 무슨 대책이 있는가? 정말로 이 체제가 그대로 계속돼야 한다고 생각하는가? 자본주의 시장지상주의 논리가 정말 정답이라고 믿는가? 노동자들의 인권이나 사회적 불평등, 환경파괴, 자원고갈 따위는 어찌 되든 끝없이 투기를 장려하고, 값싼 제품의 더 많은 생산, 유통, 소비, 폐기를 일념으로 추구해가면, 언젠가는 골치 아픈 모든 문제가 저절로 해결된다고 생각하는가? 그리고 빠른 속도로 닥치고 있는 기후변화의 위협에 대해서는? 무엇보다도 '죽어버린 행성(dead planet)' 위에서는 모든 게 끝이라는 사실을 생각해본 적이 있는가?"

지난 6월 뉴욕의 페이스대학교에서 '개혁과 혁명을 위한 2013년 좌파 포럼'이 열렸다. 미국과 캐나다를 포함한 세계 전역의 '좌파 지식인·활동가'들이 참석하여 사흘 동안 열린 이 모임에서는 300편이 넘는 논문이 발표되고, 촘스키를 비롯한 석학들의 강연이 있었다. 포럼의 총괄적 테마는 '생태적·경제적 전환을 위해서'였다. 우리가 알고 있듯이, 그동안 생태위기는 일반적으로 '좌파'에 의해 기피되거나 부차적인 것으로 인식되어온 문제이다. 그런데 이 대규모 좌파 지식인들의 포럼은 이제 그런 시대는 끝났다는 것을 명확히 선언했다. 인터넷에서 지금 확인할 수 있는 발표 논문들의 제목과 요약문을 일별해 보더라도, 이제는 세계의 지식인들이 생태적 위기상황을 얼마나 심각하게 받아들이고 있는지 쉽게 알 수 있다. 이번 포럼에서 '세계체제론'의 이론가 월러스틴은 앞으로 수십 년 사이에 세상이 연옥이 되느냐 아니면 지금보다 조금 더 인간적인 사회로 가느냐가 결정될 것이며, 그 확률은 50 대 50이라고 말했다.

우리는 이제 가짜 싸움은 시급히 그만두고 진짜 싸움을 하지 않으면 안된다. 이 싸움에 좌파, 우파가 있을 수 없다는 것은 자명하다. 이제라도 늦게나마, 사심을 버리고, 허심탄회한 마음으로 정말 중요한 문제가 무엇인지 눈을 뜰 필요가 있다.
(경향신문, 2013-9-5)

원전은 서울에, 권력자는 최전선으로

　남아프리카의 가톨릭 신부이자 학자인 앨버트 놀런이 쓴
《기독교 이전의 예수》(1976)라는 매우 흥미로운 책이 있다. 이
책의 주안점은 기독교 성립 이전의 상황, 즉 로마제국의 변방
식민지였던 팔레스티나에 살던 한 인간을 "진지하고 정직하게
그리고 동시대인의 눈을 통해서" 묘사하려는 것이었다. 그리
하여 이 책에서 독자들이 보는 것은 메시아, 구원자, 삼위일체
의 신(神) 등등 기독교 신앙이 전제된 예수상이 아니라 가난한
식민지 땅에서 이웃들과 나날의 슬픔과 기쁨을 함께하면서 살
았던 '목수의 아들'의 실존적 삶과 그 내면이다.

　앨버트 놀런의 문제의식은, 태생으로 보나 교육으로 보나
중류계급 출신이며 삶의 조건이 별로 불리하지 않았던 예수가
"하층민 중에서도 최하층 사람들과 어울려 사귀고 또 그들과
같은 사람이 되었다"는 사실에서 출발한다. 즉, 예수는 왜 스
스로 버림받은 자들과 함께 있기를 '선택'했던가? 이에 대한
간명한 답변은, 예수가 엄청난 연민의 인간이었다는 점이다.
연민이란 타자의 고통에 대한 심정적 반응이다. 예수가 목자
없는 양들처럼 풀이 죽어 있는 자들을 딱하게 여기고, 과부를
위로하고, 나병환자와 소경을 낫게 하고, 먹을 것이 없는 사람
들을 측은하게 여겼다는 이야기들은 실제로 복음서에서도 가
장 살아있는 구체적 증언들이다. 그러나 앨버트 놀런은 연민,
자비심, 동정심 같은 말로 예수의 진실한 감정을 표현한다는

것은 불가능하다는 점을 지적한다. 영어판(혹은 한글판) 성서의 "측은히 여긴다"라는 표현은 그리스어 '스플랑크니조마이'를 번역한 말인데, 이 말은 원래 "애간장이 탄다, 창자가 끊어진다"라는 뜻이라고 한다. 즉, 고통받고 핍박받는 사람들을 대하는 예수의 마음은 단순한 동정심 정도가 아니었다는 것이다.

　타인의 운명 혹은 타자의 고통에 대한 감수성이라는 점에서 예수의 이야기와 극단적인 대조를 이루는 대표적인 사례는 아마도 해리 트루먼 미국 대통령의 경우일 것이다. 알다시피 트루먼은 루스벨트의 급작스러운 병사(病死)로 졸지에 부통령에서 대통령의 자리에 올라 태평양전쟁 말기 미국 군대의 최종 지휘권자가 되었던 인물이다. 되돌아보면, 트루먼의 역할은 현대사와 인류문명의 전개 방향에 결정적이었다고 할 수 있다. 왜냐하면 맨해튼계획의 '성과'인 원자폭탄의 실제 사용 여부가 그의 판단에 달려 있었기 때문이다. 그러나 그는 결국 히로시마(広島)와 나가사키(長崎)에 원폭투하를 명령했고, 그 결과 미증유의 대참사를 일으키고, 또한 이른바 '핵시대'를 열어놓음으로써 지금까지도 인류사회가 핵의 공포와 악몽에서 벗어나지 못하는 상황을 만들어냈다. 그런데 퇴임 후 75회째 생일날 그는 어떤 하객으로부터 "생애 중 후회스러운 일이 없었는가?"라는 질문을 받았을 때 "후회되는 게 있다면 결혼을 더 일찍 못한 것"이라고 답변했다. 요컨대, 원폭투하 결정이라는 것은 그의 생애에서 매우 사소한 사건이었고, 자신의 결정으로 참혹하게 희생된 히로시마와 나가사키의 무고한 사람들에 대한 생각은 그의 머릿속에 전혀 들어 있지 않았던 것이다.

인간인데 어째 저럴 수 있을까 싶지만, 유감스럽게도 트루먼식의 반응은 실제로 인간사회에서 드문 것이 아니다. 이른바 잘난 사람, 출세하고 성공한 사람들, 권력자들일수록 타인의 고통과 불운에 대한 무관심 내지 둔감성은 유별나다고 할수 있다. 오죽하면 부자가 천국으로 들어가는 것은 낙타가 바늘구멍을 통과하기보다 어렵다고 했겠는가. 그러나 아무리 그렇다고 하지만, 후쿠시마 사태로 인해 집과 삶터를 잃고 수많은 사람들이 방황을 하고 심지어 자살자까지 늘어나는 상황에서, 그리고 무엇보다 원전사고 수습이 전혀 진척이 안되고 있는 상황에서 원자력을 단념하기는커녕 계속적인 원전 가동, 원전 수출 정책을 말하고 있는 일본 정부와 권력자들의 행태는 가증스럽다기보다 불가사의하다고 하지 않을 수 없다.

이것은 물론 일본만의 이야기가 아니다. 지금 밀양에서 초고압 송전탑 건설문제로 이루 말할 수 없는 고통을 겪고 있는 시골 사람들을 대하는 이 나라 기득권자, 잘난 사람들의 태도를 보면 거의 구역질이 난다. 그들은 "이대로만 살게 내버려둬 달라"는 시골 사람들의 간절한 호소에 한 번이라도 귀를 기울일 마음은 없이, 시골 사람들의 무지와 이기심을 비난하는 데만 열을 올린다. 심지어 최근에는 '외부세력' 운운하더니 드디어 '종북세력'을 들먹이는 데까지 왔다.

이 지겹도록 반복되는 약자멸시와 강자우선의 논리, 즉 자신들의 특권적 이익을 '국익'으로 포장하여 끊임없이 약자를 희생시킴으로써 기득권을 유지·강화하려는 이 뿌리 깊은 부도덕한 상황을 어떻게 타개할 수 있을까? 나는 저명한 반핵운동가 히로세 다카시(広瀬隆)의 오래된 제안, 즉 원전을 세우려면 도쿄 중심부에 세워야 한다는 제안을, 그냥 반어법이 아니라 매우 진지하게 받아들여야 할 필요가 있다고 생각한다. 왜냐하면 결국 대개의 인간은 당사자가 아니면 당사자의 고통과 불행을 이해하지 못하기 때문이다. 서울이나 대도시의 전력사용 때문에 시골 사람들이 고통과 멸시를 당하는 상황을 종식시키자면, 대도시 사람들도 같은 고통을 느껴볼 필요가 있는 것이다.

원전과 전쟁은 약자의 희생 없이는 성립하지 않는다는 점에서 공통적이다. 그러므로 전쟁을 방지하기 위한 가장 좋은 방책도 전쟁이 나면 사회적 약자만이 아니라 전쟁을 일으킨 권력자 자신이 먼저 희생되도록 하는 시스템을 만드는 것이라고 할 수 있다. 아닌 게 아니라, 이미 20세기 초에 이런 제안을 한 사람이 있었다. 덴마크의 육군대장 프리츠 홀름은 '전쟁근절법안'을 만들어 각국 지도자들에게 돌렸는데, 그 법안의 개요는 이러했다. 즉 "전쟁 개시 후 10시간 내에 다음 각 항에 해당하는 자들은 최하급 병졸로 소집되어 최전선에 배치되어야 한다. ① 국가원수 및 그 친족, ② 총리 및 장차관, ③ 국회의원(단, 전쟁에 반대한 국회의원은 제외), ④ 전쟁에 반대하지 않은 종교지도자들 그리고 위에 열거한 자들의 아내, 딸, 자매 등은 간호사 혹은 잡역부로 가장 치열한 전투가 벌어지는 야

전병원에 근무해야 한다."(이 이야기는 1920년대 일본의 반전평화 사상가이자 언론인이었던 하세가와 뇨제칸(長谷川如是閑, 1875-1969)의 책에 소개된 내용이다)(경향신문, 2013-10-10)

물구나무선 세계

"엘살바도르의 로메로 대주교(1917-1980)는 정의(正義)가, 마치 뱀처럼, 오직 맨발인 사람들만을 문다는 것을 발견했다. 그는 자기 나라에서 가난한 사람들은 태어나면서부터 저주받고 공격받는다는 것을 공개적으로 말했고, 그 때문에 총을 맞고 죽었다." 이것은 우루과이 작가 에두아르도 갈레아노(1940-2015)가 최근에 쓴 에세이에서 한 말이다. '정의의 여신'이 눈을 감고, 진실이 핍박을 당하고, 거짓이 활개를 치며, 거의 모든 게 거꾸로 돌아가고 있는 오늘의 이 뒤틀린 세계를 이보다 더 간명하게 요약하고 있는 말이 또 있을까. 생각이 있는 사람이라면, 갈레아노의 이 말이 군사독재하에 신음하고 있던 어떤 특정 사회상황을 가리키는 것만은 아니라는 것을 금방 알아챌 것이다.

멀리 갈 것도 없다. 지금 우리는 적반하장이라는 말로써밖에는 표현할 수 없는 기괴한 사태가 끊임없이 전개되는 상황 속에서 매일매일 기막힌 심정으로 살아가고 있다. 국가기관,

속에서 매일매일 기막힌 심정으로 살아가고 있다. 국가기관, 그것도 막강한 특권이 주어진 정보기관이 선거에 개입했다는 증거가 명확히 드러났음에도, 지금 이 사회는 민주주의의 존망에 관계되는 이 위헌적 범죄행위를 어떻게 처리할지 해답을 찾지 못하고 헤매고 있다.

물론 근본적인 책임은 온갖 거짓말과 저열한 술수를 쓰면서 이 사태를 그냥 뭉개고 지나가려는 집권세력과 어용언론, 어용지식인들에게 있음이 분명하지만, 또한 (이미 너무나 많이 지적됐기 때문에 또다시 말한다는 게 정말 지겨운 노릇이지만) 야당의 책임도 결코 작은 것이 아니다. 지금 국회의 의석 분포상 야당은 절대로 미미한 세력이라고 할 수 없다. 그런데도 이른바 '대중과의 소통'을 꾀한답시고, 야당 의원들은 종편 텔레비전의 너절한 오락프로그램에 여당 의원들과 나란히 출연하여 질 낮은 우스개와 잡담을 늘어놓는 데 시간을 보내고 있다.

문제는, 심각한 위기의식의 결여가 직업정치인들에게만 보이는 현상이 아니라는 데 있다. 국민주권을 명시한 헌법 체제가 뿌리에서부터 허물어지고 있는데도 대부분의 국민은 이 사태가 무엇을 의미하는지 의식을 못 하고 있다. 집권세력은 입만 열면 '민생'을 위해 '정쟁'을 그만두자고 하지만, 그들이 그렇게 말하는 것은 민주주의가 두렵기 때문임은 말할 필요도 없다. 그리고 조금만 생각해보더라도 '민생'과 민주주의가 별개의 것일 수 없다는 것은 명백하다. 근대국가란 국민의 생명과 재산을 지키는 것과 함께 재분배를 공정하게 행하기 위해서 존재하는 시스템이다. 그 밖에는 어떠한 명분도 있을 수 없다. 그러므로 민주주의 원칙이 부정되는 순간, 국가의 정당성은 소멸될 수밖에 없다. 그런데도 대중은 여전히 '민생'을 강조하고 민주주의를 경멸하는 자들의 농간에 쉽게 속아 넘어간다. 이 서글픈 현실은 물론 끝없이 거짓말을 하는 주류 (사이비) 언론과 엉터리 교육에 무방비로 노출돼온 탓일 것이다. 그러나 좀더 생각해보면, 지난 수십 년간 소위 경제성장시대를 거치면서 허다한 사람들이 '안락 전체주의'라는 것에 길들여져온 탓도 크다고 할 수 있다. "아파트생활 20년 만에 (한국인의) 정신은 돈에 찌들어 정의로운 생각을 할 수 없게 되었고 … 아파트의 안락함은 우리를 무장해제"시켰다는 어떤 인터넷 논객의 말은 부인할 수 없는 진실을 담고 있다.

실로 비탄스러운 것은, "정의는 맨발의 가난한 사람들만을 문다"는 게 엄연한 현실인데도 가난한 이들의 자발적인 협력 속에서 이 불의의 체제가 계속되고 있다는 사실이다. 상식과 이성과 최소한의 윤리감각을 가진 사람이라면 이러한 현실에 절망하지 않을 사람이 있을까? 나라의 가장 소중한 생태적 보고인 4대강을 돌이킬 수 없이 망가뜨려놓은 장본인이 엄중한 책임 추궁을 당하기는커녕 후안무치하게도 "녹조는 강물이 맑아진 증거"라는 말을 거리낌 없이 하고 있는 게 오늘의 우리 현실이다.

이렇게 '물구나무선' 세계에 오랫동안 길들여지다 보면 많은 사람들은 체념과 냉소주의에 함몰되기 쉽다. 오늘날 거짓말과 속임수가 아니면 한순간도 지탱하지 못하는 불의의 시스템을 핵심적으로 뒷받침하고 있는 사람들, 즉 어용학자, 지식인, 전문가들도 특별히 부도덕하거나 비양심적인 인간들이 아닐 것이다. 그들이 그렇게 처신하는 것은 궁극적으로, 아무리 애써봤자 세상은 바뀌지 않는다는 체념과 냉소주 때문일 것이다.

그러나 주의해야 할 것은 그러한 체념과 냉소주의보다 더 나쁜 것이 있다는 점이다. 분노와 슬픔이 깊어지면 자기도 모르게 '괴물'이 될 수 있다는 사실이 그것이다. 싸우다 보면 적을 닮아간다는 것은 틀린 말이 아니다. 갈레아노는 이 점을 누구보다 잘 알고 있었다. 그는 "내가 누구를 죽인 일은 없다, 하지만 그건 내가 용기가 없거나 시간이 없어서였지 그럴 마음이 없어서가 아니었다"라고 말한 적이 있다. 이것은 《수탈된 대지 — 라틴아메리카 500년사》(1971)의 저자의 말이라는 것을 우리는 기억해야 한다. 그러니까 이 말에는 '혈맥이 절개된 채' 온갖 극단적인 수탈과 능멸과 압제하에서 신음해온 땅의 주민이자 수십 년에 걸친 정치적 박해와 망명생활을 강요당해온 작가의 고통스러운 진심이 솔직하게 드러나 있다고 할 수 있는 것이다.

그러나 갈레아노는 자신의 분노와 슬픔을 파괴적인 언어로 표현한 적도 없고, 또 무익한 한탄 속에 시간을 허비한 적도 없다. 그것은 물론 액면 그대로 "용기와 시간이 없어서"가 아니었다. 불의의 현실에 예리하고 힘찬 언어로 맞서는 그의 글에서는 언제나 해학과 기지에 넘친 비유가 마르는 법이 없었다. 이것은 궁극적으로, 그의 작품 전체를 통해서 엿볼 수 있는 근원적 낙천성, 즉 이 세계가 구조적인 불의와 악행으로 짓눌려 있다 해도 삶의 심층에는 늘 보이지 않는 '선의'가 작용한다는 확고한 믿음 때문이라고 할 수 있다. 어떻게 보면 자본주의 근대국가란 이 '선의'를 가장 악랄한 방식으로 이용하고 관리하는 시스템인지도 모른다. 오늘날처럼 완전히 '물구나무선' 세계에서 미치지 않고, 또 무엇보다 '괴물'이 되지 않으려면 우리는 때때로 갈레아노와 같은 작가를 읽어볼 필요가 있다.(경향신문, 2013-11-7)

'복음의 기쁨'

전주에서 가톨릭 사제들이 공개적으로 대통령의 사퇴를 요구하고, 그 자리에서 박창신 신부의 강론이 있었던 것은 지난 11월 22일이었다. 그 강론에서 이 원로 신부는 지금 한국의 민주주의를 갈수록 유린하고 있는 정권에 대해 매서운 비판을 했다. 그러자 수구세력과 정부는 거두절미하고 이 발언 중에 나온 한마디 말을 꼬투리 잡아 과장되게 왜곡해 이적성 발언이라고 규탄하기 시작했다. 또다시 '종북 척결'이라는 상투적인 공격논리를 꺼내들면서 말이다. 이 와중에 대통령까지 나서서 "묵과하지 않겠다"고 엄포를 놓자 검찰이 수사에 들어간 다는 뉴스도 나왔다.

그중에서도 특기할 것은 '대한민국수호천주교모임'이라는 단체가 보여준 반응이다. 그들은 성직자가 정치에 개입했다고 하여 박창신 신부를 파문해줄 것을 요청하는 탄원서를 서울 주재 교황청대사관에 제출했다. 제출 날짜는 11월 28일이었 다. 교회와 국가 혹은 종교와 정치의 관계라는, 역사가 오래 된, 그러나 결코 칼로 무를 자르듯이 명쾌하게 정리할 수 없는 이 복잡한 문제를 탄원서 한 장으로 해결할 수 있다고 믿는 사람들이 이 시대에 존재하고 있다는 것은 놀라운 일이다. 그 러나 이 탄원서 제출은 어설픈 코미디로 끝날 공산이 매우 커 졌다. 왜냐하면 그 바로 이틀 전 11월 26일에 로마에서 신임 프란치스코 교황의 새로운 회칙이라고 할 수 있는 책이 '복음 의 기쁨'이라는 제목으로 간행되었고, 그 핵심적인 내용이 교 회가 복음화라는 소명을 실천하기 위해서는 정치의 잘못을 지 적하는 행동이 있어야 한다는 메시지이기 때문이다.

나는 아직 《복음의 기쁨》을 보지 못했다. 곧 영문판이 나온 다고 하니 그때 전문을 읽어볼 생각이지만, 아쉬운 대로 인터 넷에서 찾은 몇몇 발췌본과 해설, 논평들을 읽어보았다. 어떤 해외의 논평자는 '전율'이라는 표현을 쓰면서 이 책의 획기적 의의를 논하고 있었다. 가톨릭교회의 내부 역사를 잘 모르는 나 같은 문외한이 이 문서가 갖는 역사적 의의를 판단할 수는 없다. 그러나 발췌본만으로도, 기독교인이든 아니든, 이 책을 통해서 우리가 신선한 충격과 기쁨, 크나큰 용기를 얻을 수 있다는 것은 틀림없는 사실인 듯하다.

《복음의 기쁨》은 현재 가톨릭교회와 세계가 직면한 숱한 문제들을 포괄하고 있지만, 요지는 간명하다. 교회와 기독교인들이 예수 그리스도에게 보다 가까이 다가가는 것을 두려워하지 말아야 하고, 그리스도 안에서 모든 인간은 평등하고, 각자 말할 수 없이 신성한 존재임을 새롭게 인식해야 한다는 것이다.

교황의 이 '권유'의 두드러진 면은 '가난'을 특히 강조하고 있다는 점이다. 즉 예수가 가난하고, 늘 가난한 이들과 어울렸듯이, 교회도 스스로 가난해지고, 세상의 가난한 이들을 위해서 존재해야 한다는 것이다. 그리하여 프란치스코 교황 자신은 "안온한 성전 안에서 머무는 고립된 교회가 아니라, 거리로 나가서 멍들고, 아프게 하며, 더러워진 교회를 더 원한다"고 말한다. 여기서 흥미로운 것은 '아프게 하는' 교회라는 표현이다(일부 국내 자료에는 '상처받는' 교회로 번역돼 있는데, 영어 발췌본에는 'hurting'이라고 돼 있다, 영어 발췌본이 원문을 정확히 번역했다고 가정하면 '아프게 하는' 교회로 번역하는 것이 타당하다). 즉 세계를 비윤리적으로 지배하고 있는 특권층에 대하여 교회가 늘 고분고분한 자세를 보여서는 안된다는 의미가 거기에 들어 있다고 할 수 있는 것이다.

그리하여 종래의 가톨릭 최고 지도자들과 달리 프란치스코 교황은 오늘날 세계 전역에 걸쳐 갈수록 심화되고 있는 경제적 불평등을 가장 큰 문제라고 보고 있다. 교회의 소명은 가난한 이들을 해방하여 사회의 완전한 일원이 되게 하는 것이라는 그의 생각은 확고하다. 그러나 그는 가난한 이들과의 일상적인 작은 연대행위들만으로는 부족하다고 말한다. 가장 중요한 것은 '빈곤의 구조적 원인'을 제거하는 것이다. 그러므로 그가 강력히 문제 삼는 것은, "소수의 부(富)가 기하급수적으로 증가하는 반면에 다수의 빈곤이 기하급수적으로 증가하는" 불균형 상태를 만들어내는 논리, 즉 '시장의 절대적 자율성'과 금융투기를 옹호하는 이데올로기이다.

예전 군사독재 시절 브라질의 반체제 성직자 돔 헬더 카마라(1909-1999) 신부가 했던 유명한 이야기가 있다. 카마라 신부는 언젠가, "내가 가난한 이들에게 먹을 것을 주면 그들은 나를 성자라고 부른다, 그러나 내가 빈곤의 원인을 물어보면 그들은 나를 공산주의자라고 부른다"고 한 적이 있다. 그런데 이제는 교황이 '가난의 구조적 원인을 제거해야' 한다고 말하는 시대가 되었다. 물론 이번 교황이 라틴아메리카 출신이라는 점도 중요할 것이다. 또 세계 전체 상황이 갈수록 악화하고 있기 때문인지도 모른다. 그러나 어찌 되었든, 적어도 라틴아메리카에서는 군사독재시대가 끝나고 민주화가 진행되는 과정에서 지금 국민들의 생활도 예전과는 비할 바 없이 호전되고 있음은 분명해 보인다. 이 상황 변화는 해방신학이나 민중신학에 공감했던 많은 가톨릭 성직자들의 희생과 헌신에 힘입은 바가 큰 것은 말할 것도 없다.

발췌본을 읽었을 뿐이지만, 《복음의 기쁨》에는 기억해둘 만한 표현이 풍부하다. 예를 들어 "진정한 평화는 정의를 통해서만 실현된다" 혹은 "부의 분배나 빈자들의 인권이 사회통합이나 평화라는 이름으로 억압되어서는 안된다" 혹은 "인간의 존엄성과 공동선은 특권의 포기를 거부하는 자들의 안락보다 높은 가치를 지닌다" 등등의 표현이 그렇다. 내 생각에 그중에서도 특히 중요한 것은, 오늘날 모든 것을 삼켜버리는 상업주의와 '무관심의 세계화'가 압도하고 있는 세계에서 낙담하고 비관주의에 빠지는 '패배주의'를 경계하는 메시지이다. 프란치스코 교황은 "확신 없이 출발한다면 전투를 시작하기도 전에 우리는 패배할 것"이라고 경고한다. 생각해보면, 패배주의 혹은 비관주의는 결국 자기중심적 사고, 즉 '교만심'의 발로라고 할 수 있다. 《복음의 기쁨》에 의하면, 그리스도를 믿고 따르는 것은 옳고 진실한 어떤 것일 뿐만 아니라, 견디기 어려운 상황 가운데서 우리가 우리의 생을 새로운 빛과 더없는 기쁨으로 채울 수 있게 하는 아름다운 어떤 것이다. (경향신문, 2013-12-5)

Ⅲ. '기본소득'이라는 희망

문명의 지속가능성과 민주주의

새해 첫날, 〈경향신문〉 신년기획 '문명, 그 길을 묻다'의 첫 회 대담을 흥미롭게 읽었다. 재레드 다이아몬드 교수는 《문명의 붕괴》(2005) 등 몇 권의 중요한 책으로 한국사회에서도 잘 알려져 있긴 하지만, 왜 하필 이 시리즈의 선두에 내세워졌는지 궁금하다. 아마 신문 편집자도 지금 이 문제를 가장 절박한 문제로 느끼고 있는지 모른다. '이 문제'라는 것은 물론 문명의 지속가능성 여부이다. 아니, 이 지상에서 인간생존의 지속가능성 자체의 문제라고 말하는 게 더 정확할지 모르겠다.

다이아몬드 교수의 이야기 중 가장 심란한 대목은, 지금과 같은 상황이 계속된다고 할 때 현재의 어린 세대나 장차 태어날 아이들이 2050년쯤 맞이할 세상이 어떤 세상일지 생각해보자는 말이다. 자기가 생물학자에서 생태주의자로 변신하게 된 결정적인 동기도 자신의 쌍둥이 자식들의 나이를 생각했기 때문이라고 그는 말한다. 다이아몬드 교수 자신은, 지구환경이 생태적으로 황무지가 되어 있을 2050년쯤에는 이미 저세상 사람일 것이지만, 마실 물을 비롯하여 최소한의 생존을 위한 기초적 인프라가 거의 모두 소멸된 상황에서 아들딸, 손자 손녀들이 과연 인간답게 살아갈 수 있을지 심히 염려하고 있다.

2050년쯤이라면 30여 년밖에 남지 않았다. 다이아몬드 교수의 이야기에서 문득 내 나이를 생각해보았다. 나 자신도 그 무렵에는 세상에 살아있을 가능성은 없다. 그러나 내게도 자식들이 있고, 어쩌면 그들에게도 그들 자신의 자식들이 생겨나 있을지도 모른다. 그 모두에게 앞으로 수십 년 후에 닥칠 상황이란 어떤 것일까?

되돌아보면, 나는 소년시절부터 줄곧 이 비슷한 불안과 두려움에 시달려왔다. 중학생 때 우연히 《제7 지하호》(1959)라는 소설을 읽은 이후 더 그랬던 것 같다. 이 소설은 한 인간집단이 사전에 건설된 거대한 지하도시로 대피함으로써 핵전쟁에서 살아남았으나 결국은 온갖 첨단 기술에도 불구하고 쓰레기처리라는 난문제에 봉착하여 실패하고 마는 과정을 묘사하고 있었다. 이 소설을 읽은 후 나는 한동안 가위눌려 지냈다.

그러나 나중에 어른이 된 다음 나는 내 어렸을 때의 경험이 결코 철없는 소년이 황당한 픽션을 읽고 느낀 비현실적인 공포감이 아니었다는 사실을 알게 되었다. 핵무기는 말할 것도 없지만, 원자력이든 화석연료든 재생 불가능한 에너지와 지하자원을 기반으로 하여 유지되는 문명이 근본적으로 자멸적이며 지속 불가능하다는 것은 자명한 사실인데도, 세상은 아무일 없다는 듯이 돌아가고 있었다. 내게는 이런 현실이 늘 신기하고, 그로테스크하게 느껴졌다. 지금도 그렇다.

그러나 어쨌든, 마음속 깊은 곳의 불안과 공포심에도 불구하고 나와 우리 세대가 삶을 영위해온 이 세상 자연은, 거두절미하고, 한없이 아름답고 풍요로운 품이었다. 문제는, 이 아름다움과 풍요로움의 체험이 우리 다음 세대와 그들의 자식들에게도 이어질 수 있는가 하는 것이다.

다이아몬드 교수는, 이 문제에 대한 해법은 경제성장이라는 맹목적인 목표를 추구하는 데 여념이 없는 세계의 지도자들이 하루빨리 각성하는 데 달려 있다고 말한다. 그리고 그는 그 점에 대해 어느 정도 낙관적인 것 같다. 그 근거는 자기가 아는 많은 기업경영자들이 자손들의 미래 생존에 대해 진심으로 걱정하기 시작했다는 데 있다. 과연 그럴까? 다이아몬드 교수의 말을 믿지 못하겠다는 게 아니다. 내가 보기에 그의 생각은 지나치게 나이브하다.

개인적으로 인류의 장기적인 생존 기반에 관심을 갖는 정치지도자, 경영자들은 얼마든지 있을 수 있다. 문제는 그들의 관심이 개인적인 차원을 넘어 실제로 국가운영과 기업경영의 기본원리가 될 수 있는가 하는 것이다. 한마디로, 오늘날의 상황에서 그것은 불가능하다고 하지 않을 수 없다. 가장 핵심적인 걸림돌은, 말할 것도 없이, 이윤추구에 혈안이 돼 있는 자본주의 경제논리, 그리고 그것과 긴밀히 결합되어 있는 뿌리 깊은 '국익' 관념이다. 더욱이 지금은 신자유주의와 자유무역이라는 이데올로기를 통해 잔인하기 이를 데 없는 약육강식 논리가 기승을 부리고 있는 '신제국주의' 시대이다.

멀리 갈 것도 없이, 당장 우리의 현실을 보더라도 그렇다. 지금 우리는 철도, 의료, 가스 등 국민생활의 필수불가결한 기초적 인프라인 공공서비스 시스템이 기업의 사적인 이익창출 수단으로 전락할 위기에 처해 있음을 목도하고 있다. 정부는 민영화(사유화)가 아니라고 강변하지만, 말이 아니라 실제로 취하는 행동은 민영화를 위한 것이 아니라면 이해할 수 없는 방식으로 일관하고 있다. 이 근본적으로 모순적인 정책을 거센 여론의 반대에도 불구하고 강행하는 이유는 무엇인가? 결국 대기업 혹은 다국적기업의 이익이 걸려 있기 때문이라고 해석하지 않을 수 없다. 오늘날 생산과잉과 자본과잉으로 기능부전에 빠진 세계경제 상황에서 자본가들에게 남은 마지막 '프런티어'는 공공인프라의 사유화밖에 없다고 해도 과언이 아니다. 국내의 농민들과 빈민, 그리고 중국이나 인도 등 신흥개발국의 노동자들을 착취·약탈해온 구조도 이미 수명이 다했기 때문이다.

그러나 이렇게 국가권력과 공모하여 자본가들이 공공인프라를 사유화하여 돈을 더 벌어봤자 그게 과연 언제까지 지속가능할까? 다수 국민이 걷잡을 수 없이 빈궁화의 수렁으로 빠져들어가는 상황에서 어떤 경제가 안정성과 지속성을 유지할 수 있을까? 이런 식으로 가면 확실한 것은, 시간을 특정할 수는 없지만, 우리 모두를 기다리고 있는 것은 비참한 공멸밖에 없을 것이라는 사실이다. 권력자, 자본가라고 해서 예외일 수 없다는 것은 자명하기 때문이다.

공생의 원리가 지금처럼 절실한 때가 없지만, 지금 국가와 자본은, 이 세상에서 가장 무서운 힘, 즉 타성에 깊이 젖어 있다. 따지고 보면, 더 많은 성장과 축적을 향한 자본의 운동이건 부국강병을 겨냥하는 국익논리건 그것은 모두 시대착오적인 논리이다. 이 완고한 벽을 파쇼적 강권통치로 넘어설 수 있을까? 암울한 세상을 회피하려면, 우리에게 필요한 것은 결국 모든 지혜를 모아서 가장 옳은 선택이 무엇인지 이성적으로 합의하기 위한 틀의 확보이다. 그러니까 구원의 가능성은 우리가 얼마나 질 높은 민주주의를 향유하느냐에 달려 있는 것이다. (경향신문, 2014-1-2)

과학자의 양심과 '국익'

후쿠시마 핵발전소 사고 이후, 탈핵운동가들의 초청으로 방한한 해외 전문가나 활동가들이 적지 않지만, 그중에서도 가장 깊은 인상을 남기고 돌아간 이는 1월 하순 서울에 와서 강연을 하고 TV방송 출연까지 했던 일본의 대표적인 반핵 과학자 고이데 히로아키(小出裕章) 교수일 것이다.

그는 《은폐된 원자력, 핵의 진실》(2010)이나 《원자력의 거짓말》(2011) 등의 저자로 이미 국내에서도 어느 정도 알려졌지만, 막상 육성을 직접 듣게 된 사람들은 그의 거침없이 솔직하고 양심적인 발언 때문에 책만 볼 때와는 비교할 수 없는 큰 감명을 받았다. 예를 들어, "사고가 난 후쿠시마 원자로들의 현재 상태를 아무도 정확히 모르며 그냥 물만 퍼붓고 있다"고 말하며, "일본 땅은 지금 대부분 방사능으로 오염되었다, 일본 여행은 삼가는 것이 좋다"라든지 "일본산 수산물은 생산지와

출하지역이 다르게 표시될 경우가 많아서 안심하고 먹을 수 있는 게 아니다"라는 등, 자기 나라의 '국익'을 해치는 발언까지 그는 조금도 망설이지 않고 했다.

고이데 교수가 다녀간 뒤, 탈핵운동에 관여하는 사람들이 모인 자리에서 "왜 한국에는 고이데와 같은 양심적인 '반골' 과학자가 없는가"라고 묻는 젊은이가 있었다. 생각해보면, 오늘날 과학자의 세계, 특히 원자력 관련 학계나 전문가 그룹에서 고이데 교수는 매우 예외적인 존재이다.

오늘날 과학과 과학자의 문제를 생각할 때 가장 중요한 사실은 2차대전 중 핵무기 제조를 위해 수많은 과학자가 동원되었던 '맨해튼프로젝트' 이후 현대과학이 사실상 국가와 자본의 논리에 봉사하는 '어용과학'으로 변질되어왔다는 점이다. 그러므로 오늘날 우리가 과학자들에게서 독립적인 사고와 행동을 기대한다는 것은 거의 불가능한 일이 되었다. 그중에서도 원자력 관련 분야는 가장 심하다고 할 수 있다.

실제로 핵발전 기술은, 핵무기 못지않게, 어떤 명분으로도 결코 정당화될 수 없는 기술이다. 그것은 현세대의 단기적인 이익을 위해 불가피하게 미래세대와 사회적 약자들의 희생을 요구하는 반인간적·비윤리적 기술일 뿐만 아니라 경제적으로도 전혀 합리성이 없는 기술이기 때문이다. 그럼에도 원자력이 창궐해온 것은 오로지 국제원자력동맹이라고 명명할 수 있는 기득권세력의 강고한 지배구조 때문이라고 할 수 있다. 그리고 이 지배구조를 유지하는 데에 불가결한 존재는 말할 것도 없이 과학자, 전문가들이다.

이처럼 현대적 과학이나 지식을 둘러싼 근본조건을 고려한다면 오늘날 어디서나 어용학자, 어용지식인들이 넘쳐나는 것은 어쩌면 당연하다. 《표준국어대사전》에 의하면 어용학자란 "권력자의 비호를 받고 그에게 아부하기 위하여 그의 정책을 찬양하거나 정당화하는 학자"이며, 일본의 《고지엔(廣辭苑)》은 어용학자를 "학문적 절조를 지키지 않고 권력에 영합·추수하는 학자"로 정의하고 있다.

여기서 권력이라고 하는 것은 기본적으로 국가와 자본의 힘이다. 그리고 문제는 오늘날의 과학이 국가권력이나 금권의 비호 혹은 지원 없이는 거의 성립할 수 없다고 과학자들 자신이 느끼고 있다는 사실이다. 인간은 대개 나약한 존재이다. 따라서 과학자나 지식인이 어용학자가 되고, 어용지식인의 삶을 살아가는 것 자체를 덮어놓고 우리가 비난할 수는 없을 것이다. 그러나 중요한 것은, 어용학자와 어용지식인이 봉사하는 국가와 자본이 과학자와 지식인을 동원하여 노리는 것이 과연 무엇인가 하는 점이다.

지금은 고인이 되었지만, 유전자 구조를 밝히는 과정에서 매우 중요한 업적을 세운 생화학자 에르빈 샤르가프(1905-2002)는, 현대과학이 자연탐구라는 명분 밑에서 실제로 인간으로서 상상도 할 수 없는 끔찍한 일을 저지르고 있는 상황에 절망하여 생애 후반기를 극도의 우울 속에서 지냈다. 그는 뉴욕에만 5만 명의 노숙자가 방치되어 있는데 초대형 가속기를 위해 45억 달러를 지출하는 국가정책이 시행되고 있는 현실을 개탄했다.

그에 의하면 초대형 가속기란 "입자물리학자가 원자를 더 강력하게 원자의 첨단부에 부딪치게 함으로써 그 원자가 스톡홀름에 있는 노벨상 심사위원들에게 들릴 만큼 큰 소리가 나도록 하기 위한 기계"이다. 요컨대 순수한 자연탐구에 대한 열정 때문이 아니라 개인적 명예나 지위, 돈을 위해서 일하는 게 오늘의 과학자들이라는 것이다. 샤르가프가 보기에는, 과학자 수도 예전에 비해 비교가 안될 만큼 지나치게 많다. 따라서 경쟁적인 연구에 몰려서 쓸데없이 자연을 괴롭히고 몰아세우는 과학자들이 너무 많고, 그 때문에 세계는 장기적인 결과가 어떻게 될지도 모르는 수많은 '혁신적' 기술의 도입으로 매우 위험한 상황에 처하게 되었다.

과학자들의 개인적인 동기에 관계없이, 자본가는 물론 국가가 엄청난 돈을 '과학에 투자'하는 것은 요컨대 '국익'을 증대시키기 위해서이다. 이 때문에 어용학자는 자신의 진실한 동기를 은폐하고, 스스로 애국자라고 자신과 남들을 속이는 게 가능한 것이다. 이렇게 볼 때, '국익 관념'에 붙들려 있는 한, 과학자가 진실로 독립적이고 자주적인 존재가 된다는 것은 애초에 불가능하다고 할 수 있다.

왜 한국에는 고이데 같은 과학자가 없는지를 묻는 젊은이에게 나는 '선례'가 없기 때문이 아니겠느냐고 답했다. 평생 '조교'라는 최하위 직위를 면치 못할 것을 각오하고 핵공학자의 신분으로 반핵운동에 헌신해온 고이데라는 예외적 지식인은 '국익'이 아니라 '진리'를 위해 싸운 선인들의 모범 없이는 존재하기 어려웠을 것임이 분명하다. 그 모범적 선례 중에서도 가장 중요한 인물로 고이데 스스로 꼽는 이가 있다.

그는 '아시오(足尾) 광독사건' 피해자 구제를 위해서 일생을 걸었던 메이지(明治)시대의 저명한 반체제 지식인이자 정치가였던 다나카 쇼조(田中正造, 1841-1913)이다. 다나카는 국가주의 논리가 압도하던 시절이었음에도 '국익'에 맞서서 풀뿌리 민중의 삶을 보호하고자 목숨을 걸고 외롭게 싸운 일본 근대사의 대표적 의인이었다. 그는 "인간의 생명이나 국가의 생명은 일순간이다. 따라서 인간은 국가와 자신을 일체화할 게 아니라 영원의 생명을 가진 자연과 일체화된 생을 살아야 한다"고 갈파했다.(경향신문, 2014-2-6)

'기본소득'이라는 희망

모든 사람에게 인간다운 존엄성을 잃지 않고 살아가는 데 필요한 기초생활비가 무조건 보장되어 있는 사회에서 살 수 있다면 어떨까? 그게 단지 유토피아적인 몽상에 그치지 않고 과연 인간세상에서 현실화될 수 있을까? 이에 대해 우리는 그것은 가능하고, 현재 세계의 여러 곳에서 비록 부분적이지만 실제 시행되고 있는 제도라고 대답할 수 있다. '기본소득보장제'가 바로 그것이다.

지난해 10월 스위스에서 기본소득제 도입을 국민투표에 부치기 위한 서명운동이 성공했다는 소식이 전해진 이후, 한국에서도 관심을 갖게 된 사람들이 부쩍 늘었다. 그런데 종래의 사회복지 프로그램들과 근본적으로 다른 점은, '기본소득'이 재산이나 건강, 취업 여부 혹은 장차 일할 의사가 있는지 없는지 등, 일절 자격심사를 하지 않고 일률적으로 모든 사회성원에게 일정한 돈을 주기적으로 평생 지급한다는 데 있다. 얼핏 황당무계하게 들리지만, 그러나 '기본소득'은 이미 200년 이상의 전통을 가진 개념임을 주의할 필요가 있다. 즉, 미국독립전쟁의 사상적 원동력이었던 《상식》(1776)을 쓴 18세기 영국의 정치사상가 토머스 페인(1737-1809)이 만년의 저작 《토지 분배의 정의》(1797) 속에서 행한 제안에 이미 기본소득의 핵심 논리가 들어 있었다.

페인의 제안은, 원래 미경작 상태의 토지는 '인류의 공유재산'이라는 '논란의 여지가 없는 사실'에서 출발한다. 그리하여 어떤 개인의 토지에 대한 소유권은 토지 그 자체가 아니라 그가 토지를 경작하거나 개량한 부분에만 한정된다. 따라서 토지 소유자는 '기초지대(ground-rent)'를 사회에 지불할 의무가 있다. 그러면 그 지대를 모아 '국민기금'을 만들어, 토지사유제도로 인해 '토지에 대한 자연적 상속권'을 잃은 데 대한 보상으로 21세가 되는 청년들에게 정액의 일시금을, 또한 50세이상의 사람들에게는 남은 생 동안 매년 얼마간의 돈을 주어야 한다는 것이다.

주목할 것은, 페인의 이러한 '국민기금' 구상은 단지 가난한 사람들을 돕기 위한 공적 부조나 자선 프로그램이 결코 아니라는 사실이다. 페인이 강조한 것은, 근대적 토지사유제가 확립된 사회일지라도 원래 토지란 만인의 공통재산인 만큼 그 토지로 인한 이익의 상당부분은 사회구성원 전체가 나눠 가져야 하며, 따라서 그것은 누가 누구에게 베푸는 시혜가 아니라 모두가 누려야 할 자연적 권리라는 것이다. 그러므로 여기서 '국민기금'을 통해 지급되는 돈은 국가에 의한 생활지원금이 아니라, 어디까지나 국민 각자가 응당 자신의 몫으로 지급받아야 할 '배당금'인 셈이다.

'기본소득'을 생각할 때 무엇보다 잊지 말아야 할 게 바로 이 '배당금'이라는 개념이다. 토머스 페인 이래 '기본소득' 사상은 간헐적이지만 꾸준히 계승되어왔고, 그 연장선에서 최근 세계경제가 장기 침체에 빠져 출구가 보이지 않는 상황에서 다시 전세계적으로 활발히 논의되고 사람들의 관심을 집중적으로 받기 시작했다. 이것은 매우 당연한 현상이라고 할 수 있다. 이대로 가면 대부분의 젊은이들이 평생 한 번도 정규직 일자리를 가져보지 못하고 생애를 마칠 공산이 갈수록 커지고 있기 때문이다. 세계의 지배층은 여전히 경제성장을 지향하고, 경제성장을 통해 누적된 사회문제들을 해소할 수 있으리라는 지금까지의 가정에 매달려 있지만, 지난 수십 년간 세계경제의 성장·확대에 기여한 근원적 요인, 즉 석유자원이 급속히 고갈되어가는 상황에서 종래의 성장패턴이 부활하고, 또 그것이 지속가능한 것이 될 것이라고 믿는 것은 엄청난 착각이라고 할 수 있다. 이성적으로 냉정히 생각한다면, 석유에 기반을 둔 지금까지의 성장논리와는 전혀 다른 방식으로 유지되는 삶을 구상하는 것 이외에는 출구가 없음이 분명하다.

이런 점에서 '기본소득'은 우리의 상상력을 자극하기에 충분한, 극히 매력적인 아이디어라고 할 수 있다. 사람들이 일정한 직업에 종사함으로써 얻는 소득 없이도 인간답게 품위를 지키며 살 수 있다면, 경제성장이 멈춘 세상에서 그보다 더 긴요한 방책이 어디 있겠는가? 지금 한국뿐만 아니라 세계 전역에서 '기본소득'에 대한 관심이 갈수록 고조되고 있는 것은 일차적으로 이런 이유 때문일 게다.

그러나 여기서 바로 '기본소득'에 대한 적잖은 오해와 혼란이 생겨날 수 있다. 즉 노동을 하지도, 할 의사도 없는 사람에게까지 기본소득을 보장한다는 게 과연 윤리적으로 옳은지에 대한 흔한 의문이 그렇다. 사실 우리는 "일하지 않는 자, 먹지도 말라"는 전통적인 노동윤리에 오랫동안 길들여져왔다. 우리들 대부분에게 그것은 뿌리 깊은 고정관념이 되어 있다. 그러한 관념으로 보자면, 기본소득 개념은 생경하다기보다는 부도덕한 것으로 비칠 수 있다. 하지만 관점을 달리해서(즉 토머스 페인의 논리에 의거하여), '기본소득'을 사회구성원이라면 누구에게든 마땅한 권리로 주어져야 할 '배당금'이라고 본다면,

우리는 그러한 고정관념에서 벗어날 수 있다.

본래 인간은 토지 외에 공기와 물, 숲, 바다와 같은 공유지(혹은 공유재)를 원천으로 해서 살아온 존재이다. 토지의 사유화가 본격화되기 이전만 하더라도 대다수 민중은 이런 공유지를 근거로 생활을 유지하고 문화를 창조했다. 그러므로 기본소득의 형태로 지금 다시 그 공유지를 민중에게 돌려주는 것은, 이미 막대한 생산력을 이룩한 현대 산업기술사회가 반드시 실현해야 할 역사적 과제라고 할 수 있다.

'기본소득'과 관련한 또하나의 흔한 질문은, 재원은 어디서 마련하느냐는 것이다. 그러나 확실한 것은, '기본소득'이 꼭 필요하다고 합의만 된다면 그것은 어떻게든 해결된다는 사실이다. 기본소득 도입을 가로막는 최대 장벽은 역시 "일하지 않는 자, 먹지도 말라"는 고정관념이다. 이것만 극복한다면 오늘날 사실상 노예노동을 강요당하고 있는 우리들 대다수의 인생이 크게 달라질 것이다. (경향신문, 2014-3-6)

기본소득과 '도덕경제'

"마을의 공유지에 참나무가 한 그루 서 있다. 여름이면 그 나무 그늘은 양치기와 양들의 쉴 곳이 되고, 도토리들은 인근 농민들이 키우는 돼지의 먹이가 되며, 마른 나뭇가지들은 마을의 과부들에게 땔감을 제공한다. 봄철에 새로 생긴 잔가지들은 성당을 꾸미는 데 요긴하게 쓰인다. 그리고 해질 무렵이면 그 참나무 밑에서 마을의회가 열린다."

이것은 철학자 이반 일리치(1926-2002)가 쓴 어떤 글의 한 대목이다. 이 시적인 묘사에서 아마도 가장 중요한 것은 '공유지'라는 개념일 것이다. 산업사회 이전의 전통사회에서 대개 공유지(commons)라는 것은 특정인에게 귀속된 사유물이 아니라 공동체 전체 구성원들에게 개방된 공공재였기 때문에, 오랜 세월 전승되어온 관습에 따라 사람들은 그것을 적절히 자유롭게 이용함으로써 아무리 가난한 살림살이일지라도 인간다운 품위를 지키며 최소한의 생존·생활을 영위하는 게 가능했다.

그리하여 가난한 민중은 비록 물질적 생산력이 낮은 삶의 환경 속에서도 이웃과 더불어 나름대로 생을 즐기면서 인간다운 문화를 일구며 살 수 있었던 것이다. 인류학자들은, 오늘날처럼 배타적인 경쟁논리가 아니라 공유지를 기반으로 상부상조하며 살았던 옛사람들의 이러한 삶의 방식을 '도덕경제'라고 부른다.

'도덕경제'의 원리는 조선의 민중사회에서도 예외 없이 통용되었다. 구한말 이 나라를 찾았던 서양인들은 나중에 그들이 남긴 기록에서 거의 이구동성으로 조선의 백성들이 게으르고 불결한 '비문명적인' 생활을 하고 있다고 말하면서도, 동시에 그 백성들의 상호부조 관습과 타인에 대한 환대의 풍습에 주목했다.

"이 나라에서는 식사 때 먹을 것을 달라고 하면 거절하는 법이 없다. 들에서 일하는 일꾼들은 지나가는 사람에게 즐거이 자기 밥을 나누어준다. 잔치가 벌어지면 이웃을 초청해서 모든 것을 나눈다. 길을 떠나는 사람은 여비를 받는다. 없는 사람과 나누는 것, 이것은 조선인이 가진 덕성 중의 하나이다."(다블뤼 주교, 《조선사 입문을 위한 노트》, 1860)

조선의 백성들이 게으르게 살고 있었다는 것도, 따지고 보면, 그들의 삶이 근대적 노동규율에 묶여 쫓기듯 살 필요가 없었다는 뜻일 것이다. 당시 서양인들이 조선 백성들의 생활에서 나태와 불결함을 느꼈다면, 그것은 오히려 근대적 이기주의에 깊숙이 젖어 있던 서양인들 자신의 편견을 드러낸 것이었다고 할 수 있다.

지금 여기서 '도덕경제' 이야기를 새삼 꺼내는 것은 근대적 산업이나 자본주의경제의 성과를 전면 부정하자는 게 아니다. 말할 것도 없이, 자본주의경제는 엄청난 생산력을 발휘하여 전대미문의 물질적 안락과 번영을 가져왔고, 그 결과 온갖 놀랄 만한 문명적 성취와 실험이 가능해졌다.

그러나 문제는 이 번영에 따르는 혜택이 고르지 못하다는 사실이다. 보다 엄격히 말하면, 물질적 혜택의 불균등 분배라는 이 결함은 불평등 구조를 전제로 하지 않고는 유지될 수 없는 자본주의시스템 자체의 내재적 원리에 의한 것이라고 할 수 있다. 어떤 연구자에 의하면, 자본주의문명이 시작된 이래 지금까지 실제로 이 문명의 수혜자는 인류 전체의 15퍼센트를 넘어본 적이 없다. 나머지 다수는 늘 소수의 안락과 행복을 위한 제물이 되어왔다는 것이다.

그러나 이 '희생의 시스템'도 어쨌든 경제성장이 계속되고, 그 성장의 덕분으로 언젠가 모든 사람들에게 혜택이 주어질 것이라는 '환상'이 꺼지지 않는 한, 지속될 수 있었다. 하지만 이제 그런 시대는 끝나가고 있다.

세계경제는 더이상의 성장을 허용하지 않는, 전혀 새로운 상황으로 들어가고 있기 때문이다. 한마디로 지난 수백 년간의 자본주의 근대문명을 이끌어온 기본 동력은 화석연료였다. 그런 의미에서 근대문명은 '탄소문명'이었다고 할 수 있다. 그리고 이 탄소문명의 끊임없는 팽창의 필연적인 결과로 지금 우리는 전대미문의 위기, 즉 기후변화라는 기막힌 사태에 봉착했다. 인류사 최대의 이 위기상황에서 지금까지 하던 대로 탄소문명의 성장·확대를 계속 추구한다면 대파국은 불가피할 것이다. 그런데도 오늘날 경제성장 논리는 여전히 기승을 부리고, 사회적 공공성과 난개발 방지를 위한 최소한의 규제마저 철폐하려는 난폭한 시도가 또다시 반복되고 있다.

이러한 시대착오적인 자세로는 물론 '대안'을 찾을 수 없다. '대안'이란 시대적·사회적 조건이 허용하는 틀 속에서 최대한 인간다운, 그리고 지속가능한 삶의 가능성을 모색하는 과정에서만 획득될 수 있다. 지금 우리가 구상할 수 있는 대안다운 대안이 있다면, 그것은 무엇일까? 내가 보기에 현 상황에서 가장 설득력 있는 것은 기본소득제의 도입이다.

사회구성원 전원에게 아무 조건 없이 기초생활비를 지급하는 이 방안은, 기왕의 시장논리를 존중하면서, 대다수 민중에게 그들의 잃어버린 생존 기반, 즉 '공유지'를 되돌려주고 '도덕경제'를 복원할 수 있는 가장 효과적이고 간단한 방법이 될 것이기 때문이다.

　현대적 상황에서 '공유지'란 다양한 형태로 존재한다. 즉 토지뿐만 아니라 상하수도, 가스, 철도, 통신, 방송주파수, 의료, 교육, 금융제도 등등이 그렇다. 이러한 것은 영어식 표기('public utility')가 뜻하는 대로 원래 누군가의 사익 확보 수단이 되어서는 안될 공유재 혹은 공동자산임이 분명하다. 그럼에도 이 공공재는 그동안 특권층의 치부 수단이 되어왔고, 그 결과가 지금과 같은 절박한 생태적 위기, 부의 극심한 편중, 또 수많은 말세적 징후들이다. 이 상황을 타개하려면 공유재의 공공성을 되살리는 게 급선무이다. 그리고 주요 공유재의 운용에 의한 재정적 이익의 일부 혹은 전부는 '기본소득'의 재원으로 사용하면 되는 것이다.

　지금 기본소득에 관한 관심과 논의는 국내외를 막론하고 급속도로 확산되고 있다. 경제성장이 멈추고, 과잉 발달한 자동화기술로 일자리가 급속히 사라지는 시대상황을 볼 때, 이것은 당연한 현상이다. 클린턴 정부에서 노동장관을 지낸 저명한 정치경제학자 로버트 라이시는 최근 어떤 강연에서 기본소득제는 이제 '거의 필연적'이라고 말했다. (경향신문, 2014-4-3)

'기업하기 좋은 나라'의 비극

오래된 일이지만, 한국에서 오래 살아온 어떤 미국인이 쓴 글을 읽은 적이 있다. 그 글에 따르면, 한국과 이탈리아 사이에는 두드러진 공통점이 몇 가지 있다. 첫째는 반도라는 지리적 조건, 둘째는 사람들이 일반적으로 노래를 좋아하고, 셋째, 사람들이 거짓말을 잘하고, 사기를 잘 친다. 그리고 마지막으로, 한국인이나 이탈리아인 중에는 미국에 친척이 없는 사람이 별로 없다. 이것은, 그 글의 전반적 흐름으로 볼 때, 다분히 한국인에 대한 경멸적인 시선이 내포되어 있는 발언이었다. 세월호 침몰 사태를 보면서 나는 저 미국인이 아직 살아있다면 이탈리아와 한국의 공통점에 또 한 항목을 추가하겠구나 하는 생각이 들었다. 즉, 해난사고를 당하면 선장이 가장 먼저 배와 승객을 버리고 탈출하는 나라라는 공통점 말이다.

대학생 때 내가 흥미롭게 읽은 소설 중에 조셉 콘래드가 쓴 《로드 짐》(1900)이 있었다. 이상주의자인 젊은 주인공 항해사가 폭풍을 만나 배가 좌초하자 자기도 모르게 승객을 버려두고 탈출하는 '비열한 짓'을 저질렀고, 스스로의 이상을 저버린 이 비윤리적 행위를 속죄하기 위해서 자기 단죄의 험난한 생을 살다가 비극적인 최후를 맞는다는 이야기였다. 매우 낭만적인 이야기지만, 젊었을 적에는 상상 속에서나마 누구나 한 번쯤 부딪치는 근원적인 윤리문제를 제기한 작품이었기 때문인지 읽는 동안 상당히 몰입했던 기억이 난다. 지금 생각하니,

아마 그때 마도로스 사회에서는 배와 운명을 같이하는 게 불문율이라는 것, 그것을 어기는 것은 가장 치욕적인 불명예라는 것을 알게 되었던 것 같다.

침몰 중인 여객선의 객실에 순진무구한 아이들을 조용히 대기하라고 해놓고는 선장과 선원들만 재빨리 탈출했다는 이야기에 억장이 무너지지 않은 사람이 없었을 것이다. 아무리 생각해도 이것은 제정신 가진 사람들의 행동이 아니다. 더욱이 선장이라는 사람은 구조 직후에 물에 젖은 지폐를 말리고 있었다고 하지 않는가. 자기 때문에 수많은 무고한 승객들이 물에 잠겨 필사적인 몸부림을 하고 있을지도 모를 그 순간에 어떻게 그런 행동이 가능했을까, 참으로 미스터리이다. 만일 선장이나 선원 중 (혹은 조난 현장에 처음 도착한 해경들 중에) 제정신 가진 사람이 있어서 아이들을 제때 탈출할 수 있도록 도와줬더라면—이제 와서 아무 소용없는 생각이지만, 하루에도 몇 번씩 자꾸만 안타까운 생각이 그쪽으로 돌아간다.

그런데 엊그제 공개된 그 선장의 탈출 장면이라는 동영상을 보고 있자니 그가 원망스럽기보다는 말할 수 없이 불쌍하다는 생각이 든다. 우리가 평소에 갖고 있던 마도로스의 이미지와는 너무도 거리가 먼 볼품없는 인물, 가엾은 인간의 모습이 아닌가. 물론 그렇다 하더라도 그의 과오는 용서받을 수 있는 게 아니지만, 적어도 그를 무한정 질책한다는 게 옳은가 하는 생각을 하지 않을 수 없다. 그의 모습을 보면, 6천 톤이 넘는 대형 선박의 선장이 맞기는 맞는지 의심이 들 지경이다. 내 편견인지는 모르지만, 적어도 그의 초라하기 짝이 없어 보이는 모습과 거동은 그가 자신의 직분에 대해 조금이라도 자부심이나 긍지를 가지고 임했을 것 같아 보이지 않는다.

그 이유가 무엇이었을까. 추측건대, 그것은 일차적으로 그 자신의 인간적인 자질 탓이겠지만, 보다 근본적으로 선장으로서의 긍지를 느낄 수 없는 근무조건 속에서 오랫동안 일을 해왔기 때문일 것이다. 보도에 의하면, 그는 임시직 선장인 데다가 봉급이라는 것도 대형 선박의 선장에 도저히 어울린다고 볼 수 없는 박봉이다. 선장만 이런 게 아니라 세월호의 항해사, 기관사 대부분이 비정규직 선원이었다는 사실도 참으로 놀랍다. 온갖 탈법·불법을 저지르며 승객의 목숨 따위는 아랑곳도 하지 않았던 선박회사의 소유주와 경영자는 이런 식으로 배를 운영해서 긁어모은 돈으로 대체 무엇을 하려고 했을까. 그리고 정부는 날이면 날마다 자행되고 있는 이 불법적 행위들에 왜 눈을 감고 있었을까.

아마도 이번 사태의 배후가 조금씩 밝혀지면서 거기에 갖가지 비리와 부조리와 몰상식이 뿌리 깊게 얽혀 있는 것을 알게 된 시민들은 이게 꼭 해운업에 국한된 문제가 아니라는 것을 직감했을 것이다. 그리하여 앞으로는 비행기도, 기차도, 버스도 안심하고 탈 수 없다는 것을 뼈저리게 느꼈을 것이다. 그렇잖아도 기차를 자주 이용하는 나는 KTX를 타고 갈 때마다 이 초고속 열차에 기관사가 단 한 명뿐이라는 데 생각이 미치면 늘 모골이 송연해진다. 만일 그 기관사가 갑작스럽게 심장마

비나 중풍으로 쓰러진다면? 생각해보면, 지금 우리 모두는 국가의 체계적인 보호를 받고 있기 때문이 아니라 그냥 기적적으로 살아있는 것인지도 모른다.

진부한 얘기지만, 이 모든 부조리한 상황은 결국 돈에 대한 어리석은 탐욕 때문이다. 온 사회가 이처럼 돈에 환장해서 미친 듯이 돌아가고 있는 것은 '기업하기 좋은 나라'를 끊임없이 강조해온 국가시책과 결코 무관하지 않다. 우리는 이번 참사가 "암 덩어리 규제"를 운위한 대통령의 발언이 나온 지 얼마 안돼 발생했다는 사실을 기억해야 한다. 최고 권력자가 강경한 어조로 규제철폐를 역설하는 판에 기업의 탈법적 행위를 제대로 감시·감독하겠다는 생각이 들 공무원이 있을 수 있겠는가.

말할 것도 없지만, 아무리 돈이 중요해도 사람의 생명·삶보다도 먼저일 수는 없다. 설혹 규제 철폐나 완화로 경제가 성장한다 하더라도, 오늘날 경제성장은 고용문제 해결에 기여하는 바도 없고, 갈수록 빈부격차를 벌려놓고 극심한 환경파괴를 초래할 뿐이라는 것은 이미 세계의 상식이 되었다. 필요한 것은 성장이 아니라 정의로운 분배이다.

생각해보면, 지금 이 나라에 가장 필요한 것은 지혜로운 정치이다. 그러나 지혜로운 정치란 무엇보다 상식을 존중하는 바탕 위에서만 가능하다는 것을 알아야 한다. 이번 여객선 침몰로 인한 대참사는 한마디로 상식을 무시해온 질 낮은 정치, 그리고 그것과 결합된 국가적 재난 대응능력의 결여 탓이라고 할 수 있다. 이런 식의 관리능력이라면, 조만간 핵발전소에서 큰 사고가 터지지 않는다고 누가 장담할 수 있겠는가. (경향신문, 2014-5-1)

정치의 실패, 아이들의 죽음

가만히 앉아 있자니 너무도 심란해서 비 오는 일요일(4월 27일) 오후 안산을 다녀왔다. 두어 시간을 기다려 임시 분향소에 들어서니 아이들의 앳된 얼굴이 담긴 사진틀들이 흰 꽃다발들에 빼곡히 둘러싸인 채 체육관 한쪽 벽면 전체를 채우고 있었다. 참으로 그로테스크한 풍경이다. 저 순진무구한 아이들의 사진이 왜 저런 데, 저렇게 걸려 있어야 하는가. 지금 부모들의 마음이 어떨까. 자식이 감기에 걸려 콜록콜록 기침 소리만 내도 쪼그라드는 게 부모의 마음이다. 그런데 이게 뭔가. 아무 죄 없는 생때같은 자식들을 잃어버린 어머니, 아버지들은 이제 어떻게 살아가란 말인가. 그리고 아이들을 가르쳐온 선생님들은 어떻게 이 터무니없는 비극을 견뎌내란 말인가. 대체 이 상황은 왜, 어떻게 만들어졌는가. 분향소에 잠시 머무는 동안에도 나는 자신도 모르게 치밀어 오르는 분노의 감정, 그리고 형언할 수 없는 슬픔을 억제할 수가 없었다.

말할 필요도 없지만, 이번 여객선 침몰과 구조 실패에 의한 대량 몰살 사태는 인간세상에 늘 있게 마련인 어쩔 수 없는 숙명적인 재난이 아니다. 우리가 지금 모두 비통한 심정을 가누지 못하는 것은 무엇보다도 이번 사태가 충분히 예견된 일이었다는 사실 때문이다. 외국에서 장기간 사용하던 노후 선박의 도입, 안전성을 무시한 구조변경, 일상적으로 되풀이된 과적운항, 항해요원의 저질화를 불가피하게 하는 극심한 저임금, 비정규직화 구조 등등, 처음부터 끝까지 어리석은 탐욕으로 일관한 선주와 경영자는 설마 이런 날이 오리라는 것을 몰랐을까. 그리고 하루 이틀도 아니고 여러 해에 걸쳐 노골적인 탈법·불법 행위가 바로 코앞에서 자행되고 있는데도 그것을 방관 내지 방조해온 관계 공무원들은 설마 그들의 직무유기 행위가 어떤 결과를 초래할지 정말 몰랐을까.

그러나 결국 근본문제는 정부의 무능과 무책임한 자세이다. 여객선 침몰에 대해서도 정부는 감독 불찰이라는 큰 책임을 져야 하지만, 참으로 이해하기 어려운 것은 단 한 명의 생존자도 건져내지 못한 극단적인 무능이다. 이것은 어떠한 기술적 이유로도 변호될 수 없는 문제이며, 단순히 공무원의 근무기율에 관한 문제도 아니다. 나는 이 문제는 근원적으로 이 나라 통치체계 혹은 권력 상층부를 차지하고 있는 소위 지도급 인물들의 자질 문제로 파악하지 않으면 안될 문제라고 생각한다.

이번에도 그들의 자질은 유감없이 노출되었다. 예를 들어, 대통령은 구조작업이 시작된 초기에 현장 상황과는 어울리지 않는 뜬금없는 발언으로 많은 시민들의 빈축을 샀고, 어떤 고

132

위관리는 절망과 비통에 빠져 있는 실종자 가족들 앞에서 자신의 상급자를 위한 '기념사진 촬영'을 운위하는 몰상식을 드러냈다. 가장 어이없는 것은 그곳을 방문한 한 국무위원이 실종자 가족들 앞에서 무심히 라면을 먹고 있는 장면이었다. 그것은 다른 사람도 아닌, 이 나라의 교육과 윤리와 도덕에 관계하는 주무 관청, 즉 교육부의 수장이 보여준 처신이었다. 더욱이 이 몰상식한 행태를 변호한답시고 청와대 대변인이라는 이가 "계란도 안 들어간 라면" 운운했을 때, 그것은 현재 이 나라 상층부 권력자들의 정신상태가 어떠한 수준인지를 단적으로 드러낸 발언이었다.

우리는 국회에서 열리는 인사청문회 때마다 고위직에 내정된 인사들이 공직자로서 과연 합당한 도덕성을 갖추고 있는지 심히 의심스러운 경우를 숱하게 보아왔다. 그러나 그때마다 권력층과 어용언론들이 비판적인 여론을 억누르고 전개하는 상투적인 논리가 있다. 즉, 비록 일부 윤리적인 흠결이 있을지라도 국가운영에 없어서는 안될 탁월한 능력과 전문성을 갖춘 인재들이라는 것이다. 그런데 그 인재들이 지금 이 긴박한 순간에 보여주는 이 기막힌 무능과 어이없는 작태들은 대체 무엇이란 말인가?

유감스럽게도 벌써 해외의 언론은 세월호 침몰 참사에 관련하여 한국이라는 나라가 얼마나 부실한 나라인지, 얼마나 상식 이하의 나라인지 그 실상을 간파한 것으로 보인다. 〈월스트리트저널〉은 보수언론인데도(혹은 그렇기 때문에) 한국의 대

통령이 침몰선에서 승객을 버려두고 탈출한 선장을 '살인자'
와 같다고 공개적으로 비난한 것은 사법권에 대한 침해의 소
지가 있는 발언이라고 날카롭게 지적했고, 〈가디언〉은 이와
같은 해난사고에서 이토록 무능을 드러낸 것은 '서방세계라면
정부수반의 지위'가 흔들릴 수 있는 문제라고 지적했다. 요컨
대, 외국 언론의 이러한 논평의 밑바닥에는 오늘날 한국이라
는 나라를 경제발전에도 불구하고 정신적·문화적으로는 매우
후진적 사회라고 보는 다분히 경멸적인 시선이 깔려 있다고
할 수 있다.

    나는 국가주의자도 아니고 특별한 애국자도 아니지만, 내
나라가 다른 나라 사람들한테서 존경까지는 받지 못하더라도
업신여김을 당하는 나라가 되지 않기를 늘 바란다. 그러나 요
즘 외국의 언론을 눈여겨보면서 나는 자주 심한 수치감에 사
로잡힌다. 그중에서도 압권은 영국의 BBC방송이 내보낸 실로
우스꽝스러운 장면과 그에 관한 논평이었다. BBC는 절망에
빠진 실종자 가족들이 대통령에게 항의하기 위해서 '서울에서
500킬로미터 떨어진' 섬에서 도보행진을 시작하자마자 100명
도 넘는 경찰병력이 가로막고 나서는 장면을 보여주면서, "이
해할 수 없는 장면"이라는 기자의 설명을 곁들였다. 국가에도
개인으로 치면 인격이나 품위 같은 게 없다고 할 수는 없다.
그러므로 개인의 경우와 마찬가지로 국가가 대외관계에서 정
당한 대우를 받고 그 바탕 위에서 일정한 외교력도 발휘하려
면, 최소한 국제적으로 보편화된 상식이 통하는 나라로 먼저

인정받아야 한다.

이 나라에서는 언제쯤 그러한 상식이 통할 수 있을까? 아니, 그런 날이 오기는 할까? 텔레비전 화면에 비치는 청와대의 국무회의라는 것을 보면, 늘 국무위원들은 초등학생처럼 얌전한 자세로 누군가의 '말씀'을 열심히 받아쓰고 있다. 이 기이한 '회의' 장면은 지금 이 나라의 통치시스템에 만연한 사고력 마비 현상이 어디에서 오는지를 설명해준다. 정말로 대통령의 말이 그토록 거룩하다면 그냥 녹음을 하면 될 게 아닌가. 하기는 대통령이라는 이는 자신이 단지 최고위 선출직 공무원일 뿐이라는 신분을 망각하고, 언제나 이 나라의 독존적인 최고 현자처럼 행동하고 있는 게 오늘의 한국이다.

다키이 가즈히로(瀧井一博)라는 학자가 쓴 《이토 히로부미 평전》(2010)을 보면, 흥미로운 이야기가 하나 나온다. 1906년 어느 날 유명한 《무사도》(1900)의 저자 니토베 이나조(新渡戶稻造, 1862-1933)가 서울로 와서 당시 조선의 실질적인 지배자였던 통감 이토 히로부미(伊藤博文)를 만났다. 니토베는 "조선인들만으로 '문명화'가 가능하겠느냐"고 하면서 일본인들이 대거 조선 땅으로 이민해야 할 필요성을 말했다. 그러자 이토는 "그건 모르는 소리"라며, 조선의 역사를 보면 조선 민족이 결코 열등한 민족이 아니고, 오늘날 이렇게 된 것은 오로지 정치가 잘못된 탓이라고 대답했다.

그러니까 100년 전이나 지금이나 핵심적인 문제는 같다고 할 수 있다. 그러나 이 나라 정치의 주역들이 자신들의 책임을 통절히 자각하고, 개과천선할 가능성은 있는가? 물론 단 1퍼센트도 없다. 많은 아이들이 물에 잠겨 있는 동안은 잠시 엎드려 있겠지만, 곧 그들은 다시 그들의 오래된 습성으로 되돌아갈 것이다. 그리하여 또다시 우리는 그들의 뿌리 깊은 무지와 교만, 무교양과 무례함이 빚어내는 거짓과 위선의 정치에 치를 떨며 한없는 무력감에 시달리게 될 것이다.

때때로 절망적인 기분 속에서 나는 내가 좋아하는 젊은이들에게 이민을 권하고 싶은 충동을 느낀다. 예를 들어, 대통령 관저 대신에 작은 농가에서 기거하며 손수 요리와 청소를 하고, 가난한 국민 다수와 같은 수준의 생활을 고집하는 철저한 공화주의자 호세 무히카 대통령이 있는 우루과이 같은 나라로 말이다. (한겨레, 2014-5-7)

비협력, 불복종을 위하여

벌써 한 달이 넘었다. 그런데도 자꾸만 생각이 나고, 생각이 날 때마다 필름을 되감듯이 되돌아가서 침몰 당시의 상황에서만이라도 다시 시작할 수 있다면 하는 부질없는 망상에 나도 모르게 빠져든다. 생각할수록 억장이 무너지는 것은, "가만히 있어라"라고 해놓고는 승객과 배를 버리고 떠난 선장과 선원들의 불가해한 행동이다. 한 사람도 아니고 여럿이서 그런 말도 안되는 행동을 어떻게 할 수 있었는지, 여러가지 가설을 들어도, 참으로 미스터리이다. 인간이기 때문에 그럴 수 있겠다는 생각을 하면 말할 수 없이 우울해진다. 인터넷에 떠도는 것처럼 혹시 말 못할 '비밀'이라도 있었다면 차라리 낫겠다는 생각도 든다.

그러나 사건 이후 세월호 참사를 둘러싼 온갖 비리와 부조리, 모순들이 하나둘씩 드러나는 것을 보고 있노라면 배가 침몰한 것도, 그 선장과 선원들이 저렇게 행동한 것도 당연한 귀결이라는 생각이 절로 든다. 우리는 이 나라를 지배하고 움직이는 정치와 관료사회가 부패와 무능으로 찌들어 있다는 것을 모르고 있지는 않았지만, 이토록 심할 줄은 정말 몰랐다. 대체이 나라에서는 공직자 열 명 중 단 한 명이라도 제정신을 가지고 직무를 수행하는 사람이 있는지 의심스러울 지경이다. 대통령의 입에서 '국가개조'라는 말이 나오는 것도 무리가 아니라는 생각도 든다.

하지만 조금만 더 생각해보면, '국가개조'라는 말은 다른 사람이라면 몰라도 지금 대통령이 해서는 절대로 안될 말이다. 왜냐하면 이 나라 공직 사회의 모든 비리와 부조리의 책임이 궁극적으로 대통령 자신에게 있다는 것은 누구도 부인할 수 없기 때문이다. 아무리 대통령 중심제 국가라고 하지만, 왕조시대의 제왕보다 더 심한 독선적인 통치방식으로 일관해오다가 이제 와서 자신과는 상관없다는 듯이 '적폐'를 운위하고 '국가개조'를 말한다는 것은 삼류 코미디보다 못한 언설이라고 하지 않을 수 없다.

'국가개조'라는 말 자체도, 우리 역사를 조금이라도 성찰적으로 돌아보는 사람이라면 함부로 쓸 수 없는 무서운 말이다. 이것은 무엇보다 춘원 이광수의 '민족개조론'을 금방 연상시키는 말이기 때문이다. 춘원의 '민족개조론'은 물론 그의 친일 행각과 분리할 수 없는 것이다. 그러나 만약에 그가 '민족개조'를 운위하지만 않았다면, 춘원의 역사적 과오를 우리는 지금보다 조금 더 너그럽게 받아들일 수 있었을 것이다. 하지만 춘원은 마치 심판자처럼 '노예적 민족성' 운운함으로써 일제 식민통치를 정당화하는 것은 물론, 홀로 '현자'인 척했던 것이다. 그리고 이 위선 혹은 자기기만은, 내가 보기에, 춘원의 문학 전체를 관류하는 근본적인 상투성과 깊게 연결돼 있었다.

그런데 우리가 잊지 말아야 할 것은, 이 '개조론'은 춘원 한 사람에게 그치는 게 아니었다는 점이다. 그것은 명시적이든 묵시적이든 한국 현대사의 한 흐름을 형성해왔고, 그 흐름을 주도해온 것은 말할 것도 없이 민중의 자립·자치 능력을 늘 부정하고, 민주주의에 대한 생리적인 반감을 갖고 강권적·권위주의적 지배를 정당화해온 '친일파' 혹은 그 계승 세력이었다. 한때 이 나라를 온통 시끄럽게 했던 박정희의 '국가개조론'도 그 흐름 가운데서 나온 것이었음은 길게 말할 필요가 없다. 이렇게 보면, 지금 대통령의 '국가개조론'은 다급한 상황에서 우발적으로 튀어나온 말이 결코 아님을 알 수 있다.

이와 같은 '국가개조론'의 역사적 뿌리와 흐름을 회고해보면, 며칠 전 대통령이 '해경'을 해체하겠다는 대국민 담화를 발표한 다음 기자들의 질문도 받지 않고 곧 해외로 나가버린, 민주주의국가의 정치지도자답지 않은 행동도 하등 이상할 게 없다. 또 대통령의 해외여행이 하필이면 아랍에미리트의 원자로 설비 착공식에 참석할 목적이었다는 사실도 매우 시사적이다.

세월호 참사를 겪으며 지금 많은 시민들이 굉장히 걱정하는 게 있다. 즉, 우리나라 원전은 과연 안전한가 하는 것이다. 걱정을 하지 않을 수 없는 것은, 세월호 참사 상황에서 이 정부의 자질과 실력을 똑똑히 봤기 때문이다. 합리적인 국가운영과 높은 기술력을 가진 나라로 알려진 독일조차도 후쿠시마 사고 이후 즉각 원전의 단계적 폐쇄를 결정했다. 그런데 모든게 엉망진창임이 여실히 드러난 이 나라에서 정말 원전은 괜찮을까? 더욱이 정부는 설계수명이 이미 끝난 원전마저 계속해서 가동하도록 허가하고 있지 않은가? 노후 기계, 노후 시설의 안전성은 결코 보장할 수 없다는 것이 세월호 침몰에서 명확히 증명되었다. 그리고 무엇보다 한국의 원전 내부는 비리와 부정이 끊임없이 계속돼온 복마전 중의 복마전이라는 증거가 허다히 드러나지 않았는가?

비행기를 타고 아랍에미리트로 떠났을 때, 대통령은 세월호 참사와 원전문제 사이에 관계가 있다는 생각 같은 것은 전혀 하지 않았음이 분명하다. 수많은 시민들이 형언할 수 없는 분노와 슬픔과 절망감 속에 잠겨 있는 이 상황에서 하필이면 원전 장사를 위해서 태연히 비행기를 탈 수 있었던 것은, 그런 무관심 혹은 무사려 없이는 불가능했을 것이다.

그런데 이런 식으로 말하다가 보면, 문득 어이가 없다는 생각이 든다. 왜 우리는 날이면 날마다 이렇게 최고 권력자의 일거수일투족에 목매달고 살아야 하는가? 무엇 때문에 국민의 의견을 들어달라고 간청하고, 애걸하면서 살아야 하는가? 사람이란 누구든 성인이 되면 자기의 사고와 행동 습관을 바꾸기 쉽지 않다. 그리고 지위가 높을수록 인간은 자신의 과오를 반성하는 것을 수치스러운 일이거나 혹은 적어도 자신의 허약함을 노출시키는 것으로 오인하는 경향이 있다. 그러니까 아무리 민주주의국가라고 하지만, 최고 권력자에게 변화된 모습을 보여달라고 계속해서 청원을 하고, 부탁을 하고, 이런저런 말들을 하는 것은 부질없는 짓이라고 하지 않을 수 없다.

국가권력과 민중의 관계를 오랫동안 천착해온 인류학자 제임스 스콧에 의하면, 권력은 원래 자기보다 더 큰 힘에 의해서 도전을 받지 않는 한, 꿈쩍도 하지 않는 속성을 가지고 있다. 민중에게 권력이 양보를 하는 것은, 양보하지 않고는 더이상 버틸 수 없을 때뿐이다. 예를 들어, '자유'의 나라 미국에서도 어느 정도 시민들의 민주적 권리가 확보될 수 있었던 것은 위정자들에 의한 시혜가 아니라 어디까지나 1930년대의 치열한 노동운동과 1960년대의 민권운동, 베트남전쟁 반대운동 그리고 복지국가를 위한 국민적 투쟁을 통해서였다.

세월호 참사를 통해서 우리는 이 나라가 자식들을 낳아 기르고 살아가기에 얼마나 부적합한 나라인지 그 민얼굴을 보고 말았다. 하지만 우리들 대다수는 어쩔 수 없이 이 땅에서 계속 뿌리를 박고 살아갈 수밖에 없다. 그렇다면 우리가 절대로 받아들일 수 없는 것은 "가만히 있으라"라는 말이다. 우리는 충직한 '신민'이기를 그만두어야 한다. '새 정치'를 한다면서도 마냥 비틀거리며 아무런 기백도 용기도 보여주지 않는 야당 정치가들이 우리를 대신해서 좋은 나라를 만들어줄 리도 만무하다.

이미 거리에서는 시위대에 대한 체포와 연행이라는 상투적인 수법이 또다시 전개되기 시작했다. 당국은 자신들이 헌법을 위반하면서도 시민들더러 법과 질서를 지키라고 말한다. 주말의 질서 정연한 데모와 집회만으로는, 권력은 아파지지도 두려워하지도 않을 것이다. 철저한 비협력, 불복종운동만이 민주적 권력의 탄생과 진정한 정치의 쇄신을 가져올 수 있다. 우리는 어떻게 이 운동을 시작할 것인가?(한겨레, 2014-5-23)

세월호 진상규명, 누가 해야 하나

세월호 참사는, 생각하면 할수록, 기막힌 사태이다. 우리는 이 사태를 통해 이 나라가 얼마나 엉터리 나라인지를 너무나 아프게 확인하고 말았다. 사고 이후 어느새 한 달 보름이 지났음에도 아직도 물에서 건져내지 못한 이들이 있다는 것을 생각하면, 마음이 무겁고, 이렇게 멀쩡히 살아서 지내는 게 죄스럽다는 기분을 떨칠 수 없다. 지난 한 달여 동안 많은 사람들이 크나큰 슬픔과 분노 그리고 절망감 속에서 '미안합니다'라는 말을 되뇌며 지낸 것은 다소간 이 비슷한 기분을 공통적으로 느끼고 있었기 때문일 것이다.

그러나 어차피 우리들 대부분은 이 엉터리 나라에서 계속해서 삶을 영위하고, 자식들을 낳아 기르지 않으면 안된다. 이 상황에서 적지 않은 사람들, 특히 젊은이들은 이민을 가겠다는 생각을 하고 있을 것이다. 하기는 이민도 그 나름으로 '애국'의 표현이라고 할 수 있다. 나아가, 만약에 세계의 민중이 어느 나라든 자유롭게 선택해서 거기로 가서 살 수만 있다면, 세상은 오늘날보다는 훨씬 살기 좋은 곳이 될 것이라는 것도 분명하다. 국경을 넘나드는 거주·이전의 자유가 지금처럼 특권층만 아니라 실질적으로 모든 사람에게 허락된다면, 어떤 나라건 자기의 '국민'을 확보하기 위해서는 보다 좋은 나라 만들기에 진심으로 매진하지 않을 수 없을 것이기 때문이다.

그러나 오늘의 현실에서 우리들 대다수는 결국은 이 땅에서 살아가지 않으면 안될 운명이다. 그렇다면 우리는 세월호 참사와 같은 말도 안되는 사태가 다시는 일어나지 않도록 하기 위해 무엇을 어떻게 해야 할지 진지하게 숙고할 필요가 있다. 그것이 이번 사태의 직접적 희생자들 — 사망자, 실종자, 생존자 그리고 이들의 가족 전부 — 을 진정으로 애도하고 위로하는 방법이기도 하다. 그러자면 지금 당장 시급한 것은 이번 참사가 왜, 어떻게 발생했는지 그 구체적인 원인과 경위를 문자 그대로 철저히 규명하는 일이다.

지금 국회에서는 진상조사위원회 구성을 합의하고도 증인 소환 범위를 둘러싸고 여야 간 입씨름만 계속하고 있다. 희생 자 가족들이 국회를 찾아 항의하는 데까지 이르렀지만 결론은 쉽게 날 것 같지 않다. 그런데 이 가족들이 국회의 대표들에 게 한시라도 빨리 진상규명 활동을 개시할 것을 부탁하고 애 원하고 절규하는 장면이 담긴 녹화 필름을 보면서, 나는 이번 사태의 진상규명을 국회나 검찰 혹은 그 밖의 국가기관에 맡 기는 게 과연 옳은지 심각한 의문이 든다. 국회와 정부를 위 시한 이 나라의 통치기관들이 제정신을 가지고 직무를 수행해 왔다면 애당초 세월호 참사 같은 터무니없는 사태 자체가 발 생하지 않았을 것이다. 그럼에도 이 사태에 대해 그들이 진상 조사의 주체가 된다는 게 말이 되는가?

세월호 참사가 확실히 보여준 게 있다면, 그것은 이 나라를 지배하고 관리해온 통치체계와 정치가, 관료, 주류 언론 등 소 위 공적 권력이 전혀 신뢰할 수 없는 존재들이라는 것이다. 지 금 외국인들 중에는 아무리 희생이 컸고, 정부의 무능이 크게 드러난 사고일지라도, 한국인들의 분노가 정부와 권력 상층부 에 집중되고 있는 것은 조금 이해하기 어려운 현상이라고 생 각하는 사람도 있는 모양이다. 그러나 국외자들로서는 이해하 기 어려운 면이 있을지 모르지만, 우리는 그 이유를 너무나 잘 알고 있다. 우리는 이번 일이 결코 평지돌출적인 사고가 아니라는 것을 똑똑히 알고 있다. 간단히 말하면, 세월호 참사란 그동안 끊임없이 거짓과 위선과 속임수로 일관해온 이 나라 지배층의 본질이 백일하에 노출된 사건이라고 할 수 있다.

예를 들어, 천안함 침몰사건 때에도 그들은 석연치 않은 증거를 근거로 북한의 소행이라고 결론을 내렸고, 이에 대해 합리적인 의문을 제기하는 목소리들을 정당한 설명 없이 무조건 탄압해왔다. 만약에 그들의 주장대로 '폭침'이 사실이라면 숨진 수병들은 심한 타박상의 흔적이 있어야 하고, 지휘관들과 장교들은 엄한 처벌을 받았어야 마땅하다. 하지만 수병들의 사인은 익사였고, 장교들은 문책을 당하기는커녕 오히려 승진을 했다. 이 나라 지배층이 국민 전부를 바보로 여기지 않는다면 있을 수 없는 일이 아닌가? 그럼에도 그들은 의문을 품거나 표시하는 시민들을 '종북'이니 뭐니 하는 천하고 더러운 용어로 비방, 매도하면서 '비국민'으로 몰아세웠다.

소위 4대강사업도 마찬가지다. 평생 돈이라는 '맘몬'을 섬기는 것 외에 무슨 생각을 하면서 살았는지 알 수 없어 보이는 인물이 권력을 잡자마자 벌인 사업이 이 나라의 가장 소중한 자연자산이자 세계에서도 드문 생태적 보고인 4대강을 깡그리 부수고 거기에 콘크리트를 무지하게 퍼붓는 일이었다. 숱한 비판의 목소리와 대규모 촛불시위 상황에서 그는 '대운하' 계획을 포기하겠다고 국민들에게 약속을 했지만, 몇년 후 공사가 완료된 뒤(실제로는 공사 중에 이미) 우리가 확인한 것은 '4대강 정비사업'이라는 게 사실상 위장된 '대운하 사업'이었다는 사실이다. 그리하여 지금 우리의 아름다운 강과 그 유역은 돌이킬 수 없이 파괴되고, 아무짝에도 쓸모없는 대형 댐들에 가로막힌 거대한 수로, 그것도 더러운 물과 악취가 풍기는 황막한 수로로 변하고 말았다. 정권이 바뀌었으면 (누가 집권하더라도) 응당 이 전례 없는 국토 유린행위에 대한 엄격한 책임추궁이 있어야 할 것임에도, 현 집권세력도 야당도 이 문제에 대해 말이 없다.

요컨대, 이제 이 나라 지배층·권력층은 이대로는 절대 국가 운영을 맡을 자격이 없는 집단이라는 게 확실해졌다. 따라서 그들에게 이번 사태의 진상규명을 맡긴다는 것은 어불성설이다. 진상규명의 주체는 희생자들의 가족, 교사를 포함한 시민사회가 되어야 마땅하다. 국회와 정부는 말없이 이 시민적 조사기구의 활동을 적극 돕는 일에만 열중해야 한다. 이번 사태에 대해 진심으로 반성하고 사과한다는 그들의 말이 거짓말이 아니라는 것을 증명하려면 먼저 이것부터 겸허한 마음으로 받아들여야 한다. (경향신문, 2014-5-29)

왜 전교조를 지켜야 하는가

세월호 참사 직후 나는, 이 나라의 집권세력에 대하여 어느 지면을 빌려 다음과 같이 썼다. "(그들이) 자신들의 책임을 통절히 자각하고, 개과천선할 가능성은 있는가? 물론 단 1퍼센트도 없다. 많은 아이들이 물에 잠겨 있는 동안은 잠시 엎드려 있겠지만, 곧 그들은 다시 그들의 오래된 습성으로 되돌아갈 것이다. 그리하여 또다시 우리는 그들의 뿌리 깊은 무지와 교만, 무교양과 무례함이 빚어내는 거짓과 위선의 정치에 치를 떨며 한없는 무력감에 시달리게 될 것이다."(〈한겨레〉, 2014년 5월 7일)

불행하게도 내 예상은 맞아떨어졌다. 지방선거기간 동안 "반성합니다, 사과합니다, 한 번만 더 기회를 주십시오"라며 90도로 허리를 꺾어 간절히 빌던 사람들이 선거가 끝나자마자 표변해버렸다. 내 예상은 맞았지만, 완전히 맞지는 않았다. 솔직히 나는 이렇게 빨리 그들이 가면을 벗고, 또다시 말도 안되는 행태를 노골적으로 드러낼 것이라고는 생각지 못했다. 아직도 진도에서는 바닷물 속에서 건져내지 못한 시신들을 찾는 힘든 작업이 진행 중이고 그것을 절망적으로 지켜보며 기다리고 있는 이들이 있는데도, 세월호 참사로 환기된 국가의 책임이라는 문제는 그들에게서 벌써 멀어져가고 있다. 그렇지 않다면 도저히 이해할 수 없는 일들이 지금 허다히 벌어지고 있다.

예를 들어, 지방선거가 끝나자마자 밀양에서는 경찰병력이 대대적으로 동원되어 오로지 자신의 삶터에서 그냥 살도록 내버려달라고 호소하는 주민들을 무도하게 짓밟는 '국가폭력'을 거리낌 없이 휘둘렀다. 이뿐만 아니라, 거리에서는 세월호 참사의 철저한 진상규명을 요구하는 시위대에 대한 위헌적인 통제와 탄압이 또다시 시작되고, 정부와 여당은 국회 차원의 국정조사에 대해서도 계속 어설픈 평계를 들먹이며 적당히 넘어가려는 잔꾀를 부리고 있다.

그러나 이 나라 집권세력의 뿌리 깊은 후안무치한 작태 중에서 가장 비열한 것은 교육감 직선제를 폐지하자는 그들의 노골적인 주장이다. 이른바 진보 성향의 후보들이 대거 교육감에 당선되자 이에 대하여 불안과 당혹감을 느끼는 것은 물론 이해할 수 있다. 진보 교육감 시대의 개막으로 차별적 특권교육의 틀이 크게 흔들릴 가능성이 높아졌기 때문이다. 하지만 조금이라도 인간다운 양심과 염치가 있다면, 어떻게 이토록 노골적으로 민주주의 원칙을 근본적으로 부정하는 언행을 드러낼 수 있을까. 불가사의하다고 하지 않을 수 없다.

불가사의한 것 중에서도 단연코 백미는, 국정을 쇄신한답시고 대통령이 뽑은 새로운 참모들의 면면이다. 그 가운데 결국 총리 후보는 사퇴했으니 더 말할 필요가 없지만, 나머지 인물들의 경우만 본다 하더라도 단지 한심스러운 정도가 아니라, 해도 해도 너무한다는 생각밖에 들지 않는다. 대통령이 말하는 '국가개조'라는 게 대체 무엇인지 심히 궁금해지지 않을 수 없다. 교육과 윤리와 도덕에 관계하는 정부기관, 즉 교육부장관에 가장 비교육적이고, 가장 비윤리적인 행위를 한 것으로 드러난 인물을 지명한 것은 과연 무슨 의도일까.

교육부장관 후보자는 제자의 논문을 그대로 베끼거나 요약한 것을 자신의 이름으로 발표하고, 연구비까지 챙겼다는 게

―그것도 반복적으로― 밝혀졌다. 이에 대해서 본인은 당시에는 관행이었다는 식으로 변명 아닌 변명을 하는 모양이지만, 아무리 우리나라 대학들이 썩어빠졌다 하더라도 그런 파렴치한 행위가 대학의 관행이었던 적은 한 번도 없다. 국가의 최고 권력자가 그런 인물을 굳이 교육부 책임자로 앉히려고 하는 숨겨진 이유가 있는지 나로서는 짐작도 안되지만, 만약에 이대로 그가 교육부장관이 된다면, 한 가지 효과는 분명히 있을 것이다. 즉, 한국에서 교육부라는 것은 적어도 교육문제에 관한 한, 어떠한 설득력 있는 발언을 할 하등의 권위도 자격도 없는 기관으로, 우리들뿐만 아니라 외국인들의 눈에도, 확실히 각인될 것이다. 대통령이 노리는 게 설마 이것일까?

하기는 한국의 주류 지배층이 과연 교육이 무엇인지, 교육부의 역할이 무엇인지에 대하여 상식적인 이해를 갖춘 집단임을 입증해 보인 적은, 적어도 내 기억에는, 전혀 없다. 이것은 지극히 당연하다. 왜냐하면 그들에게는 민주사회라면 교육이 어떠해야 하는지를 올바르게 이해하기 위한 불가결한 전제조건, 즉 민주주의 자체에 대한 신념이 거의 전적으로 결여돼 있기 때문이다. 따라서 그들은 그들의 전제(專制)체제를 강화하는 데 도움이 되는 신민 혹은 노예들을 길러내는 훈련 이외에 어떤 다른 교육이 있는지 생각하지 못한다. 교육의 생명은 어디까지나 '자유'라는 사실, 그리하여 교육의 자유라는 게 얼마나 좋고 아름다운 것이며, 교육의 자유를 무시하는 게 얼마나 중대한 (인간성에 대한) 범죄인지를 그들은 모른다. 이것은 그들 자신이, 돈과 권력과 헛된 명예에 대한 탐욕을 벗어나서, 스스로 '자유인'으로서 인간다운 삶을 누려본 체험이 없기 때문일 것이다. 즉, 그들의 근원적인 정신적 빈곤 때문일 것이다.

지금 이 나라 지배층은 몇 명의 해직교사가 포함돼 있다는 이유로 국제적 상식을 무시하고 '전교조'의 법적 지위를 박탈하려 하고 있다. 이것은 마치 전교조가 '공공의 적'이기라도 한 것처럼 온갖 음해와 중상모략으로 악선전을 퍼뜨려온 연장선상에서 행해지고 있다.

이토록 전교조를 혐오하고, 무력화시키려는 이유는 무엇인가. 간단히 말해서, 전교조가 '교육의 자유'를 염원하고 민주주의를 옹호하는 가장 유력한 시민적 저항조직의 하나이기 때문이다. 지금처럼 민주주의가 후퇴를 강요당하고 있는 상황에서 전교조를 비롯한 주요 노동운동, 시민운동 세력이 무너진다면, 안 그래도 독선적인 권력은 아무런 저항에 부딪힘 없이 반민중적·반민주적 정책을 거침없이 밀어붙일 것임이 명확하다. 이 폭주에 제동을 걸고 민주주의를 되살리려면, 우선 우리들 모두가 (특히 젊은이들이) 축구에 쏟아붓는 정열을 조금만이라도 아껴서 전교조의 운명에 관심을 가질 필요가 있다. (경향신문, 2014-6-26)

인간다운 국가냐, 재앙의 원천이냐

세월호 참사로 인한 한 가지 소득이 있다면, 그것은 많은 사람들이 "국가란 무엇인가"라는 질문을 던지게 되었다는 사실일 것이다. 평소에는 삶의 자명한 전제처럼 여겨졌던 '국가'라는 것이 갑자기 이해하기도, 설명하기도 매우 어려운 '괴물'의 모습으로 그 민얼굴을 드러냈기 때문이다.

침몰한 배에서 단 한 명의 목숨도 구하지 못한 국가의 행위(혹은 행위의 부재)는, 생때같은 아이들에게 "가만히 있어라"라고 해놓고는 자기들끼리만 서둘러 탈출해버린 세월호의 선장과 선원들이 보여준 이해할 수 없는 행위와 본질적으로 조금도 다를 게 없는 것이었다. 그러므로 다수 국민들이 새삼스럽게나마 국가의 존재에 대하여 근본적인 의문을 품지 않는다면, 그게 오히려 이상한 일일 것이다.

우리들 중 다수가 지금 "국가란 무엇인가"라는 질문을 던지고 있는 것은, 간단히 말하면, 국민의 생명과 재산을 보호하기 위해서 존재한다는 것은 한갓 거짓 명분이고 위선적 가면일 뿐, 일단 위급 상황이 되면 국가는 민중을 버리는 것 이외에 아무것도 하지 않는다는 것을 이번에 우리가 너무나 아프게, 또 명확히 알아버렸기 때문이다.

생각해보면, 이것은 비단 세월호 참사 국면에서만 드러난 국가의 모습이 아니다. 그것은 크고 작은 온갖 재난상황에서 일관되게 노정되는 국가의 모습이라고 할 수 있다. 세월호 참사는 이러한 국가의 본질을 극명하게 드러냈고, 그 때문에 수 많은 국민들이 말할 수 없는 충격을 받고, 깊은 내상을 입었 다고 말할 수 있다.

이것은 비단 한국이라는 국가에만 해당되는 문제도 아니다. 후쿠시마 핵발전소 사고 때에 일본이라는 국가가 드러낸 모습 도 기본적으로 다를 것이 없었다. 사고 초기 방사능이 대량으 로 방출되고 있을 때 정부가 어디로 어떻게 피난해야 할지 정 확한 정보를 공개하지 않는 바람에 공포에 질린 후쿠시마 주 민들은 오히려 방사능 대량 피폭 지역으로 피신을 하는 어처 구니없는 상황이 벌어졌던 것이다.

이와 같은 사고 초기 대응의 '실패'에 대해서 일본정부는 한 번도 납득할 만한 설명을 하지 않았다. 오히려 정부는 주류 기 업-언론들의 거의 자발적인 협력 아래 일본 국민과 세계를 향 해서 거짓말만 되풀이해왔다. 지금 후쿠시마 사고 현장은 아 슬아슬하게 통제되고 있다고는 하나 더이상의 방사능 차단을 위한 근본대책은 아무것도 마련되지 않은 채 속수무책으로, 기약 없이 태평양과 대기 중으로 방사능이 끊임없이 유출되고 있는 상황이다. 그런데도 일본정부는 "후쿠시마는 완전히 제 어되고 있다"는 거짓말로 부패한 국제올림픽위원회를 설득하 여 2020년 도쿄올림픽 개최권을 따내는 등, 미증유의 핵 재해 의 실상을 은폐하기 위한 간교한 술책을 부려왔다.

그렇지만 핵 재해는 감춘다고 감춰지는 게 아니다. 언젠가 는 모든 게 백일하에 드러날 것이지만, 다만 걱정인 것은 진실이 온전히 밝혀지기 전에 태평양과 그 연안 지역 전체가 회생 불가능할 정도로 방사능으로 오염되어 생태계와 인간의 존속이 심각한 위협에 직면하는 상황이 벌어지지 않을까 하는 것이다.

나는 지금 일본정부가 옛 제국의 영광을 되찾겠다는 어리석은 망상에 사로잡혀 갈수록 파시즘의 길로 치닫고 있는 것은, 후쿠시마라는 대재앙에 정당하게 대응하고, 그것을 수습할 수 있는 능력(무엇보다 정신적 능력)의 결여에 기인하는 바가 크다고 생각한다. 즉, 그들이 지금 드러내는 시대착오적인 국가주의적 망상의 근간에는 현실적 무기력 혹은 대응 불능에 연유하는 모종의 허무주의적 정서가 짙게 깔려 있을 가능성이 크다는 것이다.

"국가란 무엇인가"라는 물음을 밀고 나가다 보면, 어느덧 우리는 만악의 근원에 국가라는 존재가 있다는 생각을 하지 않을 수 없다. 실제로 인간이 걸어온 역사를 되돌아보면, 세계사는 어떤 점에서 국가를 형성하여 다수 인민을 사실상의 노예로 부려먹으려는 의지와 그 의지에 맞서서 자유로운 인간으로 자립적인 삶을 살아가고자 하는 의지 사이에 전개된 투쟁의 역사라고도 해석할 수 있다. 물론 이 투쟁의 역사에서 지금까지 압도적인 승리를 거둔 것은 국가 형성의 의지였다.

그러나 각도를 달리해서 보면, 자립적 인간의 의지는 국가 체제의 지배 밑에서도 아직도 다양한 형태로 살아있다고 할 수 있다. 아마도 극단적인 경우는 '조미아'(동남아시아로부터 티

베트고원에 이르는 광대한 영역에 걸친 고산지대에서 '국가 없는 삶'을 영위해온 다양한 종족들의 총칭)일 것이다. 그들은 국가의 지배 밑에서 노예적인 삶을 강요당하는 것에 대한 극도의 혐오감 속에서 험준한 산악지대로 피신하여 자신들만의 작은 공동체를 형성하여 오랜 세월 동안 '문명'의 혜택을 멀리하고, 가난하고 소박한 자급자족의 삶을 일구어온 강인한 정신력의 소유자들이다. 그러나 '조미아'만큼 극단적이지는 않을지라도 우리 모두는 다소간 국가의 지배 바깥에서 살아가고자 하는 갈망을 마음속 깊이 소유하고 있다고 할 수 있다. 또 실제로 우리들의 일상생활은 아직도 국가 혹은 국가의 논리와 결합되어 작동하고 있는 자본주의적 논리로는 설명할 수 없는 다양한 호혜적 관계, 상호부조의 그물을 통하여 영위되고 있다는 것도 틀림없는 사실이다.

그럼에도 역시 국가체제는 지금, 그리고 예견할 수 있는 장래까지, 우리들이 좀처럼 벗어날 수 없는 숙명적 틀임이 분명하다. 문제는 어떻게 하면 이 국가체제를 조금이라도 더 인간적인 시스템으로 변화시킬 것인가 하는 것이다. 일찍이 구소련의 붕괴를 보며 〈역사의 종언〉(1989)이라는 논문을 써서 자본주의체제의 역사적 승리를 선언했던 프랜시스 후쿠야마는 최근의 저서 《정치질서의 기원》(2011)에서 '자유민주주의' 국가가 성공하려면 국민에 대한 정부의 '설명책임'이 불가결하다는 점을 역설하고 있다. 비슷한 시기에 출판된 또하나의 중요한 책 《국가는 왜 실패하는가》(2012)의 저자들(대런 아제몰루 외)에 의하면, 경제적으로 성공한 국가와 실패한 국가의 차이를 결정짓는 것은 궁극적으로 합리적 정치제도의 운용 여부이다.

이 이론가들이 얘기하는 것은, 다른 말로 하면, 오늘날 좌우 정치이데올로기에 관계없이 국가가 조금이라도 인간적인 국가가 되려면 무엇보다 정치지도자들이 공화주의적 덕목에 충실해야 한다는 뜻이 될 것이다. 공화주의적 덕목이란 그리 별난 게 아니다. 국가는 특정 개인이 마음대로 할 수 있는 사유물이 아니라 공화국, 즉 전체 구성원의 공유재산(commonwealth)이라는 인식에 철저한 인간만이 정치가가 되고, 국민의 대표자가 될 자격이 있다는 뜻이다.

대다수 국민의 크나큰 반대에도 불구하고 '4대강 사업'을 강압적으로 밀어붙임으로써 아까운 국토와 강을 못쓰게 만들어버린 자에게 엄중한 책임을 묻는 것을 회피하고, 세월호 참사의 진상을 철저히 규명하도록 특별법을 만들어 조사위원들에게 수사권과 기소권을 부여해야 한다는 너무나도 정당한 요구를 끝내 외면하려 하는 정치세력이 온존하는 한, 우리는 한 걸음도 인간다운 나라를 향해서 나아가지 못한다. 지금과 같은 몰상식하고도 저열한 정치상황이 계속된다면 우리들에게 국가라는 것은 언제까지나 재앙의 원천일 뿐일 것이다. (한겨레, 2014-7-18)

생각 없는 정치, 인간다운 삶의 소멸

"깨끗한 에메랄드빛 물이 장미와 인동덩굴들로 둘러싸인 바위들에 부드럽게 부딪히며 찰싹거리거나 자갈들이 깔린 강변과 흰 모래톱 위로 굽이치며 흘러가고 있다."

이것은 영국왕립지리학회 회원 이사벨라 버드 비숍(1831-1904)이 1898년에 쓴 《조선과 그 이웃들》 속에서 묘사한 남한강 상류의 모습이다. 이 아름다운 세계는 이제 완전히 사라졌다. 남한강뿐만 아니라 한국의 거의 모든 큰 강들은 곳곳에서 댐과 콘크리트 시설물들에 의해 끊임없이 가로막히면서 강다운 모습을 계속 상실해왔다. 여기에 결정타를 입힌 것은, 말할 것도 없이, 이명박 정부가 강행한 소위 '4대강 사업'이다.

강을 정비한다며 모래톱과 강바닥을 분별없이 파헤치고, 옥답 중의 옥답인 강변 둔치들을 가차 없이 제거하고, 대규모 댐들로 곳곳에서 강의 흐름을 막아버리면, 강이 완전히 파괴된다는 것은 삼척동자라도 알 만한 너무도 명백한 상식이었다. 그런데도 온갖 말도 안되는 논리를 들이대며 정부는 어용언론과 어용학자들로부터 적극적 혹은 소극적 지지를 받아내면서 공사를 강행했고, 그 결과는 지금 우리가 보는 바와 같다.

낙동강을 비롯하여 우리의 강들은 더이상 강이라 할 수도 없는, 아무짝에도 소용없는 거대한 호소(湖沼)와 수로로 변하고 만 것이다. 수량은 풍부해졌는지 모르지만, 썩은 물로 무얼 하겠다는 것인가. 생각하면 정말 피눈물이 난다.

그러나 나는 4대강사업의 결과를 단지 환경파괴나 국가재정
상의 '비용문제'로 보는 — 현재 이 사회를 지배하고 있는 — 시
각은 매우 미흡하다는 느낌을 갖는다. 가장 중요한 것은, 강의
수질이 악화되었다거나 내륙 수변 생태계가 돌이킬 수 없이
파괴되었다거나, 혹은 국가재정에 심각한 타격이 가해졌다거
나 하는 그런 공리적이고 가시적인 손실이 아니다. 핵심적인
사태는 우리가 이제부터는 '자연스러운' 강이 없는 나라에서
살게 되었다는 사실 그 자체에 있다고 할 수 있다. 즉 우리의
아이들과 그 아이들의 아이들은 지금부터 강이라고 하면 거대
한 수로와 댐과 콘크리트 시설물 외에 아무것도 마음속에 떠
오르는 것이 없는, 삭막한 인간으로 성장하여 평생을 지내게
될 것이라는 사실 말이다.

이사벨라 버드 비숍이 19세기 말에 조선을 찾았을 때 그의
눈에 먼저 뜨인 것은 사람들의 '빈곤한' 생활이었지만, 동시에
그는 조선의 평민들이 매우 맑고 소박한 심성의 소유자들임을
주목하였다(버드 비숍 역시 당시 조선을 방문하고 기록을 남긴 다른
서양인들처럼 조선사람들의 '게으름'에 대해 언급하였으나, 그것은
아직 자본주의적 노동규율과는 거리가 먼 삶을 살고 있던 민중의 생
활태도에 대한 서구인의 미숙한 편견을 드러낸 것에 불과했다). 그리
고 버드 비숍의 생각에, 조선사람들의 이러한 심성은 궁극적
으로 그들이 누리고 있는 금수강산의 아름다움에 연유하는 것
이었다.

그런 조선사람들의 후손이건만 우리들은 지금 경황없이 우

리의 모든 정력을 천박하고 야비한 물질적 욕망의 경쟁적 추구에 쏟아부으면서 분주한 나날을 지내고 있다. 가끔이나마 유유히 흘러가는 강과 먼 산을 바라보며 인생과 우주의 의미와 그 신비에 대해 명상하는 습관은 우리의 생활로부터 빠른 속도로 사라지고 있다. 예전엔 고기를 낚는 것보다 낚시터의 '적막'에 마음을 뺏긴 낚시꾼이 많았다. 이제는 그러한 것도 아득한 이야기가 되어버렸다.

하이데거식으로 말하면, 우리는 이제 거의 예외 없이 '고향을 잃은 자'들이 되었다. 실제로 고향 땅에서 멀어졌기 때문이라기보다, 경제성장과 개발과 텔레비전과 스마트폰에 의해 그렇게 돼버린 것이다. 하이데거는 이 고향 상실을 '계산적 사고'의 압도적인 득세로 말미암아 사색의 습관과 능력이 쇠퇴한 탓이라고 말한다. 하이데거가 말하는 사색이란 사물의 본질과 존재의 의미에 대하여 근원적으로 들여다보는 능력이다. 그리하여 철학자는 묻는다. "오늘날 하늘과 땅 사이에 존재하는 인간의 거주지에 고요히 사색할 수 있는 장소가 남아 있는가?" 하이데거는 제3차 세계대전보다 더 무섭고 우려해야 할 것은 "생명과 인간의 본질에 대한 기술적 침략이 확대되고" 있음에도 이 '침략'의 의미에 대한 근원적인 사색이 결여된 세상이라고 말했다.

그러니까 인간이란 그저 '안락'과 '안전'을 목적으로 살아가는 존재가 아니라는 것이다. 인간은 누구라도 최소한 배부른 돼지가 아니라 인간다운 인간으로서 삶을 영위할 권리가 있다. 인간다운 인간의 존립을 위해서는 인간에게 "고요히 사색할 수 있는" 능력과 장소를 허용하는 문화가 살아있어야 하고, 정치도 마땅히 그 방향으로 겨냥되어 있어야 한다.

이 점에서 이명박 정부를 비롯하여 역대 정권의 실정은 단지 국가재정을 거덜 내고 환경을 파괴해왔다는 점에 그치는 게 아니라고 할 수 있다. 4대강사업의 엄청난 죄악에 대해서는 길게 말할 필요도 없지만, 새만금 개발을 내세워 천혜의 갯벌을 대대적으로 망가뜨리고, 우리들 모두의 영속적 삶을 위한 가장 소중한 기반인 농사를 끊임없이 홀대해온 역대 정권과 권력엘리트들의 과오도 결코 작은 게 아니다. 우리가 그러한 과오들을 용서할 수 없는 것은 그 정책 방향이 결국 '배부른 돼지들'의 세상을 지향한 것일 뿐이었기 때문이다.

지금 우리가 고통스러운 것은 우리의 생활수준이 낮기 때문이 아니다. 오히려 그동안 '가난'을 저주하고 증오하면서 우리 사회 전체가 일념으로 추구해온 것이 결국은 공허한 물질적 안락이었다는 데 핵심적 비극이 있다고 할 수 있다. 그렇게 하다가 우리는 뜻밖에도 우리의 삶이 전혀 안락하지 않을 뿐 아니라 우리 자신의 인간다운 삶의 근본 기반이 망실돼버렸음도 발견하고 말았다.

그것이 극적으로 표면화된 것이 '4대강 사업'의 재앙과 '세월호 참사'이다. 간과하지 말아야 할 것은, 이 두 개의 사태 사이에는 내면적인 연속성이 존재한다는 사실이다. 그리고 이 두 사태는 무엇이 인생에서 가장 중요하고, 그것을 위해 공적

시스템이 어떤 방식으로 돌아가야 하는지를 근원적으로 묻고 또 물어야 하는 사태 이외에 아무것도 아니라고 할 수 있다. 우리사회가 희망이 있으려면 '사색'의 소중함을 깊이 느끼고, 사색할 줄 아는 인간들의 공동체로 다시 태어나지 않으면 안 된다. (경향신문, 2014-7-24)

양심의 정치, 이대로는 불가능하다

며칠 동안 프란치스코 교황 덕분에 많은 사람들이 큰 위로와 용기를 얻었다. 가톨릭교회의 최고 지도자라는 극히 존귀한 신분이면서도 교황은 한결같이 겸허한 자세를 취했고, 약하고 소외받고 버림받은 존재에 대한 끝없는 동정과 관심을 나타냈다. 무엇보다도 그는 단순·소박한 삶이 얼마나 아름답고 위대한 것인가, 사람다운 사람, 혹은 지도자라면 마땅히 그래야 한다는 것을 무언중에 우리들에게 가르쳐주고 떠났다. 이런 모습은 지도자다운 지도자의 부재로 늘 시련과 고통을 받고 있는 이 나라 민초들에게는 잊을 수 없는 감동을 주기에 충분했다.

프란치스코 교황의 그러한 자세와 언행은 그가 세속적 이해관계를 초월한 종교인이기 때문에 가능한 게 아닐까라고 우리는 생각할 수 있다. 하지만 온갖 복잡한 이해관계로 얽히고설

킨 정치현실 속에서도 그러한 모습이 가능하다는 것을 보여주는 실례가 있다. 예를 들면 호세 무히카 우루과이 대통령이 그렇다. 그는 대통령의 관저는 노숙인들에게 내어주고, 자신과 아내는 교외의 작은 오두막에서 지내고 있다. 매일 대통령 집무실로 오가는 소형 중고 자동차는 자신이 직접 운전을 한다. 또한 일흔 살이 넘은 이 노인은 늘 손수 요리를 하고 청소를 하며, 손님에게도 손수 차를 끓여 내놓는다. 그리고 봉급의 9할은 시민운동단체와 자선기관에 기부금으로 보낸다. 그는 귀빈용 레드카펫을 밟는 것도, 넥타이를 매는 것도 싫어한다. 심지어 작년 가을 유엔총회에서 연설을 할 때에도 그는 노타이 차림이었다.

동시에 주목할 것은 그의 정책결정이 흔히 매우 용기 있고 합리적이라는 것이다. 예를 들어 그는 금년 초 마약 마피아들의 협박과 온갖 정치적 압력에 굴하지 않고, 마리화나의 생산·판매·소비를 합법화하는 법률을 통과시켰다. 그의 논리는 명쾌하다. 즉, 마리화나는 담배보다 훨씬 독성이 약하다. 그럼에도 이것을 계속 불법화하고 있는 한, 출처 불명의 비위생적인 마리화나를 사 피울 수밖에 없는 중독자들을 국가가 도와줄 길이 없다. 그러나 마리화나가 합법화되면 국가에 의한 관리가 가능해지고, 중독자는 국가가 공적으로 치료해줄 수 있다. 또한 마리화나로 인한 막대한 판매수익은 더이상 지하에서 돌아다니지 않고 국가의 정당한 수입이 되어 복지예산으로 쓸 수 있다 등등.

그러니까 중요한 것은, 종교가든 정치가든, 결국은 지도자의 사람됨이라고 할 수 있다. 프란치스코 교황이 떠난 뒤, 우리는 지금 우리의 지도자들도 진정으로 민중의 마음을 읽고, 공감할 줄 아는 인간으로 다시 태어나줄 것을 갈망하는 이런저런 기대와 바람을 표명하고 있다. 그러나 말할 필요도 없이, 이런 기대와 바람은 부질없는 짓이다. 오늘날 이 나라의 권력엘리트들의 품성과 자질이 달라질 가능성은 제로임이 분명하기 때문이다. 혹시 어느 날 문득 속물적 삶의 무의미함을 통절히 깨닫고 전혀 새로운 사람으로 변모했던 가령 톨스토이의 경우처럼 내면적 회심을 경험한 사람이 있다면 모르지만 말이다.

　그럼에도, 실제로 가능성이 거의 전무한데도 우리들은 날이면 날마다 권력자들의 태도가 바뀌기를 기대하고 바라면서 끊임없이 간청하거나 항의하면서 살아가고 있다. 이런 나라에서 '국민'으로 살아가는 것은 너무나 피곤한 노릇이지만, 생각해보면 이것보다 더 어리석은 '국민생활'도 없다. 왜 이 나라의 민중은 자기들에 의해 선출된 대표자(들)에 의해 이처럼 끊임없이 무시와 외면을 당하고, 업신여김을 받고 살아야 하는가. 이제 정말 우리는 근본적인 질문을 할 필요가 있다.

　그러나 오늘날 민중과 권력 사이의 이 불편·불합리한 관계는 반드시 권력자들의 인간적 자질 탓만이 아니다. 물론 프란치스코 교황이나 호세 무히카 대통령 정도의 수준과는 비견할 수 없을지라도 비교적 양식 있는 정치가, 엘리트들은 우리사회에도 드물지 않다고 할 수 있다. 문제는 그들 개개인의 자질과 관계없이 그들이 정치적 이해관계를 같이하는 그룹으로서 행동할 때 거의 예외 없이 '괴물'이 된다는 사실이다. 그리하여 실제 오늘날 대의제 민주주의는 공공선을 실현하고, 민중의 진실한 욕구를 반영하는 정치시스템이 아니라 특권층과 지배세력의 배타적인 이익추구를 돕는 음험한 장치로 변질되어 버렸다고 할 수 있다.

사실 한국사회만 그런 게 아니지만, 지금은 근대적 정당정치, 대의제 민주주의가 실패했다는 것, 이 정치시스템을 갖고는 희망이 있는 미래를 열 수 없다는 사실이 점점 분명해져가고 있다. 예를 들어 최근 세계적인 주목을 받고 있는 토마 피케티의《21세기 자본》(2013)을 통해서도 우리는 그것을 확인할 수 있다. 이 책은 오늘날 세계적으로 심화되고 있는 경제적 불평등 현상은 지난 수백 년간 일관되게 지속돼온 자본주의체제의 내재적 특성 때문이라는 것을 방대한 통계자료로 입증하고 있다. 피케티에 의하면, 1, 2차 세계대전 이후 20세기 중반까지가 비교적 불평등이 완화된 시기였다고 할 수 있는데, 그것은 자본주의 역사에서 매우 예외적인 시기였다는 것이다. 이러한 피케티의 관찰은, 다시 말하면, 그동안의 근대적 정당정치와 대의제 민주주의가 실질적인 민주주의를 위한 기본조건, 즉 경제적 민주주의를 실현시키는 데 전혀 무력했다는 사실을 강력하게 암시하고 있다.

소문과는 달리 왜 대의제 민주주의와 그것을 뒷받침하는 정당제도가 이토록 무력하고 쓸모없는 것인가? 여러 설명이 가능하겠지만, 무엇보다 이 모든 것은 선거라는 제도의 근본적 약점 혹은 속임수 때문이라고 할 수 있다. 선거란 기본적으로, 돈과 권력기구와 미디어 등 온갖 메커니즘을 장악·통제하고 있는 기존 지배층이 얼마든지 조작할 수 있다는 점에서 결코 민중의 진실한 의사와 욕구를 반영하지 못한다. 오늘날 극심한 투표율 저조 현상은 투표를 해봤자 권력엘리트들 사이의 자리이동 외에 아무 의미가 없다는 것을 너무도 익히 보아온 유권자들의 정당한 반응이라고 할 수 있다.

저조한 투표율 위에서 단순 다수표로 선출되는 한, 현재의 정치가들에게는 사실상 정치적 '정당성'이 있다고 말할 수도 없다. 지금 국회에서는 세월호 참사 진상규명을 어떻게 할지 그 방법을 놓고 끝없이 소모적인 공방이 벌어지고 있다. 이 상황은 결국 이제 정당도, 의회정치도 사실상 무용지물이라는 것을 웅변적으로 말해준다. 우리는 더이상 우리사회의 운명을 '정치가'라는 특권계급에 맡겨놓아서는 안되는 것 아닐까? 민중사회에 잠재된 지혜를 왜곡 없이 대변하는 공감의 정치, 양심의 정치가 실현될 수 있는 길을 새로 찾아내야 하지 않을까?(경향신문, 2014-8-21)

예의를 지켜라, 제발

프란치스코 교황이 다녀간 지 얼마나 되었다고 이러는 것일까. 교황은 왜 초대했던가. 하기는 교황이 머무는 며칠 동안 우리들의 영혼은 약간이나마 정화되는 기분이었다. 프란치스코 교황을 통해서 우리는 우리 자신의 황폐한 삶을 되돌아보고, 이웃들의 아픔과 고통에 공감하는 겸허한, 청빈한 삶이 얼마나 아름답고 고귀한 것인가를 생각해볼 기회를 가질 수 있었다. 그러니까 잘만 하면, 교황의 한국 방문은 이 나라에 뿌리 깊이 서려 있는 사악한 기운을 몰아내는 '살풀이'의 기회가 될 수도 있었다.

그러나 교황이 돌아가자마자 그의 메시지는 금방 잊혀지고, 다시 이 나라를 지배하는 것은 악마의 정신이라는 것을 명확히 하려는 것처럼 온갖 무례하고 야만적인 언설이 난무하고 있다. 세월호 참사의 진상을 밝혀내는 데 필요한 특별법 제정을 위해 혹독한 시련을 견디며 거리에서 날밤을 새우고, 목숨을 걸고 장기간의 단식투쟁을 하고 있는 유가족을 지금 이 나라의 '주류 사회'가 어떻게 대하는지를 보라.

'유민 아빠'가 마치 불순한 목적 때문에 단식을 하고 있다는 듯이 음해를 가하는 어용언론들의 저열한 짓은 새삼스러울 게 없다고 하자. 하지만 소위 '실험단식'이니 '폭식투쟁'이니 하는 괴이한 슬로건을 내걸고 생사의 기로에 선 동료 시민을 조롱하고 손가락질하는 야비한 작태는 무엇인가?

그리고 무엇보다, 새끼들을 어이없이 잃은 유가족의 참혹한 슬픔을 비웃기라도 하듯 면담신청을 간단히 거부하고 '민생'을 살핀다면서 자갈치시장으로 행차하는 국정 최고 책임자의 행동을 우리는 어떻게 이해해야 할까? 어쩌다가 이 나라의 도덕적 기반이 이 정도로 무너졌는지, 이게 과연 인간의 나라인지, 절망적인 기분으로 묻지 않을 수 없다.

아무리 물질적 이익 중심으로 돌아가는 게 현대사회라고 하지만, 예의 바른 언행은 예전이나 지금이나 우리가 인간답게 살자면 결코 빠뜨릴 수 없는 덕목이다. 예의는 물론 세계 공통의 보편적 가치라고 할 수 있지만, 동양의 문화전통에서는 특히 그렇다고 할 수 있다.

지난 수천 년간 동아시아의 국가운영과 정치사상에서 핵심적인 것은 "예의를 잃으면 사람이 아니다"라는 신념이었다. 공자에게 인(仁)은 한마디로 극기복례(克己復禮)였다. 즉, 자기중심적인 정념과 욕망을 제어할 줄 알아야 사람다운 사람이 될 수 있다는 생각이었다. 공자의 시대는 도덕의 기준이 철저히 무너진 시대였다. 조정에는 아첨꾼과 사기꾼이 넘쳤고, 시정에는 협잡꾼들이 우글거렸다. 공자가 말하는 군자란 '예'를 아는 자였다. '예'는 단지 겉모습을 부드럽게 꾸미는 형식적인 게 아니었다. 그것은 정치를 바로 세우기 위해서도 꼭 필요한 덕목이었다. 비록 군주의 노여움을 사는 한이 있더라도 성심성의껏 자신의 신념을 표현해야 하는 게 군자다운 '예'라고 공자는 말했다.

여기서 케케묵은 '예'를 꺼내는 것은, 며칠 전 국회에서 유가족 대표와의 3차 회동이 결렬되던 자리에서 여당 국회의원이 했다는 말 때문이다. 보도에 따르면 새누리당 원내대표는 자신들을 향해 불만을 터뜨리는 유가족들에게 "예의를 지켜달라"고 말했다는 것이다. 그가 무슨 뜻으로 이 말을 했는지는 정확히 알 수 없지만, 혹시 이 말 속에는 자신들은 '높으신' 양반이다, 따라서 그에 합당한 예우를 받을 자격이 있다, 라는 의식이 은연중 들어 있지 않았을까. 만에 하나라도 그랬다면, 착각도 유분수라고 하지 않을 수 없다. 국회의원이란 국민의 대변자다. 그러므로 만약에 누가 누구보다 높고 낮다는 것을 굳이 가려야 한다면, 높은 분은 국민이지 국회의원들이 아니다. 실제로 그 자리에서 "예의를 지켜달라"고 말했어야 할 사람은 여당 국회의원이 아니라 유가족 대표였다.

그럼에도 지금 모든 게 거꾸로 가고 있다. 국정을 책임진 사람들의 명백한 과오 때문에 300여 명의 아까운 목숨이 무참히 수장되었다. 그렇다면 이 참사에 대한 진상규명은 이토록 나라를 엉터리로 운영해온 사람들을 철저히 조사하는 것으로부터 시작해야 한다. 그러면 조사 절차를 정하는 일을 이들에게 맡겨서는 안되는 게 순리가 아닌가.

법적 문제만 해도 그렇다. 정부·여당 사람들은 사법체계의 혼란을 운위하고 있지만, 모든 법의 정당성은 정치적 의사결정의 민주적 정당성에 달려 있다. 지금 양식 있는 사람들치고 세월호 참사에 대한 명쾌한 진상규명을 바라지 않는 사람이 없다. 그렇다면 답은 분명하다. 성역 없이 조사하고, 기소할 수 있는 권리를 법적으로 보장하는 것밖에 없다. 대한민국이 북한보다 우월한 민족적·도덕적 정통성을 가진 국가임을 입증하고, 대외적으로 최소한의 상식이 살아있는 나라임을 보여주려면, 국가의 최고 권력자라고 해서 조사 대상에서 제외해서는 안된다.

나는 내가 살고 있는 나라가 진정으로 '내 나라'라는 기분 속에서 살고 싶다. 예를 들어, 덴마크사람들은 자신이나 가족의 생일이면 현관에 덴마크 국기를 게양한다. 우리로서는 상상하기도 어려운 일이지만, 덴마크사람들이 그런 식으로 개인의 생일을 자축하는 것은 자기 나라를 '내 나라'라고 느끼기 때문이다.

그러나 주의해야 할 것은, 덴마크인들의 이러한 '내 나라' 의식은 덴마크가 부강한 나라여서가 아니라 나라의 주인이 자기들 자신이라는 확신에서 온다는 사실이다.

지금 또다시 이 나라의 지배층과 어용언론은 상투적인 논리, 즉 '민생'과 '경제'를 위해서 이 국면을 끝내자고 대중을 현혹하고 있다. 그러나 우리는 지금이 경제를 위해서도 민주주의가 불가결한 시대임을 직시하고, 권력의 기만적 언어에 휘둘러서는 안된다. 이 나라를 정말로 '내 나라'로 만들고 싶다면 말이다. (한겨레, 2014-9-5)

IV. '깊은 민주주의'가 세상을 살린다

제비뽑기 민주주의, 왜 필요한가

지금 세계는 벼랑 끝에 서 있다. 과학기술의 경이적인 발전에 따른 생산력과 소비수준은 엄청나게 높아졌으나 인간성의 전면적 붕괴를 우려해야 할 정도로 삶의 내적 상황은 황폐화하고, 세계경제는 총체적 위기에 빠지고, 경제적 불평등과 사회적 갈등은 나날이 심화되고 있다. 게다가 정치는 절망적인 무능을 드러내고 있다.

그러나 가장 무서운 것은 임박한 생태적 파국이다. 인간생존의 자연적 토대가 전면적으로 붕괴한다면 모든 게 끝이기 때문이다. 지금 급속히 진행되는 생물종의 소멸 현상은 사실 너무나 두려운 현상이다. 굳이 선례를 찾자면, 이것은 소행성이 지구와 충돌함으로써 공룡들이 사라진 6,500만 년 전의 상황에 비견할 수 있다. 오늘날 인간은 자기자신의 소멸을 자초하고 있는 소행성인지도 모른다.

이 상황을 고려하면, 최근 들어 유엔 기관들이 부쩍 자주 지구환경 위기, 그중에서도 기후변화에 대한 심각한 메시지를 발표하고 있는 것은 우연이 아니다. 최근 '정부간기후변화패널(IPCC)'은 다음 세대에게 '참을 수 없는 위험'을 안겨주지 않으려면 '현재의 알려진 잔존 화석연료 자원의 대부분'은 땅속에 그대로 내버려두지 않으면 안된다고 재천명했다. 유엔 기관이 이토록 다급한 목소리를 내는 것은, 국지적인 이해관계를 넘어서 세계 전체 상황을 조망할 수 있는 그들의 위치 때문일 것이다.

그런데도 주요 에너지회사들은 기존 유전을 남김없이 채굴하고, 새로운 유전을 끊임없이 탐사하기 위한 막대한 투자계획을 공공연히 발표하고 있다. 그럼으로써 그들의 주가는 계속 오르고 있다. 임박한 파국이야 어떻든 그저 눈앞의 이익에만 골몰하는 이 상황을 묘사하여 미국의 농부작가 웬델 베리는 "인류역사상 지금처럼 어리석고 파괴적인 시대가 없었다"고 갈파한 바가 있다. 그러나 만약 외계인이 보고 있다면, 이토록 자기파괴에 몰두해 있는 인간사회의 모습은 어리석다기보다도 너무나 희극적인 광경이 아닐까?

인도 작가 아룬다티 로이는 최근의 어떤 글에서 히말라야 고원의 접경지대, 즉 카슈미르에서 수십 년째 계속되고 있는 인도, 파키스탄 간의 군사적 충돌을 언급하며 기막힌 사실을 지적한다. 즉, 영토분쟁이 격렬한 이 현장에서는 지금 기후변화 때문에 빙하가 급속히 녹아내리고 있다. 이렇게 해서 결국 빙하가 사라진다면, 인도와 파키스탄은 물론이고 히말라야 빙하를 수원(水源)으로 삼아 농사와 삶을 지탱해온 동남아시아 전역은 조만간 초토화될지도 모른다. 상황이 이런데도 인도와 파키스탄은 그 땅이 내 것이냐 네 것이냐를 두고 피를 흘리며 싸우고 있다는 것이다.

웃어야 할지 울어야 할지 알 수 없는 이 '희극적' 상황은 물론 카슈미르만의 얘기가 아니다. 이것은 오늘날 국가 간 군사적·정치적 대립뿐만 아니라 국익, 성장, 개발 따위에 함몰돼 있는 국가 정책과 운영방식이 얼마나 우스꽝스럽고 허망한 것인가를 말해주는 날카로운 비유라고 할 수 있다.

인간이 지구라는 행성에서 살아남으려면 지금 절실한 것은 장기적인 비전과 공생의 윤리이다. 그런데 문제는 오늘의 정치가 이것을 원천적으로 가로막고 있다는 점이다. 즉, 오늘날 지배적인 정치시스템은 어디서나 단기적·착취적 이익추구의 논리에 매달려 있다. 대부분의 정치가들은 다음 선거에서 이기기 위한 근시안적 전략과 정책에 갇혀 있다. 이것은 현재의 선거제도, 대의제 정당정치의 틀로서는 불가피한 한계라고 할 수 있다.

어떻든 장기적인 시야를 가진 정치를 가능케 하는 시스템의 구축보다 더 절박한 시대적 과제는 없다. 지금 우리들 중에는 인권, 노동, 일자리, 환경, 에너지, 복지, 건강과 생명, 육아와 교육, 협동조합 등등, 온갖 부문에서 상황을 개선하거나 개혁하기 위해서 치열하게 헌신하는 사람들이 적지 않다. 그러나 이 모든 부문별 활동과 노력은 그 자체로 의미가 없는 것은 아니지만, 근본적으로는 정치시스템이 개선되고, 정치적 의사결정이 민주적·합리적으로 이루어지는 구조를 만들어내지 못하는 한, 모든 것은 무위에 그친다는 사실을 잊어서는 안된다.

부끄러운 얘기지만, 나는 지난 20여 년간 '녹색운동'과 직접·간접으로 인연을 맺어왔지만, 아마도 유일한 성과는 국가권력에 맞설 수 있는 시민사회의 힘에는 명백한 한계가 있다는 것을 통감한 것이었다. 세계적으로도 유례없이 치열하고 집요한 시민적 저항운동에도 불구하고 새만금과 천성산과 4대 강이 파괴되고 만 것은 국가의 논리가 정당해서가 아니었다. 탈핵운동도 마찬가지이다. 후쿠시마라는 세기적인 참극이 일어났음에도 여전히 압도적인 것은 근시안적 국익논리이다.

세월호 참사 진상규명 특별법 제정을 둘러싼 폐색상황도 그 원인은 결국 현재의 정치시스템에 있다고 할 수 있다. 털끝만 한 양심이라도 있다면 집권세력은 설혹 자신의 허물이 드러날 우려가 있더라도 성역 없는 조사에 기꺼이 협력해야 할 것이다. 그러나 그들이 협력을 거부할 때는 현재의 시스템으로는 강제할 방법이 없다. 더욱이 오늘의 한국정치에서는 대통령에게 권력이 집중되어, 민주공화체제의 유지에 필수적인 견제와 균형의 원리가 거의 완전히 무너져버렸다. 이 상황에서는 나라의 중대사들이 모두 현직 대통령 개인의 자질과 능력과 성품에 의해 좌우될 수밖에 없다. 그 결과, 아무 소용없다는 것을 모르지 않으면서도 지금도 광화문에서는 세월호 유가족과 시민들이 모여 대통령의 선처와 결단을 목마르게 간구하고 있는 기괴한, 고통스러운 상황이 계속되고 있다.

그러나 우리는 한탄만 하고 있을 수는 없다. 어떻게 해서든 이 터무니없는 상황을 타개하고 건강한 정치와 합리적인 국가 운영이 가능한 틀을 만들어내지 않으면 안된다. 건강한 정치, 합리적인 국가운영이란 별난 게 아니다. 그것은 특정 집단의 사익이 아니라 나라 전체와 세계 전체의 공통이익을 우선시하는 공공의 정신에 입각한 정치와 국가운영을 말한다. 그러나 물론, 이게 말처럼 쉬운 게 아니다. 오늘날 공공의 정신이 정치에서 사라져버린 것은 정치가들이 그것을 몰라서가 아니라 기득권층과 자신들의 이해관계가 뿌리 깊이 얽혀 있기 때문이다. 통계를 보면 오늘날 미국에서 하원의원에 당선되려면 대략 50만 달러, 상원의원은 수백만 달러 이상이 필요하고, 대통령이 되려면 수십억 달러를 모아야 한다. 그러니까 대의제 민주주의는 사실상 금권정치가 돼버린 것이다. 한국 민주주의는 미국 민주주의보다 건전하게 돌아간다고 믿을 만한 근거가 있는가?

하지만 이미 타락할 대로 타락한 금권정치를 보완·수정한다는 것은 무의미한 일이다. 중요한 것은 금권정치를 초래하는 근본 메커니즘이 무엇인지를 밝혀내는 일이다. 이 문제를 천착해온 사람들은 대개 일치하여 현재와 같은 단순 다수표로써 승자를 결정하는 현행의 대통령중심제와 소선거구제도가 큰 문제라고 보고 있지만, 나는 선거제도 그 자체가 핵심 문제라는 의견에 더 공감한다.

실제로 고대 그리스와 르네상스기의 자치 도시국가 사람들은 선거라는 것이 실은 특권층·기득권층의 영구적 집권을 위한 메커니즘이라는 것을 잘 이해하고 있었다. 그래서 그들은 국가사무에 종사할 사람들을 투표가 아니라 추첨으로 선출해야 한다고 생각하고, 실천했다. 그 결과 그들은 '자유인'의 삶을 향수할 수 있었다.

제비뽑기라는 무작위 선출 방법이 중요한 것은, 이 방법이야말로 대표자들이 사적 이해관계를 넘어 공익에 충실하도록 만드는 가장 확실한 제도적 장치이기 때문이다. 또한 이 방법을 통해서만 모든 시민이 정치의 주체가 되고, 자유인으로서 당당한 삶을 누릴 수 있기 때문이다. 지금은 정의와 양심의 정치가 절실한 때지만, 선거민주주의로는 그게 불가능하다는 사실을 우리는 냉정히 생각해볼 필요가 있다.(한겨레, 2014-9-12)

녹두장군이 꿈꾼 '됴흔' 나라

문: 그대가 경성에 쳐들어간 뒤 누구를 추대할 생각이었는가?
답: 일본군사를 물리치고 간악한 관리들을 몰아내어 임금 곁을 깨끗이 한 뒤 주춧돌처럼 믿음직한 몇 사람의 선비를 내세워 정치를 하게 하고, (나는) 시골로 돌아가 평상의 직업인 농사에 종사할 생각이었다. 그러나 국사를 한 사람의 세력가에게 맡기는 것은 큰 폐해가 있었음을 알기에 몇 사람의 명사(名士)들이 협의하고 화합하는 합의법에 따라 정치를 담당하게 할 생각이었다.

이것은 동학농민전쟁을 이끌었던 '녹두장군' 전봉준 선생이 체포되어 서울로 압송된 뒤 진행된 심문과정에서 일본영사와 나눈 문답 내용이다. 이 내용은 1895년 3월 6일자 〈도쿄아사히〈東京朝日〉신문〉에 '동학 수령과 합의정치'라는 제목으로 발표되었다.

시대상황을 고려하면, 전봉준 장군의 이 '합의정치' 개념은 놀랍다고 하지 않을 수 없다. 역사학자 김정기 교수의 말대로 "이 하잘것없어 보이는 몇 줄의 기사에는 조선의 정치를 뒤집을 폭발력이 내장되어" 있었다고 할 수 있기 때문이다. 더 놀라운 것은, 이런 새로운 통치체제 구상이 어떤 외래 사상에서 빌려온 것이 아니라는 사실이다. 그것은 자신이 그 충실한 일원이었던 유교사회의 민본주의 이념과 부패한 정치현실에 대한 근원적 성찰을 통해서, 또 무엇보다 그 현실을 타개하기 위한 처절한 투쟁을 통해서 획득한 예지의 산물이었다.

부패하고 무능한 지배층과 외세의 침략에 맞서서 나라를 구하기 위해 궐기했던 갑오동학농민전쟁은 세계사에서도 유례가 없는 뛰어난 사상적 운동·투쟁이었다. 물론 이 싸움의 결과 수십만의 민초들이 살육을 당했고, 나라는 망국의 길로 빠져들어갔다. 그런 점에서 동학농민전쟁은 실패한 운동이지만, 그러나 결코 헛된 운동이 아니었다. 그것은 민초들의 참혹한 희생과 피눈물을 통해서, 민중이 주인으로 사는 세상, 즉 정말로 '됴흔' 나라란 어떤 나라인지, 그 정치는 어떠해야 하는지를 명확히 말해주었기 때문이다.

요약하자면, 전봉준 장군 심문 기록에 드러난 국가체제 구상의 핵심은, 지방은 (실제 동학혁명 당시 전라도에서 광범하게 시행된 것과 같은) '집강소' 체제에 의한 철저한 자치, 그리고 중앙은 '합의정치'에 의한 독재의 배제였다.

동학혁명 이후 120년 동안 우리는 엄청난 역사적 격변을 겪으며 우여곡절 끝에 소위 근대국가의 외양을 갖추고 근대적 산업을 일으키면서 제도상의 민주주의를 운영해왔다. 그러나 슬프게도 가장 중요한 역사적 과제는 아직 미실현 상태이다. 동학농민들이 피눈물로 염원했던 '됴혼' 나라로부터 우리는 여전히 멀리 떨어져 있기 때문이다. 만약 동학의 지도자와 농민군들이 살아서 되돌아와 지금 이 나라를 본다면 어떤 기분일까?

다른 것은 그만두고, 세월호 문제에 대응하는 오늘의 한국 정치는 절망적이라는 말로써밖에는 표현할 수 없다. 세월호 참사는 국가의 존재 그 자체를 의심케 하는 일대 역사적 재난이었다. 그러나 사고 이후 다섯 달이 지난 지금 우리는 세월호 사고 그 자체보다도 더 끔찍한 상황에 처해 있다. 세월호 진상 규명 방식을 둘러싸고 벌어지고 있는 실로 허망하고 무익한 정치적 소동 때문이다.

지금 집권세력은 국가의 계속적인 존립을 진정으로 원한다면 자신의 과오를 뼈아프게 인정하고 성역 없는 조사에 적극 협력해야 할 절대적인 도덕적 의무가 있다. 그런데도 그들은 온갖 억지논리로써 적당히 이 상황을 넘어가기 위한 술책을 부리기만 하고, 이에 대항해야 할 야당은 무능과 어리석음만을 보여준 끝에 드디어 자멸적인 분열과 혼돈 상태로 추락하고 말았다. 어느 쪽도 정치란 무엇인지 최소한의 안목도 책임

있는 자세도 보여주지 못하면서 말이다. 그리하여 사실상 이 나라의 정치는 지금 작동 불능 혹은 부재 상태이다.

이 상황에서 정치가들이 끝없이 비난을 당하고, 정치 자체가 혐오의 대상으로 전락한 것은 당연하다고 할 수밖에 없다. 그러나 잘 생각해보면, 이러한 정치다운 정치의 실종은 반드시 정치가들 자신의 잘못으로만 돌릴 수는 없다. 물론 정치가들의 자질도 중요하지만, 기본적인 것은 역시 정치시스템이라고 할 수 있다. 시스템이 근본적인 결함을 내포한 이상, 설령 유능하고 정의로운 정치가일지라도 실제로 효과적인 힘을 발휘할 수 있는 범위는 크게 제약을 받기 때문이다.

다 알다시피 오늘날 한국정치의 근본문제는 모든 권력을 대통령이 독점하는 구조로 설계돼 있다는 데에 있다. 지금 이 나라는 민주공화체제라면 반드시 작동해야 할 견제와 균형의 원리가 거의 완전히 붕괴된 상태이다. 국회의원은 국민에 의해 직접 선출된 '헌법기관'임에도 여당 의원들은 오로지 대통령의 뜻을 받드는 것을 자신들의 의무라고 생각하고 있고, 검찰은 말할 것도 없지만 사법부조차 대통령의 눈치를 살피느라고 조심스러운 기색이 역력하다. 이것이 바로, 군사독재정권과 싸워서 민주화를 쟁취한 지 25년 이상이 된 지금 현재 한국 민주주의의 현실이다. 왕조 말기 동학농민군이 궐기하지 않을 수 없었던 상황과 본질적으로 달라진 게 무엇인지 알 수가 없는 정치현실이라고 하지 않을 수 없다.

지금 세계는 상투적인 국익논리나 성장, 개발 따위 시대착오적인 가치관으로는 더이상 미래를 열어갈 수 없는 엄중한 역사적 전환기에 처해 있다. 이 상황에 슬기롭게 대처하려면 과거 어느 때보다도 합리적인 정치가 필요하다는 것은 말할 필요가 없다. 합리적인 정치란 한마디로 공공의 정신에 충실한 정치이다. 그리고 그것은 국민과 정치가들의 활발한 토의와 대화를 통한 의사결정 과정으로만 성립할 수 있다.

결국, 전봉준 장군이 구상했던 자치와 합의의 정치만이 합리적이고 건강한 정치를 보장할 수 있는 것이다. 오로지 최고 권력자 개인의 인간적 자질과 품성과 능력에 정치적 의사결정이 거의 전적으로 의존해 있는 시스템이 얼마나 무책임한 정치, 어리석은 국가운영을 초래할 수 있는지 지금 우리는 매일 매일 끔찍하게 실감하고 있다. 우리는 정치가들 개개인을 비난하기 이전에 먼저, 이 의롭지 못한 허망한 정치의 구조적 원인을 제거하기 위한 작업을 서두르지 않으면 안된다.

그러기 위해서 먼저 우리는 120년 전으로 되돌아가 전봉준 장군의 국가체제 구상을 깊이 음미해볼 필요가 있다. '합의정치'와 집강소 중심 지방자치 체제를 구상하고, 그 일부는 실행도 했던 녹두장군의 정치사상은, '됴흔' 세상을 꿈꾸는 사람들 모두의 영감을 자극하는 사상적 원점이 되기에 모자람이 없다. (경향신문, 2014-9-18)

희망의 정치, 개헌, '시민의회'

"인민은 자신이 자유롭다고 믿는다. 그러나 그것은 심각한 착각이다. 그들은 선거기간 동안만 자유로울 뿐이다. 선거가 끝나면 그들은 다시 노예가 된다." 이것은 250년 전에 루소가 했던 유명한 말이다. 지금 우리들에게 이 오래된 루소의 명언보다 더 실감나는 말이 있을까?

선거기간 중 '경제민주화'를 실현하겠다, '100퍼센트 국민대통합'을 지향하겠다, '국민행복시대'를 열어가겠다 등등, 매우 듣기 좋은 말들을 되뇌며 몸을 낮춰 다가올 때, 많은 유권자들은 긴가민가하면서도 이 모든 약속들이 죄다 헛소리가 될 것이라고는 생각하지 않았다. 더군다나 이것들은 '원칙과 신뢰'의 인간이라는 강한 자부심을 갖고 있다는 후보가 제시하는 약속이 아닌가? 선거용일 것이라는 의심이 없지 않음에도 불구하고, 그게 완전히 거짓말로 끝날 것이라고 믿기는 실제로 어려웠다.

세월호 문제만 해도 그렇다. 대통령이 유가족들에게 연민과 동정을 표하며 눈물로 사과하고, 철저한 진상규명을 공언했을 때, 이것은 엄청난 재난에 대해 근본적인 책임이 있는 최고위직 공직자로서의 당연한 자세로 우리 모두는 이해했다. 그러나 놀랍게도, 잠깐 사이에 대통령의 태도는 완전히 달라졌다. 유가족에게는 냉담해졌고, 진상규명에 관해서는 그것을 원천적으로 차단하는 '지침'을 내려버렸다. 그러고는 자신에 대한

'모독'이 도를 넘었다면서 시민들의 자유로운 의사표현과 비판적인 여론을 억누르는 광범한 감시체제를 강화하고 있다.

왜 이렇게 태도가 표변해버렸을까? 두말할 것도 없이, 지방선거와 보궐선거에서 집권세력이 이겼고, 이제 당분간 선거가 없으니 '어리석은 백성들'의 눈치를 보고 환심을 사야 할 필요가 없어졌기 때문이다.

하기는 선거 때의 약속이 선거 후에 헌신짝처럼 버려지는 정치판의 악습은 어제오늘의 일이 아니다. 어쩔 수 없는 정세 변화 혹은 객관적 현실의 제약 때문인 경우도 없지는 않겠지만, 근본적으로는 현대 대의제 정치가 거짓과 속임수를 기반으로 하는 그 본질을 갈수록 감추기 어려워지기 때문이라고 할 수 있다. 전에 대통령에 당선된 직후 공약 실천 문제에 관해 했다는 이명박의 말, 즉 "선거 때는 무슨 말인들 못 하랴"라는 발언은 이런 현실을 가장 '정직하게' 드러낸 것이었다.

사실 이명박 정권은 극단적인 거짓과 기만, 술수로 일관했던 정권이기는 하지만, 예외적인 경우는 아니다. 어떤 의미에서 이명박 정권은 지금과 같은 대의제 민주주의 선거시스템의 필연적인 결과인 타락과 부패 혹은 무능과 무책임의 정치를 가장 노골적으로 드러낸 경우라고 할 수 있을 뿐이다.

생각해보면, 오늘날 우리가 겪는 거의 모든 고통과 억울함, 불행과 갈등, '희망 없음의 느낌'은 본질적으로 정치가 올바르게 작동하지 않기 때문이다. 올바른 정치란 기본적으로 사회적 정의의 실현에 이바지하는 정치일 것이다. 정의가 실현되거나 혹은 적어도 정의의 실현이 가능하다는 믿음이 살아있는 사회라야 건강한 사회, 희망이 있는 사회라고 할 수 있다. 그리고 무엇보다도 정의의 실현 없이는 안정되고 평화로운 사회 자체가 성립 불가능하다. 프란치스코 교황의 말을 빌리지 않더라도, 정의는 평화의 근본 전제조건이기 때문이다.

그러나 문제는, 오늘날 이 나라의 정치(나아가 세계의 주류 정치)가 평화는 정의가 아니라 군대와 경찰, 정보기관과 검찰, 그리고 전자감시망으로 보장된다고 생각하는 사람들에 의해 압도적으로 장악되어 있다는 사실이다. 정치가들이 이렇게 생각하고 있는 한, 정치다운 정치의 실종은 불가피하고, 따라서 정말 평화로운 세상은 점점 멀어질 수밖에 없다.

그런데 왜 이렇게 주류 정치가들은 평균적 시민의 상식에도 못 미치는 이런 어리석은 생각으로 문제 해결은커녕 분쟁과 갈등을 조장하고, 갈수록 세상을 위험에 빠뜨리는가? 간단히 말하면, 그것은 오늘의 선거제도, 그리고 그것을 기초로 한 정당정치의 기본구조 때문이라고 할 수 있다. 특히 소선거구제 단순 다수표로 당선을 결정하는 선거제도 밑에서는 '극장정치'에 능란한 인간, 명망가, '귀족' 혹은 재력가(혹은 재력가의 후원을 받는 자)가 아닌 이상, 건전한 상식과 판단력을 지닌 보통 시민이 민중의 대표로 선출될 수 있는 기회는 극히 희박하고, 설령 정치판으로 들어간다 하더라도 역량을 충분히 발휘할 수 있는 구조가 아니라는 것은 우리가 잘 알고 있는 사실이다.

이런 기본적인 모순을 잘 알고 있으면서도 우리들 대부분은 이런 선거제도, 이런 정당정치를 혁파하지도 못하고, 혁파해야 한다는 생각도 별로 하지 않은 채 그저 비통한 심정으로 불의(不義)가 횡행하는 세상에서 고통과 슬픔의 나날을 참고 지내고 있다.

그러나 결국 정치가 올바르게 기능하지 않으면 아무것도 안 될 뿐만 아니라 우리 자신이나 다음 세대를 위해 희망적인 전망을 가질 수 없다는 것은 너무나 분명하다. 그러므로 우리는 지금 매일매일 우리 눈앞에서 벌어지는 개별적인 이슈들에 치열하게 대응하는 것도 필요하지만, 그 이상으로 지금과 같은 엉터리 정치의 구조적 원인을 규명하고, 그것을 광정(匡正)하기 위해 전력을 기울일 필요가 있다.

우리는 지금 부질없는 파당적 분쟁에 골몰해 있을 때가 아니다. 사실 좌우, 보혁 다툼은 이미 시대착오적인 것이라고 할 수 있다. 남북문제는 말할 것도 없고, 기후변화와 에너지, 자원 문제, 경제사회적 불평등 등등, 지금 우리가 직면한 엄중한 상황은 그러한 낡은 대결의 논리로는 전혀 대응할 수 없는 성질의 것이다. 이 상황은 오직 사회 속에 숨어 있는 최량의 지혜를 결집함으로써만 극복 가능하다고 할 수 있다.

그러자면 무엇보다 선결돼야 할 것은, 지금과 같은 엉터리 정치, 독선적 정치를 원천적으로 차단하는 구조를 만드는 일이다. 즉 헌법과 선거제도를 진정으로 '민주공화국'의 정신에 부합하도록 고쳐야 한다. 그러나 주의해야 할 것은, 이 작업을 다음 선거에서의 유불리에 부심하는 국회의원들과 직업 정치꾼들에게 맡겨서는 절대로 안된다는 사실이다. 새로운 헌법과 선거법은 능동적인 시민들로 구성된 '시민의회'가 주체가 되어 만들지 않으면 안된다. (경향신문, 2014-10-16)

삼척 주민투표, 국민주권, 개헌

10월 초 삼척에서 원전 유치 문제를 둘러싸고 실시된 주민투표는 이 나라 민주주의의 역사에서 매우 중대한 의의를 갖는 사건으로 기록되기에 충분하다. 이 주민투표는 삼척 지역(결국은 우리나라 전체)의 오랜 현안을 가장 합리적으로 해결하는 방법이자 동시에 지금 급속히 쇠퇴하고 있는 민주주의를 회생시킬 수 있는 가능성을 분명하게 보여주었다.

그런데도 이상하게도 언론매체들은 이 중요한 사건에 별로 주의를 기울이지 않고 있다. 주류 언론들은 그렇다 치고, 비주류 '진보' 언론들도 이 문제의 정치적·역사적 중요성을 심각하게 인식하고 있는 것 같지는 않다. 오늘날 우리들이 개인적으로나 사회적으로 겪고 있는 고통의 대부분이 본질적으로 집권세력에 의한 민주주의의 훼손이라는 문제와 직결돼 있다는 것을 생각하면, 비주류 언론들의 이러한 '무심함'은 심히 유감스럽다고 하지 않을 수 없다.

그러나 가장 개탄스러운(혹은 우스꽝스러운) 것은 정부의 태도이다. 원자력 확대 정책을 그만둘 생각이 없는 정부가 삼척 주민투표에 우호적이지 않다는 것은 처음부터 분명했다. 하지만 아무리 맘에 들지 않는다 하더라도 국가적 위신을 생각한다면 공명정대한 자세를 취하는 게 순리이다. 그런데 정부는 원전 건설 문제는 '국가사무'이기 때문에 주민투표의 대상이 될 수 없다는 해괴한 논리를 내세워 삼척시의회가 만장일치로 결의한 주민투표를 거부했고, 시민들의 자발적인 힘으로 어렵게 실현된 주민투표 결과를 받아들이지 않겠다는 완고한 입장을 고수하고 있다.

물론, 우리는 원전 확대 정책을 계속 밀고 가려는 정부시책이 과연 옳은 것인지 먼저 따져야 한다. 그러나 그에 못지않게 혹은 그 이상으로 따져봐야 할 것은 주민투표를 대하는 정부 혹은 집권세력의 기본자세이다. 지역 의회가 만장일치로 결정하고, 지역주민들이 온갖 비용을 자담하여 이뤄낸 주민투표를 매우 형식적인 법절차를 내세워 불법시하고, 그 결과를 받아들이지 않겠다고 강변하는 것은 과연 이 정부가 헌법을 존중하는 정부인지 근본적으로 묻지 않을 수 없게 한다. 대한민국은 어디까지나 주권이 국민에게 있음을 천명하고 있는 헌법에 기초한 나라이다. 그렇다면 국가 혹은 지역의 중대사에 관한 최종적인 의사결정권은 누구에게 있는지 자명한 것 아닌가?

원전 건설 문제는 '국가사무'라고 정부는 말한다. 그런데 그런 '국가사무'가 지역민들의 삶에 중대한 영향을 미치는 게 분명할진대 어째서 지역민들의 의견은 무시해도 좋다는 것인가? 이번 일에 관련해서 또하나 꼭 짚어야 할 것은, 선거관리위원회의 직무유기적 자세이다. 선거관리위원회란 민주주의를 지킨다는 명분으로 존재하는 국가기관이다. 그런데 삼척선관위는 자신의 권한 사항인데도, 시의회가 결의한 주민투표 실시가 합법적인 것인지를 중앙정부의 판단에 맡기는 매우 무책임하고 졸렬한 행태를 보여주었다. 그럼으로써 선관위라는 것도 결국 집권세력의 이해관계에 따라 움직이는 매우 보잘것없는 어용기관임을 스스로 고백한 꼴이 되고 말았다.

삼척 주민투표에 대한 정부와 국가기관의 반응을 보면, 대한민국이 과연 민주공화국이라고 부를 수 있는 나라인지, 왜 이렇게 되었는지, 서글픈 생각을 억제할 수가 없다. 그런데 이처럼 국가권력 자신은 헌법과 민주주의를 근본적으로 부정하면서 무슨 염치로 법치국가 운운하면서 국민들더러 법을 지키라고 하는가?

아마도 그것은 자신들이 선거를 통해서 선출된 합법적 권력이라고 생각하기 때문일 것이다. 대의제 민주주의란 한시적으로 국가운영의 책임을 국민들의 대표자(들)에게 맡겨놓은 정치시스템이다. 그러므로 선출된 대표들은 '자유롭고 공정한' 선거를 거친 이상 자신들의 권력행사는 '민주적 정당성'에 입각해 있다는 믿음을 가지고 있을 것이다.

그러나 잘 생각해보자. 과연 오늘날 선거라는 것이 정말 '자유롭고 공정한' 선거라고 할 수 있는가? 불행하게도, 우리는 지금 선거라는 것이 사실상 기득권세력의 영구 집권을 가능케 하는 한낱 형식적인 메커니즘일 뿐이라는 것을 너무도 잘 알고 있다. 이렇게 되는 것은 당연하다. 왜냐하면 대체로 선거란 관련 정보를 충분히 숙지한 유권자의 이성적인 판단에 근거한 투표로 이뤄지는 게 아니기 때문이다. 오늘날의 정치는 한마디로 '극장정치'이다. 즉, 유권자들의 판단은 대부분 미디어를 통해 자주 접한 얼굴들과 그들의 이미지에 의해 좌우되기 쉽다. 따라서 이미지 조작에 능한 자들, 즉 기성의 권력기구와 미디어를 장악하고 있는 기득권세력은 ─ 명백한 부정을 저지르지 않고도 ─ 선거판을 얼마든지 자신들에게 유리한 방향으로 이끌어갈 수 있다. 그러므로 오늘날의 선거가 '자유롭고 공정한' 선거라고 말하는 것은, 아무리 농담이라 해도 지나친 농담이라고 하지 않을 수 없다.

하기는 선거의 근본적인 한계, 혹은 선거의 '공허함'은 이미 여러 선각자들에 의해 빈번히 지적돼왔다. 예를 들어, 미국 작가 마크 트웨인은 일찍이 "선거로 진정한 사회변화가 가능하다면, 선거는 벌써 불법화되었을 것이다"라고 통렬히 야유했지만, 이것은 실은 오늘날 세계의 지성들에 의해 널리 공유되고 있는 생각이다.

문제는 결국 선거라는 게 이처럼 '민주적 정당성'을 뒷받침하는 근거로서는 심히 박약하다는 사실이다. 이 점에서 보면, 삼척 주민투표는 일반적인 선거에 비교할 때 매우 견실한 민주적 정당성을 획득한 투표였다. 왜냐하면 원전 건설 문제는 수십 년간 지역민들 사이에서 초미의 관심사가 되어왔고, 따라서 주민들은 문제를 충분히 숙지한 상태에서 투표에 임했기 때문이다. 그런 점에서 통상적인 선거판과는 달리 이것은 보다 성숙하고 실질적인 민주주의의 실천 형태, 즉 '숙의(熟議)민주주의'의 발현이었다고 할 수 있다.

게다가 단순히 투표율과 투표 결과를 가지고 보더라도 삼척 주민투표는 민주적 정당성이라는 측면에서 통상의 선거결과를 압도하고 있다. 즉, 이번 삼척 주민투표율은 70퍼센트에 육박했고, 투표 결과 확인된 원전 유치 반대표는 거의 85퍼센트에 이르렀다. 그러니까 이것은, 예를 들어 투표율 60퍼센트, 지지율 50퍼센트 정도로 당선된 대통령이 누릴 수 있는 수준보다 월등한 민주적 권위를 인정받아 마땅한 결과라고 할 수 있다.

삼척시민들은 불리한 여건에서도 주민투표를 결행함으로써 나라의 주인이 누구인지를 명확히 천명했다. 갈수록 인권과 민주주의가 심각하게 유린되고 있는 오늘의 상황에서 만들어낸 빛나는 업적이라고 하지 않을 수 없다. 이런 업적은 궁극적으로 나라와 사회를 견실하게 만든다. 그런데도 이것을 무시하고 짓밟는다면, 국가권력은 스스로 고립을 자초하고 국민의 적이 될 수밖에 없을 것이다.

지금 이른바 정계와 언론에서는 개헌 이야기들이 심심찮게 나오고 있다. 여론도 개헌을 지지하는 쪽이 우세한 듯하다. 아마도 우리들 대부분이 민주적 리더가 아니라 파쇼적 지배자로 군림하기 쉬운 제왕적 대통령제의 폐해를 절감한 탓일 것이다. 그러나 권력 분산을 위한 개헌 못지않게 시급한 것은 어떻게 민주주의를 살리고, 민중권력을 강화할 것인가 하는 것이다. 따라서 가령 국민발의권과 국민소환제 등을 도입하고, 비례대표제 확대를 위한 선거제도의 혁신이 긴급하다고 할 수 있다. 그러지 않는 한, 권력구조 개편에 관계없이 대다수 국민이 정치로부터 소외되는 과두지배체제는 여전히 계속될 것이다. 지금 우리에게 닥친 것은 새롭고도 해묵은 숙제, 즉 자유시민으로 살 것인가, 노예로 살 것인가 하는 문제이다. 그러므로 개헌이야말로 시민사회가 능동적으로 대응하지 않으면 안되는 문제라고 할 수 있다. 삼척시민들이 보여준 시민적 능동성을 우리는 본받을 필요가 있다. (한겨레, 2014-11-7)

'모욕 속의 삶'에서 해방되려면

후쿠시마 사태 이후, 많은 일본 시민들은 '핵 없는 세상'을 절규하며, 정부에 원자력정책의 변경을 요구하는 크고 작은 시위를 계속해왔다. 그 시위에 참여한 시민들의 발언 중에서 가장 인상적인 것의 하나는 노벨상 수상 작가 오에 겐자부로(大江健三郎)의 말이었다. 그는 엄청난 원자력 재해를 겪고도 기존 원자력정책을 완고하게 밀고 가려는 정부와 지배층의 태도에 절망하고, 그것을 "우리는 모욕 속에서 살고 있다"는 말로 표현했다.

나는 오에 겐자부로를 별로 중요한 작가라고 생각하지 않았다. 그러나 그가 반핵시위에 적극 참여할 뿐만 아니라 시위대 앞에서 이런 발언을 했다는 사실 하나로 그를 다시 보지 않을 수 없게 되었다. 왜냐하면 이 발언은 오늘날 일본을 비롯해서 한국, 나아가 세계의 지식인, 작가, 예술가들이 느끼는 심적 고통을 가장 핵심적으로, 가장 간명하게 드러낸 말이라고 생각되기 때문이다.

실제로 지금 세상 돌아가는 것을 보면, 조금이라도 생각을 하고 사는 사람들로서는 '모욕감'을 느끼지 않을 수 없는 나날의 연속이다. 특히 '말'을 가지고 먹고사는 지식인들에게 가장 참을 수 없는 것은, 합리적인 언어와 생각이 끊임없이 경멸을 당하고, 전혀 이치에 닿지 않는 말들이 압도적으로 난무하는 현실이다.

생각해보라. 후쿠시마 사태는 얼마나 가공할 핵 재해인가. 지금 당장은 아니라도 앞으로 망가질 사람들이 속출할 게 아닌가. 뿐만 아니라 사고 원전의 수습은 속수무책인 채, 땅과 바다는 방사능으로 돌이킬 수 없이 오염되고 있다. 이 상황은 언제까지 계속될지 기약도 없다. 그런데도 (일본뿐만 아니라 한국에서도) 기득권층과 정부와 주류 미디어는 아무 반성의 기미도 없이 원자력 이외에 대안은 없다는 입장만 고집하고 있다. 대안에너지와 생태적 생활방식으로 전환함으로써 '핵 없는 세상'을 얼마든지 만들 수 있음을 많은 지식인, 과학자,

탈핵운동가들이 구체적인 시나리오를 가지고 아무리 논리적으로 설명해도, 힘 있는 자들은 들으려 하지 않는다. 탈핵의 논리가 불합리하거나 현실성이 없기 때문이 아니다. 그들도 탈핵의 논리가 옳다는 것을 모를 리가 없다. 그럼에도 경청하지 않는 것은, 말할 것도 없이, 기왕의 원자력체제 덕분에 누리고 있는 그들 자신의 권세와 지위와 부를 포기하고 싶지 않기 때문이다.

우리는, 합리적인 언어와 생각이 아니라 기득권세력의 억지 논리가 나라의 중대사를 결정하는 이 터무니없는 '모욕적인' 상황을 언제까지 두고 봐야 할 것인가.

원자력문제는 한 가지 예에 불과하다. 세월호 사태에 대한 반응을 통해 우리는 책임질 줄 모르는 권력의 모습과 기득권세력의 뿌리 깊은 부도덕성, 비인간성을 너무도 똑똑히 보았다. 그리고 그들은 이제는 또 광범한 시민적 합의를 통해 어렵게 도입된 '무상급식'을 자신들의 공약 사항이 아니라며 허물어뜨리려 하고 있다('경제민주화'라는 핵심 공약을 내팽개친 것에 대해서는 일언반구도 없이). 아무리 몰상식한 정치라 하더라도 기왕에 시행하던 프로그램, 그것도 나이 어린 학생들의 밥에 관한 것을 중단시키고 싶다면, 합당한 설명이 있어야 한다. 엄청난 무기를 사들일 돈은 있고, 아이들 밥 먹일 돈은 없다는 게 말이 되는가.

그러나 이런 상황에 대해 우리가 한탄만 하고, 권력자들을 비난하고, 질 낮은 정치에 대한 혐오감만 표출하고 있을 수는 없다. 무엇보다, 그래봤자 아무 소용이 없기 때문이다. 우리가 비난을 하고, 비판을 한다고 해서 정치판의 꼼수가 사라지고, 권력자들의 자질과 생각이 달라질 가능성이 있는 것도 아니다. 선거구 조정이 필요하다는 헌법재판소의 결정이 나오자마자 농촌 지역구 국회의원들의 허둥대는 모습은 이른바 '정치인'들의 관심은 첫째도 둘째도 그냥 권력의 자리를 지키고자 하는 것임을 명확히 드러내고 있다. 지금 우리 농촌과 농민은 정부가 광적으로 밀어붙이는 '자유무역협정'들로 인해 완전히 파국에 직면해 있다. 그런데 그 농촌 지역구 의원들은 농민을 보호하기 위해 치열하게 싸워본 적이 있는가? 그런 '정치인'들이 선거구 변경으로 자신의 입지가 위태로워지지 않을까, 안절부절 노심초사하고 있는 정경은 가증스럽기보다 희극적이라고 하지 않을 수 없다.

그러나 결국 근본문제는, 정치인 혹은 권력자들의 개인적 자질이 아니다. 우리가 잊지 말아야 할 것은 현재의 선거제도와 그것에 기반을 둔 대의제 정치시스템 속에서는 양심적이고 정의로운 정치가 구조적으로 불가능하다는 사실이다.

대부분의 사람은 정말 '좋은 나라'에서 잠시라도 살다가 죽고 싶어 한다. '좋은 나라'란 별게 아니다. 합리적인 말과 상식이 통하는 사회이다. 그런데 그런 나라를 위해 시급한 것은, 지금과 같이 돈과 조직과 혈연, 지연, 학연 따위의 음성적인 연줄, 그리고 무엇보다 부패한 기득권세력의 도움 없이는 절대로 이길 수 없는 선거제도의 근본적인 혁파이다. 오늘날의 선거제도는 지배층의 영구적 권력 유지를 돕는 메커니즘일 뿐이라고 해도 과언이 아니다. 물론 이 지배층에는 야당 정치인들도 당연히 포함된다. 여야를 막론하고 정치인들의 최우선적인 관심사는 자신의 특권적인 신분의 영속적인 유지라는 것은 엄연한 사실이다.

그러니까 결국 의지할 곳은 우리 자신뿐이다. 이 점에서 우리는 지금 정치판에서 이야기되고 있는 개헌문제에 예민해질 필요가 있다. 이대로 가면, 개헌은 또다시 여야 정치인들 사이의 주고받기 놀음으로 끝나게 될 것이다. 그렇다고 해서 우리가 개헌 자체를 반대하는 것은 어리석은 짓이다. 개헌은, 지금과 같이 꽉 막혀 있는 위기상황을 타개하기 위한 최적의 방책이 될 수 있다는 점을 간과해서 안된다. 예를 들어, 2008년 세계적 금융위기로 사실상 국가적 파산에 직면했던 나라들, 예컨대 아이슬란드와 아일랜드가 그랬던 것처럼 말이다.

그런데 여기서 절대로 양보해서는 안될 것은, 개헌 작업의 주체가 기성의 정치가들이 아니라 시민들이어야 한다는 사실이다. 아이슬란드와 아일랜드에서는 제비뽑기로 선출된 시민대표들이 장기간 주말마다 모여 전문가들의 도움 속에서 선거제도와 헌법을 어떻게 고칠 것인가를 토론하고 합의하는 과정을 진행했고, 그럼으로써 보통의 시민들이 정치의 주체가 되는 민주주의의 강화만이 세상을 살리는 길임을 다시금 깨우쳐 주었다. (경향신문, 2014-11-13)

'깊은 민주주의'가 세상을 살린다

세상 돌아가는 꼴이 말이 아니다. 세월호 사태의 충격에도 불구하고 생명보다 돈을 중히 여기는 풍조는 조금도 변화의 기미를 보이지 않고, 온갖 불의와 부조리, 비이성과 몰상식이 활개를 치는 사회는 갈수록 자정기능을 잃고, 병들어 썩어가고 있다.

이 상황에서 무엇보다 가장 심각한 문제는, 이 모든 사회적 부패와 병리 현상에 대하여 최종적인 책임이 있는 '정치'가 지금 완전히 기능부전 상태에 빠져 있다는 사실이다. 전체 근로소득자의 절반 이상이 기아임금을 받고, 자살률은 산업국가 중 최고인 데다 젊은이들은 결혼도, 가정을 꾸리는 일도, 아예 엄두를 내지 못하고 있는 게 지금 이 나라 '국민'의 생활 실태이다. 그런데도 이런 문제는 이 나라 통치자들의 눈에는 보이지 않는 모양이다. 그러기에 그들은 점점 심해지는 실업과 비정규직 문제에 대한 해법이랍시고 정규직을 보다 쉽게 해고할 수 있는 터무니없는 방안을 내놓고 있는 게 아닐까.

소위 야당 정치가들도 별로 다르지 않다. 그들은 지금 '경제민주주의'의 절박성을 모르지 않을 것이다. 그런데도 그들은 제대로 싸울 생각을 하지 않는다. 뿌리 깊은 무능 탓인지, 의지가 없는 탓인지 정확히 알 수가 없다. 그러나 따져보면, 근본적인 이유는 민주주의에 대한 신념의 부족 때문일 것이다. 사실, 여야를 막론하고, 지금 정치가들은 '정치가계급'이라는 새로운 계급을 형성하여 거기에 안주하고 있음이 분명하다. 그들에게는 자신의 특권적인 지위의 영속화 이외에는 별로 관심이 있는 것 같지 않다.

이런 '국민' 없는 국가라는 기묘한 상황이 계속된다면 어떻게 될까? 일찍이 소비에트사회주의권이 붕괴했을 때 〈역사의 종언〉이라는 논문으로 '자유민주주의' 체제의 최종적인 승리를 논했던 프랜시스 후쿠야마는 몇해 전 내놓은 《정치질서의 기원》에 이어 최근에는 《정치질서와 정치의 쇠퇴》(2014)라는 저서를 출판했다. 이 저술들에서 그는 자유민주주의라는 제도도 계속적인 자기갱신을 하지 못한다면 결국은 쇠퇴, 자멸한다는 논리를 펴고 있다. 그리하여 그는 그동안 민주체제를 대변해온 미국의 정치질서도 지금 심각한 쇠퇴 국면에 놓여 있다고 지적한다.

오늘날 '민주정치'가 쇠퇴하고 있는 근본원인은 무엇인가. 말할 것도 없이, 대의제 정치가 공공선이 아니라 자본과 기업의 이익을 무엇보다 앞세우며 하수인으로 전락했기 때문이다. 그 결과, 지금 민주주의란 허울뿐, 어디서나 압도적인 것은 금권과두정치이다. 이런 상황에서는 아무리 선거를 하고 투표를 한다 하더라도 상황이 개선될 가능성은 없다. 왜냐하면 오늘날 자본의 이익에 반하는 의지나 계획을 가진 개인이나 정당이 권력을 장악할 가능성은 제로라고 할 수 있기 때문이다.

근본적인 문제는, 선거를 통해 민의를 묻는 대의제 민주주의가 지금은 작동 불능 상태라는 사실이다. 선거에 이기기 위해서는 국민을 향해서 (집권 후 쉽게 뒤집어버릴) 거짓말을 할 수밖에 없게 된 정치풍토에서 '책임 있는 민주정치'란 언어도 단이다.

프랜시스 후쿠야마가 최근 저서들에서 제시하는 모범적인 자유민주주의 체제가 있다. 그는 그것을 '덴마크'라고 부른다. 이 경우, 덴마크는 현실의 특정 국가라기보다 "번영을 누리고, 민주적이고, 안전하며, 잘 통치되고, 부패 정도가 낮은" 상상의 나라이다. 그러나 비록 상상의 장소라지만, 굳이 '덴마크'라는 이름으로 성숙한 민주주의를 묘사한 데에는 그만한 근거가 있다고 해야 할 것이다.

후쿠야마의 의도가 무엇이든, 덴마크를 하나의 모범국가로 제시한 것은 자연스럽게 생각된다. 지난 몇해 동안 나는 덴마크에 관한 자료와 문헌을 읽을 때마다 늘 감탄이 절로 나왔다. 덴마크가 단순히 세계 첫째의 복지국가라는 것 때문이 아니다. 덴마크는 한때 전쟁으로 완전히 폐허가 된 나라였지만, 자립적 정신과 협동적 능력을 기르는 광범한 민중교육과 협동조합 시스템을 구축하고, 그 바탕 위에서 복지민주국가가 된 나라이다. 그리고 중요한 것은, 덴마크인들에게 민주주의란 대의제가 아니라, 정치를 자주적으로 운영하는 것을 말한다는 점이다. 그들은 비단 국가 차원뿐만 아니라 생활의 온갖 영역에서도 대화와 토의를 통한 합의제 민주주의를 습관화하고 있다.

그중에서도 특기할 것은 '시민합의회의'라는 제도이다. 이 제도는 원래 1980년대 초에 핵발전소 건설 문제를 둘러싸고 격렬하게 벌어진 논쟁의 산물이다. 그 논쟁 중에서 덴마크 국민 다수는 원전 도입을 반대했고, 의회는 국민의 뜻을 따랐다. 그런데 덴마크가 좋은 나라인 것은, 찬반 두 의견 사이에 치열했던 논쟁으로부터 중요한 교훈을 얻었다는 점이다.

즉, 국가적 중대사를 결정해야 할 문제가 대두될 때 그것을 절도 있게, 가장 합리적으로 논의·결정할 제도적 틀을 만든 것이다. 그것이 '시민합의회의'이다. 예를 들어, 유전자변형농산물을 도입할 것이냐를 결정할 때 국민들의 숙고된 의사를 얻어내기 위해서 이 시민합의회의가 열린다. 대개 20명 정도로 구성되는 이 회의의 멤버들은 적극적인 관심을 가진 시민들 중에서 제비뽑기로 무작위로 뽑혀, 몇달 동안 주말마다 모여 해당 전문가들의 설명과 관련 자료들을 철저히 숙지한 다음, 국회의사당에서 공개리에 최종 결정을 내린다.

그런데 이 회의는 목사, 교수, 변호사, 택시운전사, 간호사, 환경미화원 등 다양한 신분의 시민들로 구성되는 게 상례이다. 재미있는 것은 이들의 결정이 대개 다수결이 아니라 전원 합의로 이루어진다는 사실이다. 투표가 아니라, 제비뽑기로 뽑혔기 때문에 그들이 특정 이해관계를 가진 자들의 영향을 받을 이유가 없다는 점을 생각하면 이것은 매우 자연스럽다. 특별한 이권, 이해관계가 걸려 있지 않은 이상, 사람은 합리적인 판단을 내리게 마련이다.

아직까지 덴마크에서도 이 시민합의회의는 과학기술과 관련된 문제에 국한해서 실시되고 있지만, 그 원리는 국가의 중대

사 전반에 걸친 의사결정 방식으로 활용해도 조금도 모자랄
게 없다. 아니, 제비뽑기에 의한 시민회의라는 '깊은 민주주
의'의 실천이야말로 민중의 집단지성이 왜곡 없이 반영되는
가장 합리적인 국가운영을 약속한다고 할 수 있다. (경향신문,
2014-12-11)

민주정치의 재생, 어떻게?

언제 어디에서 유래했는지 모르지만, 서양사회에서 꽤 널리
알려져 있는 우스개 이야기가 하나 있다. 어느 날 밤 경찰관이
거리를 순찰하다가 보니 술에 취한 한 남자가 가로등 불빛 밑
에서 뭔가를 열심히 찾고 있었다. 다가가서 뭘 하느냐고 묻자
잃어버린 열쇠를 찾는 중이라는 대답이었다. 경찰관은 그를
돕고자 자신도 열심히 찾아봤으나 도저히 찾을 수가 없었다.
그래서 열쇠를 잃어버린 장소가 여기가 확실히 맞느냐고 물었
다. 그러자 그 남자는 "아니요, 저쪽에서 잃어버렸어요"라며
좀 떨어진 어두운 곳을 가리켰다. 기가 막힌 경찰관이 "아니,
잃어버린 데서 열쇠를 찾아야지 여기서 찾고 있으면 어떡해
요?"라고 힐난하자 그 남자는 대답했다. "저긴 어둡잖아요. 이
쪽은 밝아서 잘 보이니까요."

오래전에 어디선가 처음 읽었을 때, 나는 이 이야기를 그냥

유쾌한 유머로 이해하며 웃고 넘겼다. 그러다가 최근에 어쩌다가 이 이야기가 기억났고, 이것은 단순한 유머가 아니라는 생각이 들었다. 열쇠는 딴 데서 잃어버리고, 엉뚱한 곳에서 열쇠를 찾고 있는 이야기 속 사내의 행동은 물론 어처구니없는 바보짓이다. 그러나 지금 우리는 이 술 취한 사내와 얼마나 다르게 행동하고 있는가? 한번 곰곰이 자문해볼 필요가 있다.

나 자신만 해도 그렇다. 부끄러운 얘기지만, 나는 몇십 년간 이런저런 글을 쓰면서 살아왔다. 하지만 나는 아직 한 번도 글을 쓰고 난 뒤에 개운한 느낌을 가져본 적이 없다. 사태의 정곡을 찌르지 못했다는 느낌, 미진하다는 느낌이 늘 수반되었다. 그런 결핍감을 해소하기 위해 다시 글을 쓰지만, 번번이 결과는 마찬가지다. 물론 내 천박한 지식과 모자라는 글재주에 일차적인 원인이 있을 것이다. 그러나 좀더 정확한 이유는, 문제의 본질에 맞부딪치고자 하는 고통스러운 노력 대신에 그저 상투적인 사고와 언어에 의지해서 안주해버리는 습성을 벗어나지 못하기 때문이라고 할 수 있다. 그리하여 비유컨대, 나는 성냥이든 라이터든 불을 밝혀 열쇠를 찾으려고 하지는 않고 가로등 불빛 밑에서 열쇠를 찾는 어리석은 사내와 별로 다르지 않게, 초점이 어긋난 글을 글이랍시고 써왔는지도 모른다.

그러나 내 어쭙잖은 글이야 그렇다 치고, 사회현실 혹은 정치적 현실로 옮겨 가면 전혀 차원이 다른 이야기가 된다. 거두절미하고 말한다면, 내가 보기에 오늘날 이 나라(그리고 이 세계)가 처한 근본적 위기상황은 무엇보다 이른바 권력엘리트들이 저 이야기 속의 술 취한 사내와 본질적으로 하등 다를 게 없는 방식으로 행동하고 있다는 데 기인한다. 지금 그들은 불이 난 집에 불을 끄려는 노력은 하지 않고 오히려 부채질을 하면서 그것을 '정치' 혹은 '국가운영'이라고 부르고 있다. 요컨대 완전히 미친 짓을 정치랍시고 하고 있는 것이다.

가장 한심한 것은 기후변화 문제에 대응하는 '정치지도자'들의 자세이다. 화석연료에 기반을 둔 산업시스템이 이대로 간다면 조만간 지구가 '거주 불가능한' 장소가 된다는 것은 이제는 누구도 부인할 수 없는 사실이 되었다. 해당 과학자들이 이 문제를 얼마나 심각하게 생각하느냐 하면, 가령 '가이아' 이론의 창시자 제임스 러브록은 세계의 정치가 급진적인 변화 없이 이대로 간다면 21세기 끝 무렵에는 지구상에 생존해 있을 인간은 현재의 1할도 안될 것이라고 예측하고 있다. 그리하여 그는 시급히 세계적인 '현인회의'를 구성하여, 말하자면 독재체제를 수립하자는 극단적인 제안을 내놓고 있다. 물론 현실성 없는 제안이지만, 사태가 심히 급박하다는 말일 것이다. 상황이 이런데도, 세계의 정치가, 권력자들은 어처구니없을 정도로 무책임한 반응을 보여주고 있다. 그들도 사태의 심각성을 전혀 모르는 건 아님이 분명하다. 최근 들어 기후변화 관련 국제회의가 뻔질나게 열리고 있는 것을 보면 그걸 알 수 있다. 하지만 그 회의들의 결론은 늘 같다. 즉, 다음번에 또 만나서 이야기하자는 것 이외에 아무것도 없는 것이다.

정치가들의 이런 극단적으로 무책임한 자세의 원인은 무엇인가? 말할 것도 없이, 그것은 오늘의 정치가 기업의 이해관계(그것도 매우 단기적인 이해관계)에 매달려 무엇이 옳고 그른지를 판단할 능력을 완전히 상실했기 때문이다. 지금 권력자들은 극소수 자본가, 대주주들의 끝 모를 탐욕을 위해 만인의 공유자산을 사유화하고, 사회적 약자들의 마지막 삶터와 생계수단까지 가차 없이 박탈하는 것을 정책이라는 이름으로 합리화하고 있다. 세상은 온통 힘없고 가난하고 억울한 자들의 한숨과 눈물, 탄식과 신음 소리로 가득 차 있는데도 말이다.

그런데 이러한 현실을 앞에 두고 여전히 많은 지식인, 학자, 언론인들은 공정한 선거를 통해서 정치가들의 '책임'을 묻는 민주정치가 실현 가능하다고 생각하고 있는 모양이다. 그러나 문제는 오늘날 공정한 선거라는 게 과연 있을 수 있는가 하는 것이다. 우리가 결코 잊지 말아야 할 것은, 아무리 잘 관리된 선거일지라도 선거는 기득권세력 혹은 기득권세력의 비호를 받는 자들이 아니면 이기는 게 거의 불가능한 정치놀음이라는 사실이다. 그러니까 선거란 기득권세력의 영구 집권을 위한 메커니즘에 불과한 것이라 해도 과언이 아니다.

그러면 진정한 민주정치의 가능성은 없는 것인가? 확실히, 지금과 같은 선거에 의한 대의제 민주주의 시스템으로는 그런 가능성은 없다고 할 수 있다. 지금 우리사회 일부에서 꽤 설득력을 얻고 있는 '비례대표제 확대'라는 아이디어가 현실이 되더라도 부분적인 개선은 있겠지만 근본적인 사태는 달라지지 않을 것이다(물론 부분적인 개선도 중요하다. 따라서 비례대표제 확대는 당면한 정치개혁의 과제로서 존중받을 가치가 있다).

　민주정치의 소생을 위한 근본적인 개혁은 역시 기득권세력의 집권을 영구적으로 보장하는 선거제도의 전면적 폐기 혹은 부분적인 수정 없이는 불가능할 것이다. 그리하여 예를 들어 기존의 국회 대신에 혹은 기존 국회와 나란히 별도의 '시민의회'를 구성하는 방법을 대안으로 생각해볼 수 있다. 그렇게 해서 국가의 중대사에 관한 최종적인 의사결정은 반드시 '시민의회'의 동의를 거치도록 할 필요가 있다. 그리고 여기서 중요한 것은 '시민의회'의 멤버들은 능동적인 시민들 중에서 무작위 제비뽑기를 통해서 선출해야 한다는 점이다. 기득권세력의 영향력에서 벗어나려면 투표가 아니라 제비뽑기를 해야 한다는 것은 조금만 깊게 생각해보더라도 쉽게 이해할 수 있다. 그리고 실제로 제비뽑기로 공직자를 뽑아야 한다는 생각은 고대 아테네, 로마공화국, 르네상스 시대 이탈리아 도시국가들에서의 보편적인 상식이었다. 일찍이 마키아벨리, 루소, 몽테스키외 등 제1급의 공화주의 내지 민주주의 사상가들이 공통하게 제비뽑기를 지지한 것도 그것이 민주정치의 불가결한 요소라고 보았기 때문이다.

　그러나 물론 선거제도의 발본적인 개혁을 통한 이러한 민주정치의 실현은 '민중권력'의 강화 없이는 불가능하다. 사실 지금처럼 이 나라의 통치세력이 민주주의의 토대를 갈수록 무너뜨리고 있는 것도, 사회적 약자들이 끝없는 멸시와 모욕을 당하고 있는 것도 따져보면 민중권력이 현저히 약해진 탓이다.

그러므로 긴급한 문제는 이윤 논리, 경쟁주의 논리가 압도하는 풍토에서 뿔뿔이 흩어진 개인들을 여하히 결집하여 '조직화된 민중권력'을 만들어낼 것인가 하는 것이다. 그러나 한편 생각하면 민중권력의 강화를 위해서는 '제비뽑기에 의한 시민의회'라는 아이디어를 사회 전체의 새로운 상식이 되도록 우리가 치열하게 싸우는 게 가장 효과적인 방법일지도 모른다. 그리고 그것이야말로 주권재민을 천명한 헌법정신에 매우 충실한 싸움일 것임은 말할 것도 없다. (한겨레, 2015-1-2)

'깊은 민주주의'의 또다른 예

한 달 전 이 난에서 나는 '깊은 민주주의가 세상을 살린다'라는 제목 밑에서 '깊은 민주주의'의 실천적 모범사례로 덴마크의 '시민합의회의'라는 제도를 소개했다. 내가 '깊은 민주주의'라는 용어를 사용한 것은, 오늘날 우리가 당연지사로 여기는 '선거에 의한 대표자 선출'이라는 제도가 기실은 선거를 통해서 기득권세력의 영구 집권을 가능하게 하는 메커니즘에 불과하다는 사실을 지적하고, 우리가 정말로 좋은 삶을 누리려면 일반시민이 명실상부한 정치의 주체가 되는 대안적인(혹은 새로운) 시스템을 긴급히 구축해야 할 필요성을 말하기 위해서였다.

사실 '깊은 민주주의'는 지금 세계 도처에서 갈수록 위축돼 가는 민주주의를 어떻게 소생시킬지 고민하고 모색하는 많은 사람들이 즐겨 쓰는 용어이다. 이 용어가 널리 쓰이는 것은 말할 것도 없이 오늘날 민주주의의 대명사가 돼 있는 대의제 민주주의가 엄밀히 따지자면 '얕은 민주주의', 즉 허울뿐인 민주주의라는 비판적 성찰 때문이다.

대의제 민주주의를 뒷받침하는 정당성의 근거는 '공정하고 자유로운 보통선거제도'라고 할 수 있다. 하지만 조금만 깊이 들여다보면 오늘날 선거란 기득권세력의 이해관계에 의해 원천적으로 조작·왜곡될 수밖에 없다. 그런 점에서 전혀 공정하지도, 자유롭지도 못한 게 선거라고 할 수 있다. 게다가 선거에서는 누구를 무엇 때문에 뽑아야 하는지 잘 알지도 못하는 상태에서 투표를 하게 되는 경우가 허다하다. 또한, 자신의 한 표가 선거결과에 아무런 영향을 끼치지 않는다는 것을 알기에 아예 투표를 하지 않는 시민들도 다수 존재한다. 그리고 무엇보다 투표를 해봤자 세상이 바뀌지 않는다고 (정당하게) 생각하는 사람들이 갈수록 증가하고 있다는 점도 선거제도의 근본적인 허구성을 알려주는 분명한 징표이다.

이런 정치시스템 속에서 국가나 지역사회의 주요 현안들에 대해 시민(혹은 주민)들의 의사가 옳게 반영되리라고 기대하는 게 잘못일 것이다. 정치라면 모두들 환멸과 절망을 느끼고, 특히 젊은이들 사이에 냉소주의가 확산되고 있는 것은 절대로 우연이 아니다.

그렇다고 해서 우리가 그냥 속수무책으로 지낼 것인가? 우리는 지금과 같은 허울뿐인 민주주의의 근본문제가 무엇인지 끊임없이 묻고, 민주주의의 재생 가능성을 치열하게 탐색해야 할 게 아닌가? 우리가 언제까지나 노예로서 살기를 원하지 않는다면 말이다.

민주주의의 재생 가능성을 오랫동안 천착해온 사람들이 도달한 결론의 하나가 '숙의민주주의'라는 개념이다. 덴마크의 '시민합의회의'는 바로 이 숙의민주주의의 모범적인 실천 형태라고 할 수 있다. 하지만 숙의민주주의에는 시민합의회의 말고도 여러 형태가 있을 수 있다. 예를 들어, '숙의여론조사(deliberative polls)'나 '시민배심제' 등은 실제로 이미 세계의 여러 지역에서 실험적으로 운용되어왔다. 그리고 이 실험들은 '숙의민주주의'라는 유용한 정치적 기술을 통해서 고대 아테네 민주주의의 정신과 원칙이 오늘의 현실에서도 얼마든지 소생될 수 있다는 것을 훌륭히 보여주고 있다.

덴마크의 시민합의회의는 원리상으로는 정치적·사회적 문제에도 충분히 적용할 수 있지만 어쨌든 아직까지는 과학기술 문제에 한정되어 시행되고 있다. 그러나 '숙의여론조사'라는 것은 거의 모든 정책 사항에 적용되면서 이미 오스트레일리아, 유럽연합, 태국, 미국, 영국 등 다수 국가에서 실험적으로 실천돼왔다. 그중에서 특기할 만한 사례가 있는데, 그것은 중국의 웬링(溫嶺)시 제구오진(澤國鎭)에서 2004년 이후 계속 시행되고 있는 '숙의여론조사'이다.

상하이(上海) 남쪽 300킬로미터에 있는 제구오진은 97개의 마을과 20여 만 명의 인구로 구성된 향촌지역이다. 이 지역의 행정책임자들은 중국의 다른 지역과 마찬가지로 계획된 공공사업은 많은데 예산은 부족한 재정상황 때문에 심히 골머리를 앓고 있었다. 계획된 공공사업들은 예외 없이 시급한 현안들이지만, 재정 형편상 상당수의 계획은 포기할 수밖에 없었기 때문이다. 그런데 주목할 것은 사업의 우선순위 책정을 행정책임자들이 직접 하거나 전문가들에게 맡기지 않고, 주민들의 의사에 따르기로 했다는 사실이다. 그리하여 2004년에 그들은 '숙의여론조사'의 창안자라고 알려진 미국의 스탠퍼드대학 교수 제임스 피시킨과 그의 중국인 동료 학자들을 초청하여 주민들의 '숙고된' 의견을 듣는 절차를 진행하도록 의뢰했고, 이 숙의여론조사 결과를 지역인민위원회에 회부하여 통과시켰다.

제구오진에서의 숙의여론조사는 먼저 250명 정도의 주민을 무작위 제비뽑기로 선정하는 것으로부터 시작됐다. 그렇게 뽑힌 주민들은 며칠 동안 전문가들의 도움을 받아 관련 사항에 대한 충분한 정보를 얻고, 여러 개의 분과로 나뉘어 활발한 토론을 거친 다음에, 한정된 예산을 다리와 도로 건설에 쓸 것인지 혹은 노인복지나 학교를 짓는 데 쓸 것인지 등등 나름대로 결론을 모아 주민들의 의견을 제시했다.

흥미로운 것은, 전혀 글자를 모르는 주민도 이 숙의여론조사 패널에 뽑혀 당당히 참가할 수 있었다는 사실이다. 그것은 주민 명부에 의한 무작위 추첨제 방식으로 참가자들을 선정했기 때문이다. 하기는 글자를 모른다고 해서 세상 돌아가는 이치를 모르는 것은 아니고, 현안에 대하여 전문가들의 조언을 충분히 듣는다면 어떤 유식자 못지않게 합리적인 판단을 내리지 못할 까닭이 없다. 뿐만 아니라, 분과토의에서 사회를 맡은 그 지역 교사들은 소수에 의한 토론의 독점을 막고, 모든 참여자에게 공평한 발언과 질문의 기회를 보장했기 때문에 글자를 모른다는 것이 별로 장애가 될 수 없었다.

그 이후 제구오진은 공공사업의 우선순위를 정하는 일뿐만 아니라 지역예산을 편성하고 심의하는 과정에서도 주민들이 직접 참여하도록 이 숙의민주주의적인 방식을 계속적으로 진행하여 이제는 그것이 하나의 전통이 되었다고 한다. 이것은 우리가 흔히 공산당 일당독재체제라고 폄훼하고 있는 중국에서의 이야기다. 선거로 선출되었다는 단 하나의 근거로 국민(혹은 주민)들의 의사는 묻지 않고 마치 제왕처럼 군림하는 정치지도자, 행정책임자들에게 너무나 길들여진 우리로서는 그저 부러워만 하고 있어야 할까? 잘 생각해봐야 할 일이다. (경향신문, 2015-1-8)

민병산, 무소유, '자유시민'

젊은 세대에게는 생소한 이름일지도 모르겠지만, 민병산 선생(1928-1990)은 한때 이 나라의 상당수 양심적인 지식인·예술가들의 친근한 벗이자 스승으로서 깊은 사랑과 존경을 받으며 살다가 가신 분이다. 그분은 아무런 재산도, 일정한 직장도 없이, 일생을 독신으로 지낸 무욕의 현자이자 박람강기(博覽强記)의 독서인이었다. 그분은 번역 일이나 좋아하는 바둑의 해설을 쓰거나 수필을 써서 생계를 영위했고, 생애 말년에는 고서화와 지필묵의 거리(인사동)를 거닐며 자신이 쓴 붓글씨들을 주변 사람들에게 아낌없이 나눠 주다가 가셨다. 한마디로 자유인이었다.

'자유인'으로서의 그분의 면모는, 생활에서든 말과 글에서든 자신의 에고를 내세우거나 공격적인 자기주장을 하는 일이 전혀 없었다는 점에서 잘 드러난다. 그래서 그분과 가까이 지낸 이들 중에는 민병산을 '식물적 인간'이었다고 말하기까지 하는 사람도 있다. 물론 이것은 그가 무골호인이었다는 얘기가 아니다. 선생은 습관적으로 대개 다른 사람들의 말을 경청하는 분이었지만, 간간이 특유의 해박한 지식으로 지혜로운 말씀을 들려주신 분으로 알려져 있다.

선생이 원래 '식물적 인간'이었던 것은 아니다. 그분의 죽마고우인 신동문 시인을 통해 알려진 사실이지만, 선생은 일제강점기 충청도 제일의 갑부 집안의 자손으로 태어나 '귀공자'로 자랐고, 보성중학교 학생이었을 때는 럭비선수로도 활약한 혈기 넘치는 청년이었다. 그런 그의 인생에서 결정적인 전기는 10대 후반 학우들과 함께 조직한 '독서회'가 불온단체로 지목되어 경찰에 체포된 사건이다. 그래서 동료 학우들과 옥살이를 하다가 10개월 만에 풀려나왔는데, 막상 나와보니 자기만 풀려나온 것이다. 갑부 집안의 권세로 총독부에 로비를 한 결과인 것을 알게 된 청년 민병산은 큰 충격을 받았고, 이후 말없이 칩거에 들어갔다. 선생의 지인들은 그 충격 때문에 그가 칩거생활에 들어가 오로지 독서에 열중한 것으로 이해한다. 그리고 몇 년간의 칩거 후 세상에 나타났을 때 민병산은 예전의 그가 아니었다. 그는 얼굴부터 달라져 있었다. 아직 한창 젊은 나이였으나 연로(年老)한 현자의 표정이 되어 있었다.

이것도 친지들에 의해 나중에 알려진 이야기지만, 민병산은 그 후 조부가 돌아가신 뒤 응당 장손으로서 물려받아야 할 재산상속 일체를 포기하고, 문자 그대로 무소유의 삶을 살아가기 시작했다. 막대한 상속을 포기한다는 것, 그리고 무소유의 삶을 산다는 것―이것은 물론 범인(凡人)이 함부로 논할 수 있는 경지가 아니다. 무소유의 실천이란 '인류의 교사'로 추앙받은 톨스토이조차도 결행하기 어려웠던 일이다. 50대 이후 톨스토이의 정신을 사로잡은 것은 복음서의 가르침이었다. 톨스토이에게 그 가르침은 단순했다. 즉 헐벗고 가난한 자가 복을 받으리라는 '산상수훈'을 그대로 따르는 일이었다.

그럼에도 불구하고 톨스토이는 팔순이 지나 사망 직전에 이르러서야 모든 것을 버리고 가출을 결행할 수 있었다. 수십 년에 걸쳐 하루도 빠짐없이 무소유의 삶을 꿈꾸고, 그것을 위해서 끊임없는 내면적 갈등과 투쟁을 거친 다음에야 마침내 결행한 것이 그때였던 것이다. 톨스토이와 같은 예외적으로 비범한 정신력과 강골(強骨)의 소유자가 말이다! 그런데 민병산은 그것을 아무도 모르게 벌써 20대 청년시절에 결행한 것이다. 그러므로 그 후의 그의 삶이 어떻게 전개되든 이미 민병산의 생애는 '자유인'의 그것일 수밖에 없도록 돼 있었다.

오늘날 세상에는 무소유라는 말을 '참을 수 없을 정도로' 가볍게 쓰는 사람들이 많다. 특히 종교인, 혹은 민중의 '멘토'라고 불리거나 자처하는 이들 가운데 그런 인물들이 꽤 있다. 그러나 진짜 무소유란 재산뿐만 아니라 사회적 명예, 그리고 온갖 권력 욕망으로부터 철저히 해방되어 있는 상태이다. 어떤 사람들이 민병산 선생을 '식물적 인간'이라고 부른 것은 그분이야말로 늘 그러한 욕망으로부터 멀리 떠나 있는 존재였기 때문이다.

그러니까 무소유란 진정한 자유로움의 근본조건이다. 자유로운 인간의 특징은 그가 사심이 없고, 생각이 크다는 점이다. 돌아가신 뒤 후배들이 편찬한 민병산 문집 《철학의 즐거움》(1990)이라는 책을 보면, 비록 지금으로서는 낡은 토픽이 된 이야기가 대부분이지만, 글 자체는 가식 없이 자연스럽고 엄정하면서도 소박한 문체 속에는 동시대를 살아가는 이웃들의 삶에 대한 각별한 애정과 따뜻한 시선이 곳곳에 배어 있음을 느낄 수 있다. 그의 글에는 어떠한 개인적 고뇌, 자기연민, 혹은 자기주장의 목소리는 흔적조차도 없다. 우리가 보는 것은 철저히 사심을 초월한 '시민적 관심'의 일관된 표출이다. 중요한 것은, 이 무욕의 현자가 지니고 있던 궁극적 관심사는 결코 은둔자로서의 삶이 아니었다는 점이다. 민병산이 지향한 것은 어디까지나 평범한, 그러나 자율적인 시민으로서의 열린 삶이었다.

선생이 들려주는 재미있는 짧은 일화가 하나 있다. 언젠가 그가 동네 길을 나오다가 돌담에 널찍한 광고가 붙어 있어서 그걸 보려는데, 오전수업을 마치고 돌아오는 아이들도 그걸 보려고 걸음을 멈췄다. 어른이 궁금해한다고 생각했는지 한 아이가 선뜻 "아저씨, 이건 새로 생긴 버스노선을 안내하는 광고예요"라고 말했다. "버스가 하나 더 생겼단 말이니?" "예, 오늘부터 혜화동, 종로 5가, 퇴계로, 서울역으로 돌아서 온대요. 여기 그림으로 표시가 돼 있어요. 보세요." "음, 정말 그렇구나. 아저씨는 편리해져서 좋구나. 너는 어떠냐?" "전 뭐 날마다 버스를 타나요. 학교가 바로 여긴데. 그럼 아저씨 안녕히 가세요."

몇 해가 지난 뒤에도 이 장면이 자주 생각난다고 민병산은 썼다. 그러면서 그는 그 아이가 건강하게 자라 '자유시민'이 되기를 염원한다. 그는 "전제정치하의 페르시아인들의 자세는 어깨가 축 처져 있었지만, 그리스 자유시민들은 자세가 반듯했다"는 고대 역사가들의 말을 인용한다. 결국 민병산의 꿈은 아이들이 씩씩하게 자라서 존엄한 '시민'으로 사는 세상이었다. 그래서 그는 아이들이 무거운 책가방 때문에 어깨가 처지는 일이 없기를 바라고 바랐다. 그러나 지금 우리 아이들은 하루하루를 교육이라는 이름의 '지옥'과 '스마트폰' 속에 갇혀 완전히 자폐적인 인간으로 자라고 있다.'(경향신문, 2015-2-5)

피케티, 자본주의, 민주주의

소설책도 아닌데 이 두꺼운 책을 사람들이 실제로 얼마나 읽는지는 모르겠다. 그러나 프랑스 경제학자 토마 피케티의 책 《21세기 자본》은 여러 언어들로 번역본들이 계속 나오면서 갈수록 크게 주목을 받고 있는 것으로 보인다. 한국어판도 벌써 출판되었고, 일본어판, 중국어판도 역시 출판되었다. 중국에서는 작년 말 이 책의 번역본 출간과 함께 초청된 저자가 주요 대학 등에서 열 차례 이상의 강연을 했는데, 그때마다 강당은 청중들로 꽉 찼고 강연 직후에는 질문이 쇄도했다고 한다. 이 책의 중국어 번역본이 이미 20만 부 이상 팔렸다고 하니, 그 열기가 대단한 것은 틀림없다.

일본에서도 피케티에 대한 관심은 예사롭지가 않다. 번역본 출간과 함께 저자도 이미 다녀갔을 뿐만 아니라, 벌써 이 책에 대한 개설서, 연구서들까지 여러 권 나왔고, 또 앞으로도 계속 나올 모양이다. 그리고 금년 들어서는 지식인 잡지들은 말할 것도 없고, 주요 시사·경제 주간지들도 거의 빠짐없이 피케티의 책을 해설·점검하는 특집기사들로 최신호를 채우고 있다.

피케티의 책을 둘러싼 이 비상한 열기는 무엇 때문일까? 실제로 현재의 글로벌 자본주의경제의 모순과 부조리를 비판적으로 점검·해부하는 책들은 이미 적지 않게 나왔고, 어떤 점에서 피케티보다 더 깊이 있고 날카롭게 문제의 본질을 파헤치고 있는 학자·연구자들도 드물지 않다. 그리고 무엇보다 피케티의 책은 불평등 문제를 집중적으로 거론하면서도 이와 관련된 정말로 중요한 본질적인 문제(예컨대 생태적 위기, 화석연료와 자원 고갈, 원자력문제, 근대 화폐금융시스템 자체의 근원적 사기성(詐欺性) 등등)에 대해서는 별로 주목하고 있지 있다는 점에서 분명히 한계를 드러내고 있는 책이라고 할 수 있다.

그럼에도 사람들이 피케티를 주목하는 것은 우선 그의 책이 이른바 주류 경제학의 추상적인 숫자놀음과 조금도 닮지 않았기 때문일 것이다. 이 책은 어디까지나 구체적인 삶의 현실에 가장 밀착된 주제를 다루고 있을 뿐만 아니라 또한 비전문가들도 알아들을 수 있는 이야기체로 서술된 매우 예외적인 경제서이다. 그러면서 이 책은 자본주의사회를 오랫동안 지배해온, 우리가 쉽게 항거하기 어려웠던 몇몇 신화적인 믿음(혹은 환상)을 여지없이 깨뜨려버리는 데 성공했다. 예를 들어, 우리는 그동안 "위쪽 통에 먼저 물을 채우면 그게 넘쳐서 아래에 있는 통으로 흘러내린다"는 이른바 '트리클다운(낙수)' 이론이라는 것을 귀에 못이 박히도록 들어왔고, 국가정책은 늘 이 이론에 입각하여 '기업 살리기가 먼저'라는 전략으로 일관해왔다. 그 과정에서 노동자와 약자들의 기본권리는 폭력적으로 유린되고, 부의 분배 혹은 재분배는 끊임없이 미래의 과제로 미뤄져왔던 것이다.

피케티는 지난 100~300년간의 각종 통계자료를 면밀히 조사·검토하여 그 누구도 부인할 수 없는 객관적인 방법으로 '트리클다운'이라는 게 전혀 근거 없는 이론임을 명확히 입증하였다. '자본' 쪽을 대변하는 언론들이 《21세기 자본》에 대해 크게 반발하고, 이런저런 구실로 이 책의 중요성을 깎아내리려는 시도를 멈추지 않는 것은 '트리클다운' 이론으로 다수 민중을 기만하고 국가정책을 좌지우지해온 오랫동안의 관행이 피케티의 이 책으로 암초에 부딪쳤다고 느끼기 때문임이 분명하다.

피케티의 책이 지금 큰 반향을 일으키고 있는 것은 일차적으로, 그것이 매우 시의적절하게도 세계 최대의 현안이라고 할 수 있는 경제적 불평등(빈부격차) 문제를 정면으로 다루고 있다는 점에 연유한다고 할 수 있다. 실제로 이 문제의 심각성이 어느 정도냐 하면, 연초에 스위스에서 열린 세계적 '엘리트들'의 모임(다보스 회의)에서도 으뜸 주제가 불평등 문제였다. 또 세계적 민간기구인 '옥스팜'이 2015년 정초에 내놓은 보고서는 "전 지구적으로 갈수록 소수의 부유한 엘리트의 손에 부가 집중되고 있다"는 구절로 시작한다. 즉 2014년도 세계 최상위 1퍼센트 부유층의 소유 재산은 세계 전체 부의 절반에 육박하고, 상위 10퍼센트 부자들은 세계 전체 부의 90퍼센트를 차지하고 있다. 이 추세는 급진적인 변화가 없는 이상 심화·확대되어갈 것임을 '옥스팜'은 예측하고 있다.

피케티가 행한 작업은, 요약하자면, 이 추세를 수백 년에 걸친 장기적인 흐름 속에서 파악하여, 그것을 '자본소득률 > 노동소득률'이라는 도식으로 공식화한 것이다. 간단히 말하면, 상속재산, 금융자산, 부동산 등에 의한 불로소득자(rentier)의 재산 증식 비율은 땀 흘려 일하는 이들의 소득 획득 정도와는 비교가 안될 정도로 갈수록 앞질러 가는 게 법칙처럼 돼 있다는 것이다. 이것은 과거뿐만 아니라 앞으로도 계속될 추세라는 것이다.

이런 식의 불평등이 왜 심각한 문제냐 하면, 첫째 이것은 민주주의사회의 존립을 크게 위태롭게 한다. '옥스팜' 보고서도 이 점을 강조하고 있다. 즉, 오늘날 부유층 엘리트와 기업들은 "자신들의 이익 증진을 위한 정책환경을 만들어내기" 위해서 매년 막대한 로비자금을 쓰고 있고, 그 결과 "전체 인구의 이익이 돼야 할 공공자원들이 강력한 로비세력들의 이익을 반영"하는 방향으로 사용되고 있다. 요컨대 세계 전역에 걸쳐서 엄청난 불의(不義)가 상시적으로, 체계적으로 행해지고 있는 것이다. 둘째, 이 상황에서는 갈수록 땀 흘려 일하며 산다는 게 무의미해질 수밖에 없다. 상속과 증여에 의거한 재산의 무한증식을 돕는 메커니즘이 거침없이 돌아가는 세상에서, 정직하고 성실한 노력으로 살겠다는 이들이 바보 취급을 받지 않고 살 수 있을까? 무엇으로 삶의 의욕을 느끼고, 일하는 보람을 느낄까?

그리고 극소수에게 부가 편중되고, 다수가 궁핍 혹은 상대적 박탈감에 시달리는 상황이 계속된다면 사회적 불안정은 물론, 결국은 자본주의경제 자체의 작동 불능 사태를 초래할 수밖에 없다. 생산을 해봤자 그것을 소비해줄 구매력 있는 노동자나 소비자가 없다면 경제가 돌아갈 리 없고, 그 결과 기업도, 투자자도, 자본가도 파산을 면치 못할 것임은 확실하기 때문이다. 지금 세계경제가 전면적으로 정체상태에 빠져 있는 것도 실은 이러한 파국으로 가는 초기 단계인지도 모른다.

그런데 오랜 불평등 역사에서 잠시 세계적으로 격차가 예외적으로 대폭 줄어든 시대가 있었다. 즉, 1945년 이후 1970년대 초까지가 그랬다. 그 원인은 괄목할 경제성장이나 합리적인 경제적·정치적 정책 때문이 아니라, 기본적으로 1, 2차 "세계대전에 의한 혼돈과 그것에 수반된 경제적·정치적 쇼크"였다고 피케티는 설명한다. 그러니까 전쟁으로 인한 잿더미 속에서 부자들의 재산도 소멸돼버렸고, 그 '백지상태'로부터 다시 사회 재건을 시작할 수밖에 없었기 때문이라는 것이다.

피케티의 이 설명은 매우 중요하다. 그동안 자본주의사회는 원칙적으로 개개인이 자신의 재능과 노력을 통해 (언젠가는) 자유롭고 평등한 사회를 향유할 수 있을 것이라는 전제 위에서 전개돼왔다. 그것은 자본주의경제와 짝을 이뤄온 '자유민주주의' 정치시스템의 근본 신념이기도 했다. 그런데 그 민주주의가 오히려 불평등의 심화·확대를 촉진하거나 적어도 방조해왔음이 이제 분명해졌다. 피케티의 최종적 해법은 '민주주의의 강화'이다. 그러나 종래의 민주적 제도와 관행이 완전히 실패한 것으로 드러난 지금, 민주주의의 강화란 대체 무슨 뜻일까? 원천적으로 불합리한 선거를 통해서 선출된 '엘리트' 직업정치가들에게 국가운영을 맡기고 있는 지금과 같은 '대의 민주제'를 가지고 과연 인간다운 세상을 만들어낼 수 있을까? 우리는 더이상 가짜 민주주의에 속지 않기 위해서라도, 정말로 민주정치란 무엇인지 '원점'에서부터 재고해볼 필요가 있다. (한겨레, 2015-2-27)

후쿠시마 4년, 문제는 민주주의다

2011년 3월 11일, 미증유의 지진과 쓰나미로 일본 동북부가 초토화되고, 헤아릴 수 없는 사상자·이재민이 생겨난 게 바로 어제 같은데 벌써 4년이 지나갔다. 그러나 지진과 쓰나미에 의한 재해는 불가항력적인 것이다. 그리고 그 상처는 세월이 가면 어떤 식으로든 수습이 되고 아물게 마련이다.

문제는 그날 동시에 일어난 후쿠시마 제1원전 사고이다. 4년이 경과했지만, 사고를 온전히 수습할 수 있는 대책은 아직도 나오지 않고 있고, 앞으로도 아마 나올 수 없을 것이다. 그 사이 방사능은 기약 없이 방출되고, 대기와 해양은 끝없이 오염되고 있다. 이 상황을 주시하고 있는 미국과 캐나다의 전문가들에 의하면, 이미 북미지역도 후쿠시마 사고의 심각한 피해지역이 되었다. 북미지역의 유아사망률이 현저히 높아졌다는 통계는 하나의 지표이다. 이대로 가면 결국 태평양도 생명에 치명적인 생태적 환경으로 바뀌는 것은 시간문제이다.

후쿠시마 사고 현장 인근 거주지를 떠난 20만 이상의 피난민은 언제 귀향할 수 있을까? 아니, 귀향이 가능한 날이 올까? 이미 귀향을 아예 단념한 사람들도 적지 않다고 하는데, 그것은 자신들의 삶터가 복구될 수 없다는 것을 다들 (마음속으로는) 잘 알고 있기 때문일 게다. 지금 후쿠시마현 곳곳에는 소위 제염작업을 통해서 방사능에 오염된 흙을 걷어내 담아둔 포대들이 산처럼 쌓여 있다. 이 포대들을 처분할 방법은 있는가? 중요한 것은, 방사능 사고에 관한 한, 제염을 통한 원상복구라는 것은 있을 수 없다는 사실이다. 사고가 나기 전의 후쿠시마 땅은 가장 농사가 잘되는 비옥한 토지였고, 그 해안은 풍부한 수산자원의 보고였다. 하지만 인류의 공통자산이기도 한 이 모든 '보물'은 돌이킬 수 없이 사라졌다.

원자력 재해란 본질적으로 속수무책인 데다가 또 얼마나 가공할 만한 것인지, 인류에게 그 경험이 없었던 게 아니다. 대표적인 예가 1986년의 체르노빌 참사였다. 체르노빌 참사는 "사고였다"라고 과거형으로 말할 수 있는 게 아니라, 근 30년이 지난 지금도 계속되고 있는 사고이다. 아마 영구적으로 계속될 것이다.

2012년에 체르노빌을 다녀온 일본 NHK방송 프로듀서들의 취재기록에 의하면, 체르노빌에서 140킬로미터나 떨어진 마을의 13~14세 학생들 중에서 자신이 건강하다고 느끼는 아이들은 18명 중에서 4명밖에 되지 않았다. 한창 원기왕성할 때인데도 말이다. 그런 아이들이 병든 늙은이들처럼 걸핏하면 쓰러져 하루에도 몇 차례나 앰뷸런스에 실려 병원으로 가지 않으면 안된다는 것이다. 이 아이들은 체르노빌 사고 당시 태어나지도 않았다. 그런데도 이렇게 된 것은 대를 이어 계속되는 방사능의 유전적인 영향 이외에 방사능에 의해 오염된 토지에서 기른 작물을 먹고 살지 않을 수 없기 때문이다. 이 상황이 종식되려면 방사능의 독성이 사라지는 수백, 수천, 수만 년을 기다려야 한다.

통탄스러운 것은, 체르노빌이나 후쿠시마 같은 엄청난 참사를 보고도 아무것도 배우지 않으려는 자세이다. 일본 정부와 권력자들은 당사자임에도 불구하고, 그리고 국민의 압도적인 반대여론에도 불구하고, 원전 재가동과 원자력산업의 해외수출이라는 기왕의 정책을 포기하지 않고 있다.

마치 체르노빌이나 후쿠시마 같은 사태가 없었다는 듯이, 설계수명이 끝난 원전의 연장가동을 '용감하게' 밀어붙이고 있는 한국정부도 마찬가지이다. 대체 무엇을 보고 배운다는 '학습 개념'이 조금이라도 있다면 이럴 수 있을까?

그런 점에서 후쿠시마 사고 4주년에 때맞춰 일본을 방문한 메르켈 독일 총리의 발언은 매우 의미심장하다. 그녀는 독일이 그랬듯이 일본도 과거 역사를 솔직히 정리·반성하지 않으면 미래가 열리지 않는다는 것, 그리고 원전은 더이상 용납할수 없는 에너지시스템이라고 명쾌히 지적했다. 실제로, 일본 (한국도 마찬가지이지만)이라는 국가의 근본문제는 역사에서 배우지 않으려 한다는 점이다. 일본 지배층은 태평양전쟁에서 참혹한 패배를 당하고서도 이것을 '패전'이라고 하지 않고 '종전'이라고 불러왔고, 그럼으로써 식민지지배와 전쟁책임을 묻는 역사적 과제를 회피해왔다.

문제를 직시하지 않고 얼버무리려는 이 정신적 도피주의는 후쿠시마 사태에 대해서도 되풀이되고 있다. 국제사회를 향해 "후쿠시마는 완전히 통제되고 있다"고 거짓말까지 하면서 올림픽 개최권을 따내 후쿠시마 사태 수습이라는 난제로부터 눈을 돌리려는 무책임성과 비겁함에서도 그것은 드러났지만(방사능에 오염된 땅 도쿄에서 과연 올림픽이 성사될지 두고 볼 일이지만), 무엇보다 온 세계에 피해를 끼치고도 원자력시스템을 그만두지 않으려는 그들의 완미(頑迷)한 태도가 그것을 말해주고 있다. 그리하여 일본은 오늘날 경제력과는 관계없이, 가령 독일에 비해서, 매우 질 낮은 국가, 퇴행적 국가의 모습을 국제사회를 향해 부끄럼도 없이 드러내고 있다.

이러한 퇴행을 자초한 책임은 물론 권력엘리트들에게 있다. 흔히 지적하듯이, 일본은 메이지 시대 이후 줄곧 관료 주도 전제정치였고, 국가의 중대사는 항상 권력엘리트들이 독점적으로 결정해왔다. 국민의 뜻과 우연히 일치하는 경우를 제외하고는 권력엘리트들이 국민의 의견을 흔쾌히 받아들인 적은 한 번도 없었다. 요컨대 민주주의 원칙의 거부가 일본 및 동아시아, 나아가 세계로 확대되는 비극의 출발점이라고 할 수 있다.

최근 한국의 원자력안전위원회는 설계수명이 끝난 월성 1호기 원전 연장가동을 우려하는 시민들의 의견들을 무시하고 연장가동 결정을 내렸다. 그 결정 직후 언론 인터뷰에서 '원안위' 위원장은 연장가동을 반대해온 사람들을 '외부세력'으로 지칭하고, "기술문제에 정치가 개입하는 현실"을 비난했다. 이 주제넘은 발언은 민주주의에 대한 무지 혹은 몰이해의 소산임이 분명하다. 원전의 건설이나 운영에 관한 '노하우'는 전문가들의 몫이겠지만, 원전 자체의 사회적 용인 여부를 결정하는 주체는 어디까지나 주민과 시민들이어야 한다는 것은 민주사회의 대원칙이다. 민주주의가 무엇인지 아무것도 모르는 자들이 나라의 중대사를 좌지우지하는 이 한심한 상황을 이대로 두면, 앞날이 암담하다고 하지 않을 수 없다. (경향신문, 2015-3-12)

세월호 1년, 민주주의를 살려야 한다

1년이 다 됐는데도 이 꼴이다. 온갖 우여곡절 끝에 구성된 진상조사특위는 출범조차 하지 못하고 있고, 아직도 건져내지 못한 시신들은 기약 없이 바다 밑에 갇혀 있다. 이 판국에 정부가 입안한 '시행령'은 진상조사특위의 권한과 조사 범위를 제한하여 '정부조사 결과의 분석 및 조사'에 국한한다고 명시하고 있다. 뿐만 아니라, '시행령'대로 한다면 특위에서 행정지원이나 맡아야 마땅할 공무원들에게 실제 조사업무를 관장케 함으로써, 결과적으로 조사를 받아야 할 대상이 오히려 조사의 주체가 된다. 이 어처구니없는 사태는 또한번 독립적이고 엄정한 진상규명을 어떻게든 좌절시키려는 정부의 '의지'를 명확히 드러내고 있다. 이 말도 안되는 '시행령'은 당연히 철회되어야 한다. 억울하게 자식을 잃고, 가족을 잃은 유족들의 심정을 조금이라도 생각한다면 말이다.

인간으로서 감내할 수 없는 비극을 겪고, 가장 따뜻한 위로와 보살핌을 받아야 할 사람들이 오히려 국가로부터, '잘난' (사이비) 언론들로부터, 그리고 속 좁은 이해관계 외에는 아무것도 볼 줄 모르는 '동료 시민들'로부터 온갖 모욕과 비난과 조롱을 받았다. 지난 1년을 억장이 무너지는 고통과 눈물 속에서 지내온 유가족들이 또다시 거리로 나와 드디어 삭발을 결행하게 만드는 현실, 정말 통탄스럽고 통탄스럽다.

취임 이후 오로지 '침묵'을 주 무기로 삼아온 대통령은 그저께 모처럼 입을 열어 기술적 가능성과 여론을 살펴서 세월호 인양 여부를 '적극 검토'하겠다고 말했다. 뭐라도 모처럼 말을 해준 것은 고마운 일이다. 그러나 그동안 뭘 하다가 이제와서 인양 여부를 검토하겠다는 걸까. 더구나 몇몇 언론의 분석에 따르면, 대통령의 이 발언도 그 순수성이 의심스럽다. 요컨대 코앞에 닥친 보궐선거용 발언, 즉 책략적 발언일 가능성이 농후하다는 것이다. 정말로 인양계획을 염두에 두고 있다면, 저 터무니없는 '시행령'부터 거둬들이는 게 마땅한 순서가 아닌가.

게다가 대통령의 말은 명확한 인양의사를 밝힌 것도 아니다. 기술적 타당성을 검토한 다음 (변덕스러운) 여론이 허락한다면 인양을 하겠다는 것이니까 선거가 끝난 뒤 정치적 셈에 따라 인양 불가라는 결정을 내릴 수도 있다는 암시가 이미 이 말 속에 내포돼 있는 것이다. 이미 우리는 세월호 참사 초기에 사죄의 눈물을 흘리며 철저한 진상규명을 약속했음에도 불구하고, 지방선거가 끝난 뒤에는 태도가 일변하여 유족들의 간절한 면담신청도 외면하고 딴전만 피우는 모습을 고통스럽게 지켜본 바 있다. 걱정되는 것은, 이런 경험이 반복될 가능성이 높다는 것이다. 대한민국의 정치, 국가권력의 통치수법은 이다지도 더럽고 비열할 수밖에 없는 것인가 — 생각하면 너무도 비감스럽다.

세월호 참사 1주년을 맞아 가장 고통스러운 것은, 참사 그 자체가 아니라 참사의 진상을 밝혀내는 일이 점점 어려워지고 있는 개탄스러운 현실이다.

이 사태에 대하여 가장 무거운 책임을 느껴야 할 집권세력은 야비하게도 유족들에게는 부차적인 문제일 수밖에 없는 비용문제를 계속 부각시키고, 심지어는 특위 활동이 '세금도둑'이 될 것이라는 둥 반인륜적인 발언을 거침없이 계속 쏟아냄으로써 (내용을 잘 모르는) 나날의 생활현실에 찌들어 사는 서민들을 오도하고, 끝내는 많은 선량한 생활인들마저 세월호 문제라면 짜증스럽게 반응하는 상황을 만들어냈다.

이렇게 해서 집권세력은 독립적인 진상규명을 막고, 그리하여 그들의 '안전'을 지키고, 정치적 책임에서 벗어나는 데 성공할 수 있을지는 모른다. 그러나 그렇게 된다면 이 나라는 무슨 꼴이 되는가. 나라든 가정이든 어떤 조직이든, 그게 존립하려면 최저한의 도덕적·윤리적 기반이라는 게 있어야 한다. 대한민국이라는 나라가 이 모양대로 간다면, 국가 혹은 한 인간공동체로서 최소한이나마 구비하고 있어야 할 도덕적 판단, 정의의 기준은 어디서 구한단 말인가.

일찍이 정치사상가 프랜시스 후쿠야마는 소비에트사회주의권의 붕괴라는 역사적 격변 사태를 두고 쓴 논문 〈역사의 종언〉을 통해서 이제는 '자유민주주의'야말로 인류사회 최후의 유일한 보편적 정치체제라고 공언했다. 이후 후쿠야마는 자유민주주의의 세계적 왜곡 혹은 퇴행 현상이 끊임없이 벌어지는 상황 속에서 자신의 입장을 조금씩 수정했으나, 자유민주주의에 대한 확고한 신념은 여전히 견지하고 있다. 하지만 그는 자유민주주의 체제가 온전히 기능하기 위해서는 몇 가지 조건이 필수적임을 지적한다. 그중에서 그가 특히 강조하는 것은, 정부 혹은 권력자의 국민에 대한 '설명책임'이다. 설명책임을 결여한 정치는 민주정치라 할 수 없고, 그런 나라를 민주주의국가라고 인정할 수도 없다. 하물며 설명책임을 다하지 않는 정치를 가지고는, "번영하고 자유롭고 인간적인 나라", 즉 '덴마크' 같은 나라로 가는 길은 영영 열리지 않는다는 것이다.

그런데 잘 생각해보면, 설명책임의 결여는 반드시 집권세력의 탓만 아니다. 역사적으로 어떠한 권력, 어떠한 통치세력도 순전히 자신의 선의에 의해서 국민의 뜻을 따르고, 설명책임을 다하려고 한 적은 없다. 그들은 국민의 뜻을 따르고 설명책임을 이행하지 않으면 자신들이 망하게 된다고 느끼는 경우에만 국민의 뜻을 따를 뿐이다. 요컨대 권력이 설명책임을 방기하는 것은 그렇게 해도 권력을 상실할 염려가 없기 때문이다.

그렇다면 현재 대한민국 정부, 여당, 권력엘리트 집단의 자의적 통치, 즉 설명책임의 방기는 결국 대항세력의 부재 때문이라고 할 수 있다. 현재의 야당은 많은 의석을 갖고도 자기들이 힘이 없다는 불쌍한 소리만 하고 있다. 싸울 의지도, 실력도, 지혜도 없기 때문이다. 설명책임은 비단 집권세력의 문제만이 아니라는 사실을 잊고 있음이 틀림없다.

결국 우리가 이 절망적인 상황에서 벗어날 수 있는 관건은 여야 불문하고 권력자에 대하여 설명책임을 강제하기 위한 민중(혹은 시민적) 권력의 강화이다. 가장 쉽고 가장 중요한 것은, 통곡하고 슬퍼하고만 있을 게 아니라 우리 각자가 양심적인 언론, 정당, 노동 및 시민운동의 일원이 되거나 적극적인 후원자가 되는 것이다. (경향신문, 2015-4-9)

V. '패도'의 세계에서 '왕도'를 생각한다

제비뽑기 민주주의라는 희망

알다가도 모를 일이다. 하필이면 세월호 1주기 날, 어떻게 비행기를 타고 해외로 나갈 생각을 했을까. 사사로운 개인의 일정도 아닌데 해외순방 계획을 어떻게 짰기에 이다지도 사려 깊지 못할까.

1년을 완전히 허송하고 난 뒤 이제 와서 선체 인양 여부를 '고려'하겠다는 것도 억장이 무너지지만, 더 기가 막힌 것은 세월호특별조사위원회 활동을 명백히 방해하기 위한 '시행령'을 버젓이 정부가 입안했다는 사실이다. 정부의 최고 책임자로서 정말로 희생자들과 그 가족들에게 속죄의 마음이 있다면, 비행기를 타더라도 이 터무니없는 '시행령'부터 철회한다는 발표를 하고 떠났어야 마땅했다.

취임 이후 우리는 최고 권력자의 '소통능력' 결여에 대해 끊임없이 불만을 토로해왔다. 그러나 이제 우리는 환상에서 깨어나야 한다. 국민을 대하는 자세 변화를 아무리 촉구하고 간청해본들, 애초에 국민에 대한 존경심은커녕 최소한의 인간적인 도리도 분별력도 없는데 그게 가능하겠는가. 지금 이 나라 통치세력은 여하한 건강한 질책과 비판도 받을 자격이 없는 허망한 존재임을 스스로 폭로하고 있다.

그러나 문제는 그들이 여전히 나라의 중대사에 대한 결정권을 갖고 있다는 사실이다. 국가라는 게 원래 강자에게 너그럽고, 약자에게 혹독한 본성을 갖고 있다 하더라도 우리는 당장에 국가 없는 삶을 생각할 수 없다. 당분간 예견 가능한 장래까지 국가의 틀 속에서 살아갈 수밖에 없는 게 우리의 운명이기 때문이다. 따라서 여하히 조금 더 인간적인 국가, 혹은 조금 더 '녹색적'인 국가를 만들 것인가가 우리의 현실적인 긴급한 과제라고 할 수 있다. 세월호 참사를 통해서 우리가 얻을 수 있고, 얻어야 하는 중요한 교훈도 아마 이것일 것이다.

그런데 걱정스러운 것은, 자폐적이고 무책임한 정권과 무능하고 용기 없는 야당이 지배하는 통치체제 속에서 끊임없이 좌절감을 느끼다 보면 많은 사람들이 자기도 모르게 정치 자체에 대한 혐오감, 나아가서는 심각한 정치적 무관심 상태로 빠진다는 사실이다. 이렇게 되면 보다 좋은 정치, 보다 합리적인 통치시스템을 만들어가는 일은 갈수록 어려워지고, 오히려 부도덕한 기득권세력의 영구적 집권을 쉽게 허용하는 상황이 조성될 수밖에 없다.

정치상황이 절망적일 때, 가장 중요한 것은 그냥 좌절하거나 체념하고 있을 게 아니라 정치의 쇄신을 통해서 우리가 절망을 희망으로 바꿔놓을 수 있다는 믿음을 포기하지 않는 것이다. 그리고 이때 잊지 말아야 할 것은, 정치의 쇄신이란 어떤 신비적이거나 초현실적인 힘에 의해서가 아니라 어디까지나 우리 자신의 손에 달려 있다는 것을 깨닫는 일이다.

실제로 지금 세계에는 이상적인 국가공동체는 없지만, 그래도 우리가 본받을 만한, 비교적 인간적이고 합리적인 정치가 실천되고 있는 나라들이 적잖게 존재한다. 예를 들어, 북유럽

국가들 이외에도 라틴아메리카 여러 나라, 그중에서도 특히 '군대 없는 나라' 코스타리카의 민주정치에서 우리는 매우 값진 것을 배울 수 있다. 코스타리카는 1949년에 군대를 폐지하고, 곧이어 영세중립국임을 선언한 이래 가장 적극적인 평화국가, 인권국가, 녹색국가로서 자신의 위상을 흔들림 없이 견지해왔다. 예컨대 '완전비례대표제'로 구성된 코스타리카 의회는 시민들의 자유로운 방청과 감시에 전적으로 개방되어 있고, 헌법재판소는 24시간 문을 열어놓고 시민(어린아이까지 포함) 개개인의 사소한 일상적 불편까지 처리하고 있다. 물론 국가정책의 위헌성 여부를 가리는 게 헌법재판소의 일차적 역할이다. 예를 들어, 2001년에 부시 미국 정부의 이라크 침공을 지지한다는 의사를 밝혔던 코스타리카 대통령은 헌법재판소의 판결에 따라 그 지지 표명을 취소해야 했다.

그런가 하면, 지난 수십 년간 자연환경의 적극적 보존을 으뜸으로 여기는 경제·산업 정책을 고수해온 결과 지금 코스타리카는 세계 제일의 '지속가능한 국가'라는 평가를 받고 있다. 전직 대통령이 시골에서 농부가 되어 생태농원을 가꾸며 그게 자신의 생애 최고의 업적이라고 여기는 나라가 코스타리카이다.

여러모로 부러운 나라가 코스타리카지만, 핵심은 결국 민주정치이다. 즉, 자유와 평등이라는 가치가 소수 기득권층만이 아니라 공동체 구성원 전원이 누려야 할 기본적 권리라는 인식, 따라서 통치의 주체는 국민 자신이라는 확실한 인식에 토대를 둔 정치 말이다. 오늘날 가장 모범적인 민주국가에 속하는 북유럽 국가나 코스타리카의 의회가 100퍼센트 혹은 대부분 비례대표제에 의해 구성돼 있는 것은, 불가피하게 대표를 뽑아서 통치를 위임하고는 있지만, 최대한 국민의 의사를 왜곡 없이 정치에 반영하기 위한 극히 합리적인 숙고와 선택의 결과이다.

그에 반해서 여전히 우리는 소선거구제 단순 다수 득표로 대표자를 뽑는 시스템에 매달려 있다. 생각해보면, 한국의 정치가 '암흑상태'를 벗어나지 못하고 있는 가장 중요한 요인은 바로 여기에 있다고 할 수 있다. 지금 소위 '성완종 리스트'로 백일하에 폭로된, 이 나라 '정치엘리트들' 사회에 만연한 뿌리 깊은 부패구조도 그 점을 극명히 드러낸다. 지금과 같은 선거제도가 존속하는 한, 정도의 차이는 있겠지만, 부정한 금전거래나 도덕적 일탈은 반드시 수반되게 마련이다. 그러므로 간과해서 안될 것은, 어떤 정치적 부패 스캔들이라도 그것을 개인적 윤리의 문제로 처리하고 심판하는 데 그쳐서는 별로 의미가 없다는 사실이다. 진정으로 필요한 것은, 돈이나 뒷거래 따위가 아예 개입할 소지가 없는 합리적인 정치시스템을 만드는 일이다.

그런 점에서 우리는 민주주의의 원점, 즉 고대 아테네인들에게 돌아가 배울 필요가 있다. 무엇보다 주목할 것은, 아테네 민주주의가 하늘에서 떨어지듯이 하루아침에 이뤄진 게 아니라는 점이다. 아테네인들은 몇 세기에 걸쳐 인간존재와 세계의 의미를 묻고, 바람직한 사회의 존립방식이 무엇인지를 끊임없이 묻고 질문하는 과정을 통해서 '폴리스'는 결국 자기자신들이 만든다는 것, 법과 정의는 신에 의해 부여되는 게 아니라 시민들끼리의 자유롭고 활발한 토의의 산물이라는 인식에 도달하고, 그 인식을 바탕으로 일찍이 다른 어떤 인간집단도 생각지 못했던 민주정치를 창시하고 운영했던 것이다. 고대 그리스 민주주의가 (세계와 사물에 대한 근본적인 질문으로서의) 철학과 더불어 탄생한 것은 우연이 아니었다.

그 아테네인들이 그런 근본적 질문을 통해 도달한 결론의 하나가 공직자를 제비뽑기로 뽑는다는 아이디어였다. 아테네인들은 인간이란 누구든지 권력의 유혹을 이겨내지 못하고, 부패하기 쉽고, 남들 위에 군림하고자 하는 욕망을 벗어날 수 없다는 사실을 냉철하게 받아들였다. 그리하여 그들은 개개인의 도덕성을 강조해봤자 헛일이라는 것을 명확히 이해했다. 중요한 것은 이 '허약한' 인간들의 힘으로 어떻게 민주주의를 운영할 것인가 하는 것이었다. 그리하여 제비뽑기에 의한 대표자 혹은 공직자 선출 방식이 민주정치의 핵심 기제로서 고안되었던 것이다.

그동안 한국정치의 쇄신을 위해 선거제도를 고쳐 비례대표제를 대폭 확대해야 할 필요성은 많이 논의돼왔다. 그러나 나는 그에 못지않게 주요 공직자들, 특히 검찰총장을 제비뽑기로 뽑는 일이 시급하다고 생각한다. 이를테면 전국의 법학자, 법관, 변호사, 검사들이 모여 3~5명의 후보자를 투표로 뽑는다.

그런 다음 그들의 이름을 적어 넣은 항아리에서 대통령이 1인을 무작위로 뽑아 검찰총장에 임명하는 식으로(이런 선출방식에는 부정이 개입할 여지가 거의 없고, 또 이렇게 뽑힌 검찰총장은 누구의 눈치도 전혀 볼 필요가 없다). 지금 검찰만이라도 정치적 중립을 지키고 엄정한 법 집행을 할 수 있다면, 이 나라는 희망이 있는 나라로 바뀔 수 있겠기에 하는 말이다. (한겨레, 2015-4-17)

에두아르도 갈레아노, 뒤늦은 추도사

지난 4월 13일 세계는 두 사람의 위대한 작가를 잃었다. 한 사람은 독일 작가 귄터 그라스(1927-2015), 다른 한 사람은 우루과이의 에두아르도 갈레아노(1940-2015). 이들은 오랫동안 정열적으로 세계의 양심을 대변해온 이른바 '좌파 문학의 거장'으로서 세계 전역의 독자들로부터 존경을 받아왔는데, 신기하게도 같은 날 타계했다. 그런데 한국의 언론에서는 귄터 그라스의 사망소식은 꽤 자세히 보도됐으나, 갈레아노의 소식은 (극소수 예외를 제외하고) 깜깜이었다. 이게 의도적인 결과인지, 혹은 무지나 무관심의 소치인지는 모르지만 말이다.

내 편견인지 모르지만, 굳이 말하자면, '나치스'의 망령과 평생 싸웠던 그라스도 물론 중요하지만, 훨씬 우리의 주목을 끌어 마땅한 작가는 갈레아노이다. 왜냐하면 그는 오늘날 글로벌자본의 압도적 지배 밑에서 자연과 인간이 철저히 파괴되고 짓눌리고 있는 (인류 전체의 사활이 걸려 있는) 세계적 위기상황에 정면으로 맞서 싸워온 작가 중에서도 가장 선두에 선 인물이었기 때문이다.

게다가 갈레아노는 죽을 때까지 '현역'이었다. 그가 《수탈된 대지 — 라틴아메리카 500년사》라는, 이제는 세계적 고전이 된 작품을 쓴 것은 28세 때였지만, 그때 못지않게 최근까지 70대 중반의 나이에도 그는 여전히 왕성하게 문학활동을 하고 있었다.

10년 전, 일본의 평론가 가라타니 고진(柄谷行人)의 〈근대문학의 종언〉(2004)이라는 글로 인해 한국문단이 잠시 소란스러웠던 적이 있다. 그가 생각하는 '근대문학'의 핵심은 시대현실에 비판적으로 접근하고, 거기에 도전하는 저항정신이었다. 그런데 언젠가부터 그는 이 정신의 쇠퇴현상을 느끼고 있었는데, 한국에 와서 보고 자신의 판단이 옳다는 확신이 들었다고 말한 것이다. 노골적인 상업주의는 아니라 해도 거의 자폐적 수준의 독백이나 자기현시적 욕망의 표출을 문학으로 오인하고 있는 사람들로 넘쳐나는 한국문단의 현실을 감안하면, 그의 발언은 경청할 필요가 있었다. 그러나 당시 문인들의 반응은 대개 단세포적 '반발'을 넘어서지 못했고, 그 결과 생산적인 토론의 기회는 사라졌다.

되돌아보면, '근대문학의 종언'이라는 테마가 무익한 소동으로 끝나버린 것은 당시 가라타니 고진이나 한국 문인들의 시야에 라틴아메리카의 문학이 보이지 않았던 점도 중요한 이유였을 것이다. 아마 라틴아메리카는 동아시아로부터 너무 멀리 떨어져 있는 데다 그곳은 오랜 세월 서구의 침탈과 군사독재로 억압돼온 '후진지역'이라는 선입관 때문에 주목해볼 생각을 못 했을지 모른다.

그러나 라틴아메리카가 (전진과 후퇴를 거듭하면서) '좋은 삶'을 위한 세계적인 해방투쟁의 선두에 선 지도 이미 20여 년이 지났다. 우리가 이 새로운 역사적인 흐름을 몰랐다면, 그것은 냉전시대의 이데올로기적 편견에 갇혀 지낸 탓도 있지만, 매사를 미국과 유럽인의 눈을 빌려 보는 데 익숙해진 탓이 크다고 할 수 있다. 예컨대 재작년 베네수엘라 차베스 대통령의 사망소식을 전하면서 한국의 언론들이 태연히 그를 '독재자'로 불렀던 것도 그 때문일 것이다.

차베스뿐만 아니다. 신대륙 500년사에서 처음으로 원주민 출신이 대통령이 된 볼리비아나, 진보적 경제학자 출신이 국가를 이끌고 있는 에콰도르는 다 함께 세계 최초로 '자연의 권리'를 명시한 신헌법을 제정해 종래의 서구식 '인권 개념'을 확장, 심화함으로써 생태적 보존과 토착민의 삶을 포괄하는 보다 실질적인 인권정책을 시도하고 있다.

브라질에서도 노동자 출신 대통령의 등장을 전후로 민주주의 강화를 위한 다각적 실험들이 시도돼왔고, 우루과이에서는 좌익 게릴라 출신의 철저한 공화주의자 대통령이 다수 국민의 절대적인 존경과 지지 속에서 최근 임기를 마치고 퇴임했다.

또 지금 세계 제일의 '지속가능한 국가'로 평가받는 '군대 없는 나라' 코스타리카도 주목에 값하는 나라이다. 물론 쿠바도 빼놓을 수 없다. 쿠바는 물론 공산당 독재 치하의 가난한 나라이다. 하지만 결코 간과하면 안될 것은 세계의 가장 어려운 지역에 가장 긴요한 도움, 즉 의료진이나 교사들을 아낌없이 파견해 지원해온 나라가 미국도 유럽 국가도 아니고 쿠바라는 점이다.

어쨌든 지금 라틴아메리카는 (물론 예외는 있지만) 여러모로 세계의 가장 선진적인 지역이 되었다고 하지 않을 수 없다. 그런데 중요한 것은, 이런 엄청난 혁명적 변화과정에서 막중한 역할을 해온 것이 시와 문학, 예술이라는 사실이다. 예를 들어, 차베스를 비롯한 오늘날 라틴아메리카의 개혁정치가들과 그들을 뒷받침하는 수많은 지식대중 중에 갈레아노의 글과 책을 읽지 않고 청소년기를 보낸 사람은 거의 없다. 그들은 삼엄한 군사독재하에서 갈레아노가 쓴 '금서'를 숨을 죽인 채 읽었고, 해외로 빠져나갈 때는 '갓난아기의 기저귀 속에' 숨겨서라도 책을 가지고 나갔다.

갈레아노는 원래 저널리즘에서 출발한 작가이기도 하지만, 그에게 문학과 정치 그리고 역사는 별개가 아니었다. 어떤 점에서 《수탈된 대지》와 《불의 기억》(1982~1986) 등 그의 주요 작품들은 모두 파블로 네루다(1904-1973)의 자유분방한 상상력과 하워드 진(1922-2010)의 민중적 역사관을 결합한 문학 - 역사서라고 할 수 있다. 그에게 문학이란 야만적인 지배와 수탈

236

과 폭력 밑에서 짓눌리고 억압돼온 자들이 '자유인'으로서 존
엄하게 살 수 있는 세상을 만드는 일, 즉 근원적인 의미의 '정
치적' 활동 이외에 아무것도 아니었다.

그러나 갈레아노의 스타일은 비인간적인 체제나 기득권세
력의 탐욕과 폭력적 지배를 소리 높여 규탄하는 게 아니었다.
그의 문학은 비참한 역사와 현실을 묘사할 때도 늘 풍부한 민
중적 감수성에 뿌리를 둔 '이야기'의 형태로 전달되고, 그 이
야기들은 예리한 아포리즘, 해학과 위트, 시적 환상과 뒤섞여
있다. 그 때문에 픽션도 아니고 논픽션도 아닌 그의 작품에서
독자들은 완전히 현실을 새롭게 발견하는 신선한 충격을 경험
한다.

그는 민중이 절망 속에서도 희망을 잃지 않는 것은 '이야
기'의 힘 때문이라고 믿었다. 인간의 세포조직은 분자가 아니
라 '이야기'로 구성돼 있다고 그는 즐겨 말했다. 갈레아노는
좌파 지식인들에게서 흔히 보는 '납처럼' 무거운 언어를 싫어
했다. (경향신문, 2015-5-7)

'개혁'의 아름다움

지금 지구사회가 시급히 해결해야 할 최대 현안은, 말할 것
도 없이, 기후변화 문제이다. 어떤 사람들의 예견으로는 이대

로 간다면 이번 세기말에는 지구상에 살아남아 있을 인간이 별로 없다. 이런 예견은 다소 과장된 것이라 해도, 조만간 급진적인 변화가 없다면 인류의 평화로운 생존·생활이 거의 불가능한 파국적인 상황이 연쇄적으로 닥칠 것임은 부인할 수 없는 사실이다. 그러기에 이제는 거대 석유회사들의 경영진도 보다 청정한 에너지원 개발과 '탄소세' 도입 등에 대한 지지를 언명하고 있다.

그러나 문제는 그들의 공식적인 발언과 실제 행동 사이에 드러나는 괴리이다. 예를 들어, 세계적 석유기업 '로열더치셸'은 내부적으로 지구 평균기온 상승폭을 섭씨 4도까지 상정해 놓고 있음이 최근 언론보도로 알려졌다. 이것은 최악의 상황을 피하려면 지구의 평균기온 상승폭이 반드시 2도 이내로 멈춰져야 하고, 따라서 화석연료 소비량이 극적으로 축소돼야 한다는 과학자들의 지견을 완전히 무시한 수치이다. 석유회사에 의한 이러한 '과학' 무시 자세는 결국 단기적인 사적 이익이 늘 장기적인 공적 이익보다 앞설 수밖에 없는 '자본'의 논리 때문이다.

석유재벌 '셸'의 자세는 예외적인 게 아니다. 우리는 흔히 기업의 사회적 책임과 윤리적 경영을 운위하지만, 사실 그것은 가당치도 않은 소리이다. 자본주의적 기업은 세상이 곧 망한다 할지라도 당장의 이익을 위해서는 뭣이든 못할 게 없는 구조와 메커니즘으로 돌아가는 시스템이다. 기업경영자가 설사 윤리적 경영을 원한다 하더라도 그것이 주가 상승에 방해가 된다면 주주들이 용인할 리 없다.

그러므로 우리는 결국 궁극적인 책임을 '국가'에 묻지 않을 수 없다. 국가의 존립 명분이 어디까지나 공동체 전체의 이익을 수호하기 위한 것이라면, 그 명분에 국가가 얼마나 충실한지를 따지는 것은 완전히 정당하다. 국가는 오늘날 얼마나 자본의 폭주에 적절히 제동을 걸고, 공동체의 안정과 평화를 위해 헌신하는가?

그러나 국가는 공적 책임을 거의 완전히 방기하고 사실상 자본가들의 하수인, 그들과 한통속이 되어 있는 게 오늘의 현실이다(국가의 이런 무책임한 자세를 엄격히 추궁해야 할 언론도 마찬가지이다. 오늘날 언론은, 큰 언론사일수록, 그 자신이 하나의 기업 조직이 되어, 공공의 정신을 상실한 '사이비' 언론으로 전락한 지 오래되었다).

이 상황에서 주목할 만한 발언이 하나 있다. 그것은 지난 2월까지 재직했던 호세 무히카 전 우루과이 대통령의 발언이다. 무히카는 오늘날의 정치지도자로서는 드물게 장기적인 시야를 가지고 사심 없이 공직 수행을 해왔고, 우루과이 시민들은 물론 세계적으로도 큰 지지와 존경을 받아온 희귀한 인물이다. 그런 그가 임기 말에 어떤 언론과 한 인터뷰에서 매우 중요한 말을 남겼다. 2012년 유엔총회에서 행한 '역사적' 연설에서도 드러났듯이 무히카 대통령은 평소에 기후변화를 위시한 환경위기에 남달리 진지한 관심을 기울여온 정치가이다. 그런 그가 기자의 질문에 답하는 과정에서 "지금 세계에 환경

위기는 없습니다, 지금의 위기는 통치(정치)의 위기입니다"라고 말한 것이다.

이 '역설적인' 발언은 실은 문제의 핵심을 명료히 적시한 것이라고 볼 수 있다. 즉, 기후변화나 환경위기는 근본적으로 어떠한 기술적 대응이나 '환경운동'을 통해서 해결될 수 있는 게 아니라 어디까지나 정치와 국가운영이 합리적으로 작동할 때, 다시 말하여 공공의 정신에 충실한 정치질서가 확보될 때에만 비로소 해결 가능성이 열릴 수 있다는 것이다.

그런데 합리적인 정치, 정상적인 국가운영이란 결국 사회적 약자들의 능동적인 정치참여가 보장된 시스템, 즉 민주주의에서 말고는 확보될 수 없는 것이다. 그런 의미에서 무히카가 말하는 '통치의 위기'란 실은 지금 세계적으로 민주정치가 실종된 현실을 가리킨다고 할 수 있다(이른바 민주주의 선진국이라는 유럽의 정치도 지금은 '엘리트들의 스포츠'(《르몽드디플로마티크》 2015년 6월호 표제)로 전락해버렸다).

사실, 기후변화나 환경위기만의 문제가 아니다. 오늘날 환경문제 못지않게 시급한 대응을 요하는 빈곤, 실업, 출산율 저하, 중산층 몰락, 심화하는 부의 집중화 등 사회적 삶의 기반을 위협하는 온갖 사회경제적 문제들도 본질적으로 민주주의의 쇠퇴 혹은 결여에 기인한, 합리적 국가운영의 실패 혹은 정치다운 정치의 실종에 따른 어김없는 결과임을 우리는 확실히 보지 않으면 안된다.

그렇다면 해법은 간단하다. 민주주의를 살리기 위해 온갖 노력을 다하는 것이다. 그렇게 해서 극소수 특권층에 집중된 경제적·정치적 권력을 사회구성원 전체에게 고르게 배분하고, '국가'가 소수 특권층의 사적 이익이 아니라 사회 전체의 공익 실현에 복무하는 공기(公器)가 되도록 강제하는 것이다.

모름지기 인간사회의 혼란과 고통의 으뜸 요인은 과도한 사회적 양극화, 경제적 불평등이다. 원래 사회구성원 전체에게 귀속된 '공유재'를 소수 권력층이나 부유층이 어떤 과정을 통해서든 배타적으로 점유하고, 대다수 민중은 빈민으로 전락하여 사실상의 노예로 살아가야 하는 상황이 심화될 때 세상은 안정과 평화를 잃고 혼돈상태로 빠져들게 마련이다. 이런 상황이 지속되면 사회는 극심한 분열·갈등으로 결국은 폭발할 수밖에 없다. 그러나 어떤 사회들은 적절한 '개혁'을 통하여 혼돈상황을 타개하는 지혜를 발휘해왔다. 그런 지혜로움을 뒷받침하는 것은 무엇보다 "인간은 스스로의 기획과 의지로써 보다 좋은 사회를 만들 수 있다"는 신념이라고 할 수 있다.

실은, '좋은 사회'를 인간 자신의 힘으로 만들 수 있다는 신념은 원래 고대 아테네의 시인이자 개혁정치가였던 솔론이 인류사회에 남겨준 위대한 정신적 유산이다.

기원전 6세기 아티카 사회는 올리브유 등 활발한 무역으로 사회 전체의 부는 증가했으나 부유층에 의한 경제적·정치적 권력 독점으로 극심한 양극화, 계층 간의 반목과 갈등, 혼란이 계속되고 있었다. 대다수 농민과 빈민은 빚에 짓눌려 노예생활을 하고 있었고, 빚 때문에 해외로 도피하는 탈주자도 부지

기수였다. 이 상황이 계속된다면 머잖아 사회적 기반 자체가 붕괴될 게 분명했다. 그리하여 결국 부유층과 평민들은 솔론을 집정관(아르콘)으로 추대하는 데 합의하여 그에게 '독재권'을 부여했다. 솔론이 추대된 것은, 아리스토텔레스의 기록에 의하면, 그가 뛰어난 시인으로서 당대 현실을 가장 아파하고 그것을 절실한 언어로 표현하고 있었기 때문이다. "유서 깊은 이오니아인들의 오래된 땅이 지금 갈기갈기 찢기고 있구나. 아아, 말할 수 없는 깊은 슬픔을 나는 느낀다"는 그의 절규가 사람들의 큰 공명을 얻었던 것이다.

솔론은 무엇보다 부채를 청산하고 토지를 조정·분배하는 것에서 개혁을 시작했다. 그 때문에 부유층의 극심한 반발을 샀으나 그는 부유층의 도덕적 퇴폐를 공격하고, 경자유전(耕者有田)의 논리를 내세워 과감하게 토지개혁을 실천했다. 그는 빈민들에게 아첨하지도 않았다. 그는 "이마에 땀을 흘리지 않고는 덕(德)에 도달할 수 없다"고 강조했다. 그리고 솔론은 평민들의 정치참여를 보장하는 제도(평의회)를 만들고, 제비뽑기에 의한 공직자 선출이라는 제도를 최초로 도입함으로써 아테네 민주주의의 초석을 깔았다.

비록 2,600년 전의 이야기지만, 솔론의 개혁은 지금 우리에게도 가르쳐주는 바가 많다. 근원적으로는 그 시대나 지금이나 본질은 같다고 할 수 있다. 요컨대 '공유재'의 고른 분배, 그리고 평민의 능동적 정치참여가 핵심인 것이다. 이것은 '좋은 사회' 성립의 불가결한 토대이며, 절망적 상황을 희망적 현

실로 바꿔놓는 출발점이자 귀결점이라고 할 수 있다. (한겨레, 2015-6-5)

메르스와 민주주의

늘 붐비던 시내가 한산하다. 좀 과장하면 유령도시 같다. 하기는 도시의 이 조용한 풍경은 그 자체로 나쁘지는 않다. 그렇지만 지금은 이런 속 편한 소리를 할 상황이 아니라는 게 문제이다. 거리 풍경이 이렇게 된 것은, 감염력이 강하고, 치료약이 없고, 치사율이 높다는 메르스라는 유행병의 갑작스러운 확산과 더불어 시민들이 공포에 사로잡혔기 때문이다. 그리하여 많은 사람들은 타인들과의 교류·접촉을 극도로 꺼리며, 스스로 '자가격리'의 생활로 들어가고 말았다. 소문에 의하면, 어떤 사람들은 출입을 일절 그만두고, 필요한 생활물자도 배달에 의존해서 지낸다고 한다. 혹시 타인의 손이 닿았을지도 모르는 현관문 손잡이는 하루에도 몇 번씩 알코올로 닦으면서.

인간인 이상 우리는 타인과 더불어 살지 않으면 생존·생활이 불가능함에도, 이제 살아남기 위해서 타인들로부터 스스로를 고립시키지 않으면 안되는 기묘한 상황이 되었다. 옛 예언서가 경고해온 '백조일손'(100명의 조상에 한 명의 자손)의 상황이 도래한 것일까. 말세가 되면 괴질이 창궐하여 사람들이 길을 가다가도 갑자기 피를 토하고 쓰러져 결국은 대부분이 죽고, 급기야는 10리에 한 사람의 인간도 만나 보기 어려운 세상이 될 것이라는 끔찍한 예언 말이다. 물론 메르스라는 게 그런 괴질은 아닐 것이다. 그러나 사람이 사람을 피해야만 살 수 있는 세상이라면, 그것은 결국 세상의 종말, '말세'가 아닌가?

그러나 중요한 것은, 말세도, 괴질의 창궐도 결국은 사람이 만들어낸다는 사실이다. 메르스라는 유행병의 발생 경위나 확산 과정을 보더라도 그렇다. 아직 정확한 연구가 있는 것은 아니지만, 메르스가 중동지방에서 발생하게 된 것은 이 병원체의 숙주라는 낙타가 근년에 이 지역에서 생태적 조건과 상관없이 과도하게 밀집사육된 것과 관계가 있는 것으로 보인다. 그리고 지금까지 메르스의 감염률이나 치사율이 가장 높은 나라는 사우디아라비아로 알려졌는데, 그 주된 이유는 —〈시사IN〉최신호(404호, 2015년 6월 13일)에 의하면—그곳 의료기관의 허술한 질병관리시스템이다.

그런데 그 와중에서도 사우디의 부유층은 그들 특유의 '폐쇄적인' 생활방식 때문에 좀처럼 메르스에 걸리지 않고, 주로 서민층, 특히 외국인 노동자들이 쉽게 감염된다고 한다. 이것은 무엇을 의미하는가? 그것은 단적으로 가난한 자 혹은 사회적 약자들을 돌보고 보호해야 한다는 관념이 희박한 독재국가 혹은 권위주의 국가일수록 질병관리시스템이 허술할 수밖에 없다는 것을 알려주는 전형적인 사례라고 할 수 있다.

지금 한국은 발전된 기술사회라고 자처하면서도, 사우디 다음으로 메르스 감염률이 높은 나라가 되면서 세계인들로부터 조롱을 받고, 기피를 당하는 불쌍한 처지로 전락했다. 그러나 우리가 정작 절망을 느끼는 것은, 이 사태가 세월호 참사를 겪고도 아무것도 달라지지 않은 이 나라의 모습을 그대로 드러내고 있기 때문이다. 국가운영을 책임지고 있는 최고위 공직자(들)은 우왕좌왕할 뿐 세월호 때와 똑같은 방식으로 '초기 대응'에 완전히 실패하고, 아직도 어떻게 해야 할지를 모르는 것 같다. 뒤늦게 얼굴을 내민 대통령은 잘 알아들을 수도 없는 말로 미주알고주알 뭔가 지시를 내리고 있지만, 텔레비전 카메라 앞에서의 그런 쓸데없는 연기(演技)로 이 심각한 재앙이 극복될 수 있다고 정말 믿는 것일까?

전문적인 식견과 역량을 요하는 공중보건 문제에 대하여 최고 통치자가 이런저런 세부사항에 관련하여 개입한다는 것은 사실 우스운 일이다. 최고 권력자라고 해서 모든 문제에 정통한 현자인 척 행동하는 것보다 희극적인 장면이 없다. 좋은 통치자는 자신의 권한과 능력의 한계를 잘 이해하고, 화급을 다투는 재앙을 어떻게 막을 것인지 그 방법을 지혜롭게 강구하는 자이다. 그렇다면 지금 중요한 것은 이 방면의 최고 전문가를 선택하여, 그에게 전권을 위임하는 것일 터이다. 그게 바로 고대 아테네인들이 보여준 방법이었다.

고대 아테네인들은 인류사상 최고의 민주주의를 실현시켰고, 그 민주주의의 핵심 기제는 거의 모든 공직자를 제비뽑기로 선출하는 것이었다. 그렇게 한 것은 직업적 정치가란 결국은 부패하게 마련이라는 철저한 인식, 모든 시민은 누구든 국가사무를 감당할 능력이 있고, 또 그래야 모두가 자율적 인간으로 살 수 있다는 믿음 때문이었다. 그러니까 아테네인들에게 국가적 중대사를 결정하는 주체는 '엘리트'가 아니라 어디까지나 일반시민이었다. 그러나 예외가 있었다. 예컨대 전쟁을 지휘한다거나 국가의 까다로운 재정문제는 전문가에게 맡기지 않으면 안된다는 것을 그들은 알고 있었다. 그래서 아테네에서는 예외적으로 장군이나 재정관은 투표로 선출했고, 일정한 임기 동안 그들에게 절대적 복종을 했다. 그렇게 해야 공동체가 망하지 않는다는 것을 너무나 잘 이해하고 있었기 때문이다.

모든 일에 최고 권력자가 나선다는 것은 매우 어리석고 위험한 짓이다. 때로는 적임자에게 모든 것을 맡기고 그가 거리낌 없이 일할 수 있도록 여건을 마련해주는 것이 최고 권력자의 본분이라고 할 수 있다.

이와 관련해서 또하나 심각한 문제가 있다. 즉, 지금 한국사회가 재난 대응에 계속 실패하는 것은, 현장 책임자나 실무자들이 자주적으로 신속히 판단하고 행동할 수 있는 재량권이 없다는 점과 큰 관계가 있다는 점이다. (《시사IN》 기사에 의하면) 실제로 정부는 메르스에 대한 매뉴얼을 이미 작년 말에 작성해놓았다. 그런데 그게 무용지물이 된 것은 오히려 실무자들이 그 매뉴얼에 충실했기 때문이다! 즉, 지난 5월 4일 인천공항으로 메르스 감염 환자가 입국했을 때, 그의 출발지가 (메르스 발생국이 아닌) 바레인이라는 사실 때문에 그가 (메르

스 발생지역인) 카타르를 경유했다는 사실은 방역 실무자들이
무시해버린 것이다. 그들에게 중요한 것은 발생지역만 나열돼
있는 매뉴얼이었기에.

상관의 지시 없이 실무자들이 자주적으로 판단·행동한다는
것은 오늘날 이 사회에서는 실제로 거의 불가능하다. 식민지
지배, 군사독재, 독선적인 정부를 거치는 동안 관료사회든 기
업이든 한국인 대다수는 기본적으로 노예의 삶에 길들여졌다.
그러니까 메르스 사태도 결국 민주주의의 결여로 빚어진 재앙
이라고 하지 않을 수 없다. (경향신문, 2015-6-11)

정치와 용기

세상을 뒤덮고 있는 먹구름이 걷힐 것인가? 국가파산 위기
에 빠진 그리스의 민중이 국민투표를 통해 그동안 세계를 지
옥으로 만들어온 핵심적 요인, 즉 글로벌 자본주의의 약탈적
금융시스템에 대해 명확한 거부의사를 밝혔다.

반년 전, 그리스에 '시리자'라는 좌파연합 정부가 들어설 때
만 하더라도, 이들이 어떻게 막대한 국가부채 위기를 극복할
수 있을지 앞이 보이지 않았다. 필시 모처럼 들어선 민주정부
이지만 결국은 사태 수습에 실패하고, 붕괴할 가능성이 높다
고 예견한 사람도 많았다.

새로운 금융지원을 받아봤자 그것이 도로 채권자들의 주머니로 들어가는 악순환의 구조 속에서 독자적인 통화 발행권도, 통화관리 수단도 없는 국가가 어떻게 국민들의 생존·생활을 보장하고, 나아가 경제를 다시 일으켜 빚을 갚을 수 있을지 막막해 보였기 때문이다.

게다가 '트로이카' ─ 유럽연합(EU)·유럽중앙은행(ECB)·국제통화기금(IMF) ─ 는 그리스정부가 취할 수 있는 가장 합리적인 정책, 즉 부유층에 대한 중과세나 군사비 삭감 정책을 절대로 허용할 수 없다는 입장을 견지하고, 서민들의 고통만 가중시키는 임금 삭감, 사회복지의 축소 등 소위 긴축정책만을 강요해왔다. 그리스의 부채는 일부 탕감하고 나머지는 상환 기한을 대폭 연장하는 게 바람직하다는 IMF 내부의 이성적인 판단에도 불구하고, 최근에 트로이카는 더욱더 철저한 긴축정책을 요구하고, 그것을 받아들이지 않으면 더이상의 금융지원은 없다는 협박을 가해왔다. 결국 민중의 이익을 대변하는 정치세력은 제거하겠다는 의도를 그런 식으로 표현한 것이다.

이에 대한 '시리자' 정권의 응답이 7월 5일의 국민투표였다. 이것은 실은 그리스 국민이 채권자들의 요구를 받아들일 것인가 말 것인가를 결정하는 것보다 훨씬 크고 깊은 의미를 내포한 투표였다. 세계의 주류 언론은 이것을 단순히 가혹한 긴축정책에 대한 찬반 여부를 그리스 국민에게 묻는 투표행위로 그 의미를 축소해서 접근했지만, 실제로 이번 국민투표는 1퍼센트 특권층의 (단기적) 이익을 위해 세계를 사회적·생태적·

도덕적 황무지로 만들고 있는 글로벌 금융자본주의 질서에 대해 한 나라 국민 전체의 의견을 묻는 세계 최초의 사건이었다. 그리고 여기에 대해 그리스 국민은 압도적인 거부반응을 표시했다. 그런 점에서 2015년 7월 5일은 세계의 정치 및 경제 질서가 근본적인 변화의 국면을 맞는 계기, 역사적인 분기점으로 기억될 가능성이 커졌다. 왜냐하면 이날의 그리스 국민투표는 소비에트사회주의가 붕괴한 이후 지금까지 수십 년간 세계를 압도해온 "대안은 없다"는, 소위 신자유주의의 논리에 결정적인 균열 혹은 타격을 가한 획기적인 사건이라고 할 수 있기 때문이다.

생각하면, 국면 타개의 방법으로 국민투표를 택한 것은 매우 현명하면서도 용기 있는 행동이었다. 왜냐하면 그리스 민중도, 세계의 수많은 다른 지역 민중처럼, 오늘날의 주류 미디어가 끊임없이 쏟아내는 반민중적 프로파간다의 강한 영향력 밑에서 자기망각에 빠져 특권층·부유층의 편에 서는 엉뚱한 선택을 얼마든지 할 수 있는 처지에 있기 때문이다. 그러나 '시리자' 정부는 민중을 믿고, 국민투표를 선택한 결과 놀라운 승리를 거두었다. 민주정부가 아니면 불가능한 발상, 믿음, 결단이었다고 할 수 있다.

물론 국민투표의 결과로 문제가 해결된 것은 아니다. 그러나 이로 인해 '트로이카'가 양보를 하든지 안하든지 상관없이 앞으로의 상황은 이전과는 매우 달라질 게 분명하다.

그리고 만일 '트로이카'의 양보를 얻어내지 못하고 그리스가 유로존에서 탈퇴한다면 그리스 민중은 한동안 몹시 고통스러운 삶을 견뎌내야 하겠지만, 지금까지와 같은 출구 없는 암담한 상황으로부터 완전히 벗어나 새로운 사회적 실험을 전개할 수 있을 것이다. 그리고 무엇보다 중요한 것은 그런 그리스 민중의 경험이 세계의 다른 수많은 지역 민중에게도 새로운 세상을 만들 수 있다는 암시를 주고, 희망을 불러일으킬 것이라는 점이다.

실제로 지금 그리스가 직면한 것은 그리스만이 아니라 세계의 민중 전체의 운명이 걸린 중대한 문제이다. 언론들은 흔히 이 문제를 그리스와 유럽연합 혹은 그리스와 독일이라는 각도에서 국가 간 문제로 몰고 가는 경향이 있지만, 본질적으로 이것은 '국익'에 관한 문제가 아니라 세계의 특권적 부유층과 일반 민중 간의 대립과 갈등의 문제라고 할 수 있다.

그리하여 지금 그리스 내부에서도 부유층과 서민들의 입장은 같을 수 없고, 독일 내에도 '트로이카'의 입장에 열렬히 반대하는 그룹(예컨대 '좌파당'이나 녹색당)이 있을 뿐만 아니라, 세계적으로도 이 문제를 두고 전혀 상이한 시각이 대립하고 있다(그리스 사태가 '과잉 복지'의 결과라는, 한국의 주류 언론의 해석은 몰상식한 억지논리이다. 그것은 결국 그들의 뿌리 깊은 반민중적 자세, 강자숭배 체질의 표출임은 말할 필요가 없다).

그러나 엄밀히 보면 대립과 갈등이라고 할 수도 없을 만큼 실은 아직도 압도적인 것은 반민중적 세력이다. 그들은 비단 경제력, 군사력뿐만 아니라 언론, 교육, 대학, 문화, 예술을 좌우하고, 무엇보다 정치를 지배하고 있다. 이 상황을 어떻게 종식시키고 보다 민주적이고 인간적이며 정의로운, 그리고 지속가능한 세상을 만들어낼 수 있을까?

그리스 국민투표 못지않게 또하나 희망적인 신호는 아직은 드물지만 진실로 용기 있는 인물들이 세계의 중심적 정치무대에 등장하기 시작했다는 사실이다.

대표적인 인물은 미국의 차기 대통령 선거전에 뛰어든 상원의원 버니 샌더스이다. 그는 스스로 '민주사회주의자'임을 명확히 공언하고, 미국이 군사대국, 세계의 지배자가 되려는 욕망을 그만두고 차별 없는 민주적 복지국가, 즉 적어도 덴마크나 스웨덴과 같은 '사회주의' 국가로 변화해야 할 필요성을 정열적으로 설파하고 있다.

그동안 어떤 정치가로부터도 듣지 못했던 이 과감한 발언들로 지금 미국의 시민사회, 특히 젊은이들의 반응은 열광적이다. 과연 그가 대통령이 될 수 있을지는 모르지만, 그 자신의 말대로, 설사 지더라도 선거과정에서 그가 행한 발언 때문에 많은 시민들이 미국의 현재와 미래에 대해 '숙고'하게 될 것이고, 그러면 미국과 세계의 변화는 시간문제가 될지도 모른다. 용기 있는 정치적 행동은 '좋은 세상'을 위한 불가결한 덕목임에 틀림없다. (경향신문, 2015-7-9)

평범한 자들의 민주주의

"미친놈들이 국회의원 늘리자고 하네요. 우리나라 국회의원 연봉이 얼만지 아세요?" "얼만데요?" "1억 5천이 넘어요. 세계 최고 수준입니다. 거기다가 온갖 특혜를 누리고, 사무실에는 보좌관, 비서, 인턴 포함해서 9명이나 직원들 두고 있고요. 그 경비만도 연간 6억이나 듭니다. 세금도둑놈들이에요. 국회의원이 무보수 명예직이라는 나라도 많다는데….."

모처럼 택시를 탔다가 다혈질의 운전사로부터 뜻밖의 '가르침'을 받고, 인터넷에서 확인을 해보니 그의 말이 틀리지 않았다. 우리 국회의원들이 받는 급여가 세계 최고 수준이라는 것도 사실이었다. 액수 자체는 우리보다 많은 나라들이 더러 있지만, 국민소득 대비로는 대한민국 국회의원이 단연 최고임이 분명하다. 더욱이 세비 외에 지급되는 각종 수당들도 참 가지가지이다. 그중 압권은 '간식비'라는 것이다. 의원들이 보좌진과 함께 밤새워 일할 때 간식이 필요하다면 자기들 주머니를 털어 사 먹을 일이지, 왜 공금을 써야 하는지 알다가도 모를 일이다.

국회의원의 고액 샐러리에 관한 시민들의 불만은 말할 것도 없이 오늘날 이 나라의 국가운영과 정치를 책임지고 있는 자들에 대한 뿌리 깊은 불신 때문이다. 우려스러운 것은, 이 불신이 깊어지면서 정치 그 자체에 대한 불신과 혐오가 광범위하게 확산되고 있는 점이다.

혼히 우리는 오늘날의 정치가 무력해진 것을 제도적·구조적으로 이해하기보다는 정치가들의 인간적인 자질과 능력, 한계에 쉽게 반응하고 그것을 근거로 판단을 하는 경향이 있다. 이것은 어쩌면 당연한 반응이긴 하지만, 생각해보면 그것은 매우 불합리한 편견에서 비롯된 반응이라고 하지 않을 수 없다. 즉, 정치란 보통사람들보다 더 훌륭하고 뛰어난 사람들이 맡아서 하는 '전문적 활동'이라는 편견 말이다.

예를 들어, 최근 텔레비전 드라마에 웬일인지 자주 등장하는 임진왜란 당시의 국왕, 즉 선조의 경우를 보자. 선조는 나라의 존망이 걸린 백척간두의 상황에서도 자기의 신변안전에 몰두하여 '왕답지' 못한 용렬한 행태를 되풀이해서 드러낸다. 이런 장면을 보는 오늘의 한국인들의 입에서는 절로 탄식이 나올 수밖에 없다. 그리하여 이순신이 터무니없는 죄명으로 삭탈관직과 모진 국문(鞠問)을 당한 끝에 겨우 목숨을 건져 '백의종군'에 나서게 되는 장면에 이르러서는 억장이 무너지지 않는 사람이 없을 것이다. 하지만 잘 생각해보면, 선조라는 왕도 왜란이라는 극한적인 상황이 아니었다면 저런 천치 같은 모습을 드러내지 않고 일생을 보냈을 것이다. 즉, 그는 그냥 평범한 인간이었기에 거침없이 쳐들어오는 왜군들에게 목숨을 잃을까 봐 백성을 버리고 황급히 도망을 갔고, 그것이 빌미가 되어 심한 콤플렉스에 시달렸다. 그 때문에 공로가 큰 신하, 장수, 의병장들을 시기·질투하는 심리를 억제하지 못한 나머지 그들을 박해하고 심지어 처형까지 하는 어이없는 행동을 자행한 것이라 할 수 있다.

비단 왕조시대뿐만 아니다. 지금 '민주공화국'이라는 나라에 살면서도 우리는 국가권력이 끊임없이 저지르는 적반하장 격의 인권유린 혹은 폭거 앞에서 가슴을 치고 통탄하며 지내고 있다. 그리고 그때마다 우리는 '지도자'를 원망하고 정치가들을 비난하지만, 그래봤자 소득은 아무것도 없다. 왜냐하면 그런 지도자, 정치가들의 '사람됨'이라는 게 변할 수 있는 것이 아니기 때문이다.

생각해보면, 가장 어리석은 짓이 정치지도자들의 사람됨에 기대를 거는 일이다. 또 냉정히 생각할 때, 정말로 사심 없고 덕망 있고 유능한 지도자, 위대한 정치가라는 게 현실적으로 존재할 수 있는지도 의심스럽다. 개인적 차이는 있겠지만, 인간인 이상 우리 모두는 거의 예외 없이 늘 이기적이고 자기중심적인 정념과 욕망에 갇혀 살고 있게 마련이다. 철저히 사심 없는 현자 혹은 철인(哲人)이 다스리는 국가라는 게 성립할 수 있다고 믿는 것은 자유이지만, 실제 현실에서 위대한 지도자란 흔히 독재자, 폭군으로 귀결된다는 것은 역사가 증명하고 있는 엄연한 사실이다.

이런 사실을 가장 명확히 이해하고 있던 공동체는 고대 그리스인들이었다. 그들은 이기심 없는 특출한 위인이 있을 수 있다고 생각하지 않았고, 설령 있다고 해도 그들을 믿지 않았다. 오히려 그런 인물은 시간이 지나면 폭군으로 될 가능성이 크다고 여겼다. 고대 아테네에 '도편추방'이라는 특이한 제도가 있었던 것은 그 때문이다. 잠재적으로 독재자가 될 소질이 있어 보이는 '비범한' 인물들은 시민들의 투표에 의해 10년 동안 국외로 추방되었던 것이다.

인간이란 본질적으로 그다지 고상한 존재가 아니고, 알고 보면 모두 이 세상이라는 무대에서 잠시 '연기(演技)'를 하다가 사라지는 어릿광대, '희극적'인 존재라는 사실을 꿰뚫어 본 것에 고대 아테네인들의 깊은 지혜가 있었다(19세기 전반 왕정복고기의 프랑스사회의 세속적 인심과 물정을 극명하게 묘사한 자신의 소설들을 모두 '인간희극'(1829~1847)이라는 타이틀로 묶었던 발자크도 따져보면 이 전통 속에 서 있던 리얼리스트였다). 그리고 그 지혜를 통해서 그들은 이 평범한 속물적 인간들에게 가장 적합한 정치시스템, 즉 직접민주주의를 만들고 실천했다. 아테네인들에게 민주주의란 보통사람들이 스스로의 힘과 지혜를 모아서 자신들을 다스리는 시스템 이외에 아무것도 아니었다. 그런 의미에서 그들은 진정한 '자유인'이었다.

대의민주주의가 대세인 오늘날 그리스식 민주주의는 아득히 먼 이야기처럼 들릴 수 있다. 그러나 민주주의의 원리와 본질을 생각할 때 우리는 언제나 '아테네 민주주의'라는 원점으로 되돌아가볼 필요가 있다. 더욱이 지금처럼 대의민주주의 자체가 파탄지경에 이른 상황에서는 더 그렇다고 할 수 있다. 즉, '인민'이 직접 자치를 하는 대신에 대표자들을 뽑아 정기적으로 선거를 통해 그들의 업적과 과오를 심판한다는 게 대의민주주의 원리라고 한다면, 그 원리는 지금 완전히 마비상태이다. 오늘날 선거는 국가권력을 위임받은 자들에게 정기적으로 책임을 묻는 기제로 작동하는 게 아니라, 오히려 '정치가계급'이라는 새로운 특권계층의 영구적 권력 향유를 합리화하는 형식적 절차로 타락해버렸기 때문이다.

그리고 대의민주주의가 이토록 타락한 데에는 소선거구제 단순 다수 득표로 대표자를 당선시키는 선거제도가 결정적인 역할을 해왔다고 할 수 있다. 소선거구제에서는 유권자 중 절대다수의 표는 버려질 수밖에 없고, 그 결과 국민 절대다수의 입장이나 의견은 국가운영에 반영되지 못하는 부조리한 현상이 굳어지게 마련이다.

한국의 현행 소선거구제 중심 선거제를 비판하는 이들은 주로 뿌리 깊은 지역주의의 극복을 위해서 이 제도의 변경이 필요하다고 말하고 있지만, 실은 그보다 중요한 것은 이 제도 밑에서는 국민의 절대다수 혹은 적어도 절반 이상이 자신들을 대변해줄 대표자가 없이, 사실상 정치적 시민권이 박탈된 노예적 상황에 놓여 있을 수밖에 없다는 사실이다. 국가운영 과정에서 소수자들을 소외시켜서도 안되는 게 민주주의의 근본원리인데도, 현재 한국의 선거제도는 사회구성원 다수까지 철저히 정치에서 소외시키고 있다. 이러고서는 선출된 국가권력일지라도 자신의 정당성을 주장할 수 없고, 정치와 사회가 절대로 안정을 누릴 수도 없다.

이 상황을 타개하려면 현재로서는 비례대표제의 확대에서 시작하는 게 가장 실제적이고 합리적인 방안일 것이다. 그리고 국회의원들의 특권과 고액 연봉에 대한 보통 시민들의 정당한 불만을 고려할 때, 비례대표를 대폭 확대하되 동시에 국회의원의 특권과 급여를 축소하는 것이 순리라고 할 수 있다. 정치가 '잘난 자들'의 전유물로 남아 있는 한, 우리가 노예생활에서 벗어나는 것은 요원한 일이다. (한겨레, 2015-7-31)

김수행, 아름다운 영혼을 기리며

부음을 들었을 때 아, 아까운 사람을 또 잃었구나 하는 몹시 허전한 느낌이었다. 특별히 내가 그의 죽음을 애도할 만한 개인적 인연이나 기억은 없다. 오래전 돌아가신 정치학자(잠깐 국회의원으로 활동도 했던) 이수인 교수 댁에서 딱 한 번 우연히 마주친 적이 있지만, 그와 우정을 나눈 적이 없다. 게다가 그가 심혈을 기울여 완역한 《자본론》이나 그의 저서를 꼼꼼히 읽어본 적도 없다. 단지 그때그때의 필요 때문에 그 저술의 일부를 뒤적이거나 그가 쓴 신문의 칼럼을 흥미롭게 읽어봤을 뿐이다.

우리 세대는 《자본론》을 통독하거나 충실히 읽은 경험자가 별로 없을 것이다. 우리보다 10년 정도 위 세대는 예전 일본 학자들이 번역한 《자본론》을 읽는 게 가능했겠지만, 해방 후 오로지 한글로 글을 읽기 시작한 세대들에게는 (예외는 있겠지만) 일본어 해독력이 없었고, 그리고 무엇보다 광적인 반공체제 속에서 무슨 판본이건 《자본론》을 구해서 읽는다는 것은 거의 불가능했다.

더욱이 나와 같은 문학전공자에게는 설령 《자본론》을 어렵사리 구했다 하더라도 그것을 소설책 읽듯이 술술 읽어낼 재간이 없었다. 실제로 내 경우, 30대 후반에 미국에 가서 두 학기를 보내며 도서관에서 《자본론》을 빌려 틈틈이 읽어보려고 했으나 그게 문학이나 역사책을 보듯이 될 일이 아니라는 것을 깨닫는 데는 그리 오래 걸리지 않았다. 학생시절에 서양경제사상사를 겉핥기로 읽은 밑천으로 낯선 용어가 끊임없이 출현하는 《자본론》을 혼자 독파한다는 것은 무리였다. 그 책에서 그나마 내가 쉽게 이해하거나 흥미를 느낀 대목들은, 예컨대 밀가루가 아니라 석회가루가 잔뜩 섞인 빵으로 근근 목숨을 부지할 수밖에 없었던 초기 산업시대 노동자나 빈민들의 참상에 관한 생생한 묘사들이었는데, 사실 그런 기록은 블레이크나 디킨스를 읽으면서 내가 이미 충분히 숙지하고 있던 것이었다. 그런 기록에 접하기 위해 굳이 《자본론》이라는 난해하고 두꺼운 텍스트를 읽어야 할 이유는 없었다.

그 이후 《자본론》에 대한 내 관심은 시들해져버렸고, 그 결과 나는 오히려 원전 자체보다 그것에 직간접으로 연관된 2차 텍스트들을 더 많이 보면서 지내왔다. 그러나 이유가 무엇이든 명색 지식인이라면서 한 번도 《자본론》을 통독하지 못한 것은 부끄러운 일임에 틀림없다. 물론 《자본론》이 전부는 아니다.

하지만 훌륭한 안내자의 도움을 받으며 이 고전을 충실히 읽은 지식인이 많은 사회는 그렇지 않은 사회에 비해 '분위기'가 다를 것이고, 그 차이는 문화적·사회적·정치적 성격과 수준을 좌우하는 데 영향을 미칠 것임은 짐작하기 어렵지 않다.

예를 들어, 일본의 경우를 생각해볼 필요가 있다. 한국에도 적잖은 독자가 있는 일본 평론가 가라타니 고진은 언젠가 자신의 지적 생애가 맑스를 축으로 영위돼왔음을 말하고, 그 까닭의 하나로 학부생활의 경험을 들었다. 즉, 그가 경제학부에 다니던 학생 시절에는 《자본론》을 거의 암기하다시피 하지 않으면 학점을 딸 수 없는 학풍이었다는 것이다. 그래서 몇십 년이 지난 뒤에도 그는 《자본론》의 상당부분을 대충 페이지까지 기억할 수 있다고 말했다.

하기는 2차 세계대전 이후 일본의 지적·학문적 분위기는 세계 어느 곳보다도 자유로웠다. 일본은 냉전체제 속에서 군사적·외교적으로 사실상 미국의 종속국이라는 처지를 면할 수 없었지만, 사상과 학문의 자유에서는 제약이 거의 없었다. 그리하여 전쟁 이전에 잠복된 형태로 명맥을 유지하던 사회주의나 맑스(주의) 사상에 관한 연구가 아마도 세계에서도 가장 활발하게 이루어졌다. 그게 대략 1970년대 말까지의 일본 지식사회의 풍경이었다고 할 수 있다.

그래서 예컨대 일본의 '엘리트'들을 양성·배출하는 도쿄대학을 위시한 주요 고등교육기관에서는 학부 때부터 《자본론》과 맑스의 텍스트를 읽고 배우는 것은 거의 필수적이었다.

지금은 상황이 크게 달라졌지만, 전후 일본은 장기간의 자민당 일당 지배체제에도 불구하고 국가적 정책에는 '사회민주주의적' 요소가 꽤 내포되어 있었다. 그 때문에 적어도 몇십 년 동안 일본사회는 빈부격차가 작은 안정되고 평화스러운 사회로 존립할 수 있었고, 세계인들의 부러움을 샀다. 그런데 이렇게 된 데는 복합적인 원인이 있겠지만, 주요 정치가, 고위 공무원, 대기업 간부들 중에 대학에서 받은 교육의 영향으로 '좌파적' 현실인식과 세계이해에 공감하는 사람들이 많았기 때문이라는 유력한 설이 있다(실제로 자민당에는 오랫동안 우익 이외에 좌익 성향의 정치가들도 존재했다).

일본의 경우는 비근한 예에 불과하다. 어떤 사회든 사상, 학문, 언론의 자유가 충분히 보장되고, 다양한 각도에서 상황을 파악하는 관점들이 풍부히 존재할 때, 그 사회는 인간적으로 보다 살 만한 사회가 된다는 것은 말할 필요가 없다. 오늘날 일본의 정치와 사회는 퇴영적인 기류가 지배적이지만, 적어도 일본사회가 전반적인 안정과 평화를 누리며, 세계적으로도 존경받는 지식인, 작가, 학자들을 출현시킨 시기는 맑스(주의) 사상 혹은 경제학 연구가 가장 활발했던 시기와 일치했다. 이것은 결코 우연이라고 할 수 없다. 풍요로운 상상력과 창조적 정신은 이단적 사상이나 '불량정신'이 폭넓게 허용되는 상황에서만 왕성히 피어날 수 있기 때문이다.

그런 점에서 김수행 교수의 업적은 실로 대단한 것이라고 하지 않을 수 없다. 그는 자기희생을 각오하고 맑스 연구에 일생을 걸었고, 그 성과를 (우여곡절 끝에, 운 좋게도) 종래에 '사상과 학문의 자유'라는 게 무엇인지 아무것도 모르던 한국의 제도권 대학 안으로 끌어들이는 데 성공했던 것이다(그 덕분에 이제 맑스 사상 연구는 이 땅에서도 어쨌든 시민권이 확보되었다). 그리고 그는 자신이 완역한 《자본론》을 시민적 교양을 위한 자양분으로 쓰기 위해 끊임없이 쉬운 말로 해설서를 쓰고 시민강좌를 열었다.

게다가 제자들이 쓴 추도문을 보면, 그는 또 학생들을 지독히 아낀 스승이자 참으로 소박한 인간이었다. 무엇보다 그는 '하고 싶어서' 하는 공부가 진짜라는 (지금 한국사회가 완전히 잊고 있는) '진리'를 몸으로 가르친 드문 교육사상가이기도 했다. (경향신문, 2015-8-6)

'패도'의 세계에서 '왕도'를 생각한다

지난 주말 일본을 다녀왔다. 저명한 작가이자 세계적인 평화운동가였던 오다 마코토(小田実, 1932-2007)를 기리는 시민모임에 참석하기 위해서였다. 이 모임은 아시야(芦屋)시의 한 조용한 살롱에서 매월 마지막 토요일에 열린다. 지난 8년 동안 지속돼온 이 모임에는 관심 있는 시민들이 자발적으로 모여 작가가 남긴 소설이나 평론을 읽거나 외부인사를 초빙하여 강연을 듣고 토론을 한다. 그 모임에서, 전후(戰後) 70년을 맞은 금년 8월의 특별연사로 한국인을 초청하기로 의견이 모아졌던 모양이다.

내게 참석해달라는 연락이 온 것은 단순한 인연 때문이었다. 2003년 3월, 온 세계의 반대 목소리를 무시하고 부시 정권이 이라크를 공격했을 때, 나는 그 침략전쟁을 규탄하기 위해서 재직하고 있던 대학의 동료들과 함께 '세계평화와 미국'이라는 이름으로 국제평화 심포지엄을 열었다. 그때 우리는 《전쟁인가 평화인가》(2002)라는 책을 쓴 오다 마코토 선생을 초청했고, 그것이 계기가 되어 나는 이 걸출한 인물이 타계할 때까지 수년간 (그의 인생의 '동행자'인 재일동포 현순혜 씨의 도움으로) 얼마간의 교분을 쌓은 경험이 있었던 것이다.

오다 마코토가 누구인지 잘 모르는 독자들을 위해 조금 설명을 하자면, 그는 150권 이상의 책을 저술한 비범한 지적 체력의 소유자이면서 동시에 행동하는 지식인의 전범이었다. 그는 태평양전쟁 막바지에 중학생의 몸으로 미군 폭격기에 의한 공습 때문에 오사카(大阪)가 초토화되고 있던 현장에 있었는데, 이것은 그의 평생에 걸친 반전 평화·민주주의 사상의 원점이 되었다. 그는 폭격하는 자가 아니라 폭격당하는 자의 시선으로 세상을 보는 것이 중요하다는 것을 소년시절에 벌써 깨달았던 것이다. 폭탄세례를 맞은 지상의 광경은 조종사의 눈에는 화려한 불꽃놀이로 보이겠지만, 실상은 아비규환의 지옥일 수밖에 없다. 그렇다면 우리가 양심적인 인간이고자 한다면, 필요한 것은 하늘을 나는 새의 눈(鳥瞰)이 아니라 땅을 기는 벌레의 눈(蟲瞰)이다. 이 비유의 뜻은 자명하다. 지배자나 엘리트의 입장이 아니라 어디까지나 가난한 민초들, 평범한 생활인의 입장이 중요하다는 것이다. 그런 눈으로 봐야 비로소 세상의 '진실'이 보이고, 따라서 평화롭고 인간적인 사회에 대한 절박한 요구가 일어나기 때문이다.

실제로 오다 마코토가 생각하는 민주주의는 매우 간명하게 정의될 수 있다. 즉, 고대 그리스인들이 실천한 민주주의야말로 진짜 민주주의라고 할 수 있는데, 그것은 평민들(demos)의 힘(kratos)에 뒷받침된 민중의 자기통치 이외에 아무것도 아니다. 오늘날 우리는 대개 선거가 곧 민주주의라고 이해하고 있지만, 그것은 완전한 오해이다. 고대 그리스인들은 선거를 믿지 않았다. 선거는 원래 로마에서 흔히 쓰던 지배 및 통치 수단이었다.

오다 마코토의 래디컬한 민주주의 사상은 그가 철저한 '국제주의자'라는 점과 깊게 연결되어 있다. 오늘날 일본이나 한국을 막론하고, 이른바 진보적 지식인 중에서도 민족주의적 성향을 다소간 갖고 있지 않은 사람은 매우 드물다. 이 점에서도 오다 마코토는 예외적이었다. 그와의 직접 담화나 그의 저술 어느 곳에서도 나는 그가 무의식중이나마 여하한 민족주의적 발상, 나르시시즘적인 내향성을 드러내는 것을 본 적이 없다. 그는 박정희와 김일성을 모두 직접 만나 담화를 나눈 희귀한 경험이 있을 정도로 남달리 한반도에 대한 이해와 관심이 깊었지만, 언젠가 이런 말을 한 적이 있다. 즉, 자신이 1970년 대에 시인 김지하의 석방운동에 적극 가담한 것은 김지하의 국적과 관계없이 그가 뛰어난 시인이며, 무엇보다 부당하게 핍박받는 '인간'이기 때문이었다, 라고. 그러니까 오다 마코토 의 지향점은 '부유하고 번영하는 (일본)국가'가 아니었다. 그 가 바란 것은 평범한 생활인들이 그냥 사람답게 살 수 있는 '인간의 나라'였다.

누구나 인정하듯이, 전후 일본의 시민운동사에서 빠뜨릴 수 없는 게 오다 마코토가 주도적으로 전개한 '베트남에 평화를! 시민연합(ベ平連, 베헤이렌)'이라는 운동이다. 이 운동의 주요 내용은 베트남전쟁을 반대하는 거리에서의 시위, 행진 이외에 사세보(佐世保) 등 미군 발진기지에서 미군 병사들의 '탈주'를 권하는 가두연설을 하거나 삐라를 뿌리고, 실제로 탈주한 병 사들의 제3국행(스웨덴 등)을 은밀히 돕는 활동이었다. 그리고 이와 같은 치열한 반전운동의 연장선에서 베트남전이 끝난 뒤 그는 '평화헌법'의 폐기를 노리는 일본 지배층에 대항하여 '양심적군사거부국가'라는 새로운 개념을 만들어 평화운동의 사상적 토대를 강화하기 위한 노력을 생애 마지막까지 계속 했다.

나는 일본의 청중 앞에서 오다 마코토의 평화사상을 결론적 으로 요약하면 "패도를 버리고 이웃에 덕을 끼치는 왕도를 지 향하는" 것이 아니겠느냐고 말했다. 실제로 오다 선생은 2003 년에 쓴 어떤 에세이에서 "일본은 전쟁 전에는 '철포와 비행기와 폭탄'이라는 '무력'으로 인간을 압박하는 길을 걸었고, 전후에는 '경제력'으로 인간을 압박하는 길로 매진하여 오늘에 이르렀다"고 말한 바 있다. 요컨대 일본의 전후(戰後)는 전전(戰前)이나 다름없이 대국주의 노선을 걸어왔고, 그 필연적인 결과가 '후쿠시마' 원전사고였다고 할 수 있다.

그런데 문제는 일본의 지배층이 이것을 전혀 깨닫지 못하고, 오히려 시대착오적인 군국주의의 부활을 획책하고 있다는 점이다. 물론 그들이 이렇게 나오는 것은 일본 민중(나아가서 아시아의 민중)을 깔보고 있기 때문이다. 그러니까 일본이나 한국의 시급한 역사적 과제는 민중의 '힘'을 어떻게 강화할 것인가이다.

이런 요지의 강연이 끝나자 질의가 쏟아졌다. 대부분 고령층인 수십 명의 참석자들 중에서 질문을 하지 않는 사람이 거의 없었다. 그러나 내가 꼭 대답해야 할 질문들이 아니었다. 그것은 공감을 표시하고 공통의 고민을 토로하는 말, 전쟁의 참혹함을 직간접으로 기억하고 있는 세대들이 진정으로 시국을 걱정하는 목소리들이었다. 누군가 다음 날 일본 전역에서 대규모 '안보법안' 반대 시위가 열린다고 말해주었다. 일요일 저녁 서울의 집으로 돌아와서 일본 국회를 12만 명의 시민들이 포위했다는 뉴스를 들었다. 민주주의를 살리는 것은 능동적인 시민적 행동뿐이다. (경향신문, 2015-9-3)

거짓언어의 홍수 속에서

10년 전쯤 나는 재일조선인 작가 고사명(高史明) 선생을 찾아뵌 적이 있다. 선생은 식민지시대에 일본으로 건너가 막노동으로 목숨을 부지했던 무학(無學)의 부모한테서 태어나 심히 불우한 유소년기를 보내고, 온갖 고초와 간난신고의 세월 끝에 《어둠을 먹다》(2004), 《산다는 것의 의미》(1974) 등 자전적 소설과 에세이 등을 발표하면서 일본 문단에서 주목을 받았던 재일 2세 작가이다.

내가 고사명 선생을 뵙고 싶은 생각이 든 것은 그의 작품 자체가 주는 감동도 감동이지만, 그분이 가끔 쓰는 에세이에서 '근대적' 삶에 대한 매우 근원적인 물음이 제기되고 있었기 때문이다. 이 물음은 이른바 포스트모더니즘 사상가들에게서 항용 보는 고답적이고 난해한 언어유희와는 본질적으로 다른 것으로 보였다. 고사명 선생의 '반근대주의' 논리의 밑바닥에는 무엇보다 개인적인 엄청난 고통, 슬픔이 있었다. 그가 겪은 극빈과 폭력적 환경 속의 성장과정, 청년기의 고난 이외에도, 그에게는 남다른 비극적 경험이 또 있었다. 즉, 그가 늦은 나이에 본 외아들이 12세라는 어린 나이에 자살을 한 것이다. 인생의 무의미를 너무도 일찍 자각한 한 조숙한 소년의 '철학적' 자살은 일본사회에서 인정받는 작가로 등장하면서 겨우 안정을 찾아가던 고사명이라는 개인 전체를 뿌리째 흔들어놓았고, 그것은 그가 모든 것을 근원적 시각에서 다시 보게 되는 결정적 계기가 된 것으로 보인다.

도쿄에서 남쪽으로 열차를 타고 한 시간 넘게 가면 오이소 (大磯)라는 풍광이 아름다운 작은 해변 도시가 있다. 그곳의 아파트에서 고등학교 역사 교사를 지낸 일본인 부인과 함께 살고 있는 고사명 선생의 지극히 평온한 얼굴과 부드러운 목소리를 처음 대했을 때, 나는 엄청난 고통과 슬픔 속에서 진정으로 성숙하고 지혜로운 인간이 탄생한다는 말이 완전히 거짓말이 아니라는 것을 인정하지 않을 수 없었다. 그날 내가 본 고사명 선생은 이미 소설가는 아니었다. 내가 미처 몰랐지만, 선생은 벌써 오래전부터 불교사상에 귀의하여, 특히 '정토진종'의 개조(開祖)인 신란(親鸞)에 대한 우수한 해설서를 쓴 저자이기도 했다.

신란의 사상은 한국에서는 거의 알려져 있지 않지만, 일본에서는 중세 이래 지금까지 가장 중요한 위치를 점해온 대표적인 불교사상인데, 그 핵심은 특별한 수행과 공력을 쌓지 않아도 사람은 누구든지 '아미타불'에게 자신을 의탁하는 것으로—염불을 함으로써—구원을 받을 수 있다는 '타력본원(他力本願)' 사상이다. 끝없는 전란으로 온 세상이 피바다로 변하고 백성의 삶이 파리 목숨보다 못하던 시절에 어떻게 하면 가없는 백성이 삶의 위안과 용기를 얻을 것인가—아마 이것이 정토진종 사상의 탄생 배경이었던 듯하다. 따져보면 최소한이나마 종교적 수련을 행하고 보시(布施)를 하는 것도 조금이라도 생활의 여유가 있는 사람들만이 할 수 있는 덕행이다. 그러므로 그것은 도탄에 빠져 겨우겨우 목숨을 연명하고 있는 밑바닥 백성에게는 그림의 떡일 뿐이다.

그래서 신란은 구원을 위해서 필요한 것은 아무것도 없다고 선언한 것이다. 이 선언에 따르면, 오히려 무엇인가 덕을 쌓아서 자력으로 구원을 받으려는 행위야말로 어리석은 행위, 교만의 길, 나락으로 떨어지는 길이다. 내 목숨이 내 목숨이 아니라는 것을 자각하고, 아미타불의 가호를 믿고 지금 내게 주어진 나날의 일에 안심하고 몰두하는 것, 이것이 진정으로 구원에 이르는 길이라는 것이다. 그리하여 신란은 매우 역설적인 말도 삼가지 않았다. 즉 "선인(善人)도 구원을 받는데, 하물며 악인(惡人)이 구원을 못 받으랴?" 이것은 정토진종 사상 특유의 악인정기(惡人正機)설이라는 것이다. 여기서 선인과 악인을 오늘날의 용어로 지배엘리트와 민중이라고 각각 고쳐서 부르면 이 말의 뜻을 이해하는 것은 그리 어렵지 않다. 하기는 이 급진적 민중사상은 정토진종의 것만은 아니다. "부자가 천국에 들어가는 것은 낙타가 바늘귀로 들어가는 것보다 어렵다"는 예수의 말도 결국은 이와 다른 이야기가 아니기 때문이다.

쓰다 보니 애초 의도했던 것과 좀 다르게 흐르고 말았는데, 실은 이 글을 시작한 것은 그날 고사명 선생을 만났을 때 옆에서 통역을 해준 재일동포 김원중 씨에 관한 이야기를 하기 위해서였다. 지바(千葉)상과대학의 경제학 교수로 일하고 있다는 김원중 씨는 고교시절에 고사명 선생의 부인 오카 유리코(岡百合子) 씨에게 배운 제자라고 했다. 그 인연으로 오랫동안 고사명 선생 부부와 교분을 맺고 살아왔는데, 한국에서 누군 가가 찾아온다고 연락이 왔으니 통역을 좀 해달라는 부탁을 받고 왔다고 했다. 별로 유창한 한국말은 아니지만 김원중 교 수가 그날 성심껏 통역을 해준 덕분에 나는 고사명 선생과 많 은 흥미로운 이야기를 나눌 수 있었다.

그러고서는 까맣게 잊고 지내다가 최근에 〈한겨레〉 기자 출 신 김효순 씨가 쓴 《조국이 버린 사람들》(2015)이라는 책을 보 다가 깜짝 놀랐다. 1970~80년대 군사독재 시절 순전히 정권 안보를 위해 걸핏하면 간첩 혐의를 씌워 모처럼 조국에 와서 공부하고 있던 재일동포 유학생들의 삶을 망가뜨려놓았던 사 례들이 정리돼 있는 이 책 속에서 뜻밖에 바로 그 김원중 씨 이야기를 읽게 된 것이다. 이 책을 보기 전에는 나는 그가 일 본에서 대학을 마치고 한국으로 와서 대학원에서 경제학 공부 를 하다가 간첩 누명을 쓰고 7년이나 옥살이를 했다는 사실을 전혀 몰랐다.

그런데 책을 읽다가 기막힌 대목을 만났다. 유학생 김원중 은 정보부 지하실로 끌려가 몇날 며칠인지 잠도 못 자고 고문 을 당하면서 거짓자백을 강요당한다. 그런데 마지막 순간, 그 는 조서의 한 칸에 존경하는 인물을 써넣으라는 심문자의 요 구에 잠시 망설이다가 '맑스와 레닌'의 이름을 적는다. 나중에 자신에게 결정적인 불이익을 가져다줄 빌미가 될지도 모른다 는 꺼림칙한 생각이 없지 않았지만, 그는 자신이 학부 때부터 맑스경제학을 공부한 학도로서 평소에 맑스와 레닌을 존경해온 것을 굳이 숨기고 싶지 않았던 것이다. 그는 그토록 순결한 영혼의 소유자였다. 동시에 그는 아무리 대한민국이 광적인 반공국가일지라도 맑스 사상을 연구하는 것과 공산주의운동을 실제로 행하는 것은 전혀 별개의 문제라는 사실을 설마 혼동하지는 않을 것이라고 믿었다는 것이다.

그러나 대한민국은 그러한 순진한 믿음이 통하는 국가가 아니었다. 군사독재시대의 이야기지만, 한때 문단에는 어느 소설가가 정보부에 잡혀가 조사받은 일이 화제가 된 적이 있었다. 혐의는 반공법 위반이었다. 그의 소설 속 어느 대목에 6·25 전란 동안 일시 인민군 치하에 들어간 어느 남쪽 지방에서 초등학교 아이들이 어른들의 지시로 "조선민주주의인민공화국 만세!"라고 부르는 장면이 그려져 있었는데, 이게 문제가 된 것이다. 대한민국 공안당국의 논리는, 아무리 소설이라 해도 '조선민주주의인민공화국'이라는 말 앞에는 무조건 '소위'라는 말이 들어가야 하고, 따라서 소설의 작중 상황에서도 "소위 조선민주주의인민공화국 만세!"라고 써야 한다는 것이었다.

너무나 오랫동안 우리의 삶은 지극히 몰상식한 논리, 조금도 이치에 맞지 않는 거짓언어 위에 구축되어왔다. 문제는 이 상황이 군사독재의 종식으로 끝난 게 아니라 형태를 달리하여 끊임없이 반복되고 있다는 사실이다. 노동조합이 경제를 죽인다느니 해고를 자유롭게 할 수 있어야 기업이 산다느니 하는 터무니없는 주장이 국가의 정책 방향을 결정하는 이 거짓언어의 홍수 속에서 우리의 삶은 끝도 없이 황폐해지고 있다. 대체

이 상황은 언제까지 계속될 것인가. (한겨레, 2015-9-25)

프란치스코, 샌더스, 코빈

몇몇 늙은이 때문에 이렇게 가슴이 뛰게 될 줄은 몰랐다. 세상 꼴이 하도 기막혀서, 미치지 않으려면 세속과 인연을 끊고 은둔생활을 하다가 때가 되면 조용히 이승을 떠나는 게 낫지 않을까—그런 (시건방진, 그러나 절박한) 생각에 빠져 있는데, 뜻밖에도 프란치스코 교황, 버니 샌더스, 제러미 코빈이라는 세계변혁의 필요성을 강력하게 말하는 '지도자'들이 잇따라 출현하여 지금 우리의 마음을 설레게 하고 있다.

재작년 취임 직후 발표한 《복음의 기쁨》을 통해 프란치스코 교황은 자신이 원하는 것은 "가난한 교회, 가난한 사람들을 위한 교회"임을 천명했다. 그리하여 그는 "시장의 절대적 자율성과 금융투기를 옹호하는 이데올로기"에 의한 '새로운 독재' 때문에 "소수의 소득이 기하급수적으로 증가"하는 반면에 다수의 삶이 피폐해지고 있는 모순을 지적하고, 이 구조적 불평등을 해소하자고 호소했다. 그 교황이 최근에는 현재 인류사회의 가장 긴급한 문제인 기후변화에 대한 신속하고 합리적인 대응을 촉구하는 〈회칙〉을 발표했다.

그런데 이 〈회칙〉의 특징은 기후변화에 대해 (흔히 다른 '지도자'들이 하듯이) 그냥 원론적인 염려의 말씀을 늘어놓는 게 아니라 근본적 원인을 명쾌하게 적시하고 있다는 점이다. 즉, 글로벌 자본주의시스템 자체가 문제라는 것이다. 교황은 현재의 경제체제가 구조적으로 빈부격차를 재생산할 뿐만 아니라, 그 근저에 있는 '성장'논리가 환경위기와 기후변화를 초래한 결정적 요인이라고 지적한다. 교황에 따르면, 오늘날 세계경제는 "이 지구에서 무한한 상품 공급이 가능하다는 '거짓말' 위에 기초해 있고, 이 때문에 우리의 행성이 말라가고 있다."

아직도 환경위기나 기후변화를 무시하고 있는 권력엘리트들은 논외로 하고, 많은 환경운동가, 양식 있는 시민들의 기후변화 대응 자세도 대부분은 소극적이라고 할 수 있다. 예를 들어, 그들은 기술개발에 기대를 걸거나 리사이클링, 자연에너지 개발, 유기농식품 권장, 유해 산업시설에 대한 반대운동 등등, 이슈별 운동에 참여하는 데 몰두하고 있다.

그러나 잘 생각해보면, 인간사회와 지구를 파괴하는 보다 포괄적이고 결정적인 요인, 즉 경제와 정치시스템의 근본적인 개혁 없이는 모든 것이 헛된 노력이 될 뿐이다. "지금 세계에는 환경위기 같은 것은 없다, 문제는 정치의 위기이다." 이것은 지난봄 퇴임한 (누구보다 환경위기를 우려했던) 우루과이 전 대통령 호세 무히카가 했던 유명한 말이다. 프란치스코 교황도 결국 이 점을 말하고자 한 것이다.

이러한 입장은 불가피하게 오늘날 세상을 이 지경으로 만들어온 주역들, 즉 기득권층, 부유층, 지배층의 책임을 묻지 않을 수 없게 한다. 그러나 프란치스코 교황은 자신이 결코 '좌파'는 아니라고 말한다. 무익한 논쟁에 휘말리고 싶지 않기 때문에 이런 말을 했을 것이지만, 지금 좌우파 구분이 무슨 의미가 있는가? 조금이라도 생각이 있는 인간이라면 자본주의, 특히 신자유주의 논리의 야만성과 파괴성에 어떻게 둔감할 수 있겠는가?

노동자 해고의 자유화, 규제완화, 민영화, '자유'무역 확대 등등을 통해서 대기업을 먼저 살리고, 부자가 더 부자가 되게 하면 가난한 자들도 언젠가는 덩달아 잘살게 될 것이라는, 이 신자유주의 경제논리의 허망함은 그 정체가 이미 2008년 세계적 금융위기 이후 확연히 드러났다. 그럼에도 무엇 때문인지 세계의 대다수 지도자, 심지어 야당 정치가들도 이 엉터리 경제논리의 진실을 명확히 지적하고, 대안을 제시하는 일을 방기하거나 극도로 꺼려왔다는 사실이다. 무엇이 그리도 두려운 것일까?

역사상 그 어떤 시대보다도 엄청난 위기상황에 빠져 있는 오늘날, 이 세계의 가장 큰 불운은 정치든 종교든 이른바 지도자들이 거의 예외 없이 왜소하고 비겁한 인격, 편협한 세계관의 소유자들이라는 사실에 있는지도 모른다.

이런 상황에서 프란치스코 교황이 나타났고, 이어서 불과 몇달 전까지도 전혀 예상하지 못했던 두 사람의 '새로운' 지도자가 미국과 영국에서 정치의 전면에 등장하여 지금 전세계의 이목을 끌고 있다. '새로운' 지도자라고 하지만, 미국 민주당

차기 대통령 예비후보로 등장한 버니 샌더스나 영국 노동당의 (노동당 주류 엘리트들의 거센 저항에도 불구하고) 새 리더로 선출된 제러미 코빈은 40년 이상의 오랜 정치 경력자들이다. 그들은 1980년대 초 영국의 대처, 미국의 레이건 정부가 주도한 신자유주의 정책이 (특히 구소련 붕괴 이후) 세계를 압도함에 따라 극심한 불평등, 인권유린, 야만적인 전쟁, 민주주의의 파괴, 자연환경의 황폐화가 확산·심화되는 과정을 생생히 목격하고, 외롭게 저항해왔다.

그들은 초지일관 돈과 권력에 대한 욕망이 아니라, 사회정의 실현, 약자와 생명과 자연을 보호하는 게 정치의 본분이라는 신념을 충실히 지켜왔다. 당연히 그들의 정치 행로는 부도덕한 시스템에 투항해버린 대다수 '야당' 정치가들의 기회주의적 행태와는 근본적으로 화해할 수 없었고, 따라서 오랜 세월 고립된 채 변두리로 밀려나 있었다. 그런 그들이 지금 정치무대의 전면에 등장한 것이다. 이 사실은 무엇을 뜻하는가? 결국 이제는 자본주의시스템이 수명을 다했다는 것, 특히 신자유주의 논리의 귀결은 '지옥'일 수밖에 없다는 인식이 지금 다수 시민들 사이에 광범하게 공유되고 있음을 반영하는 현상이라고 해석하는 게 타당할 것이다.

따져보면, 교황이나 샌더스, 혹은 코빈의 메시지는 별로 새로운 게 아니다. 그것은 인간다운 사회가 되려면 경제는 사회적 공통자본(공공재)을 고르게 나누는 일이어야 하고, 정치란 사회적 약자를 우선적으로 배려해야 한다는 '상식'의 확인이라고 할 수 있다. 오랫동안 죽어 있던 그 상식이 이제 세계의 '중심부'에서 어쨌든 강력한 발언력을 획득하게 된 것이다.

그런데 그 발언이 왜 하필 연로한 지도자들을 통해서 부활했을까? 아마도 그들이야말로 오랫동안의 체험을 통해 이 세상의 비참과 고통은 어떤 불가항력의 논리가 아니라 실은 기득권자들의 탐욕과 자의적인 결정이 '만들어낸' 현실이라는 것을 누구보다 잘 간파하고 있기 때문일 것이다. 그렇다면, 중요한 것은 우리가 얼마나 잘 싸워 '새로운 현실'을 만들어내는가이다. (경향신문, 2015-10-1)

학술원과 예술원은 왜 침묵하고 있나

기가 막혀서 말이 나오지 않는다. 쓸데없는 평지풍파를 일으켜놓은 장본인이 국회에 나와서 "국가를 위하고 국민을 위하는 일에 하나가 되어야 하고 … 더이상 왜곡과 혼란이 없어야 한다"고 또다시 앞뒤가 맞지 않는 발언을 하고 있다. 보편적인 상식을 무시하고 시대착오적인 '교과서 국정화'를 밀어붙이면서 그것을 '비정상의 정상화' 작업이라고 우기는 논리적·심리적 근거는 대체 무엇일까?

또 제1 야당 의원이라는 인간들이 보여주는 저 행태는 무엇인가? '국가수반에 대한 예우'는 지켜야 한다면서 그 모욕적인 발언을 '국정교과서 반대'라고 적힌 종이 팻말을 들고 그냥 무기력하게 앉아 듣고만 있는 저 한심한 모습 말이다. 그래도 그 상황에서 박수는 치지 않았다니 참 대단한 무훈을 세웠다고 말해줘야 할 것인가?

대통령(그리고 그 측근들)뿐만 아니라 야당 정치가들은 지금 문제의 핵심을 놓치고 있다는 점에서 오십보백보라고 할 수 있다. 가장 중요한 것은 교과서 국정화로 인해 교과서 내용이 어떻게 달라질지 모른다는 게 아니라, 국정화를 시도한다는 것 자체가 근본적으로 민주주의를 부정하고, '민주공화국'임을 명시한 대한민국 헌법 제1조 1항을 정면으로 무시하는 명백한 위헌적 행위라는 점이다. 아직 만들어지지도 않은 교과서를 갖고 왈가왈부해서는 안된다는 것은 그 자체로는 옳은 말일 수 있다. 하지만 대통령이 지금 완전히 망각하고 있는 게 있다. 그것은 헌법을 준수할 것을 엄숙히 선서하고 대한민국 대통령이 된 사람이라면, 할 수 있는 일이 있고 해서는 안되는 일이 있다는 것을 구분할 줄 알아야 한다는 사실이다.

충격적인 것은, 대통령의 기억상실 증상이다. 일찍이 역사 문제에 국가가 개입을 하지 말아야 한다고, 명료한 견해를 밝힌 것은 현 대통령 자신이었다. 불과 10년 전 당시 야당 대표의 신분으로 그는 신년 기자회견에서 "역사에 관한 일은 역사학자가 판단해야 한다. 어떠한 경우든 역사에 관한 것은 정권이 재단해서는 안된다"라는 너무나 지당한 논리를 폈던 것이다(《시사IN》 423호, 2015년 10월 24일). 뿐만 아니라 현 집권당 자신의 싱크탱크인 '여의도연구원'도 바로 재작년(2013년 11월)의 보고서에서 "(교과서) 국정제를 채택하고 있는 나라는 권위주의 내지 독재국가"라는 점을 명확히 하고, "우리나라도 검정제로 발행한 교과서가 국정제로 만든 교과서보다 질적 수준이 제고되었다"라고 평가했다.

그러니까 지금 정부의 교과서 국정화를 논리적으로 뒷받침할 수 있는 근거는 희박하다기보다도 전혀 없다고 하지 않을 수 없다. 그럼에도 거의 대부분의 역사학자, 지식인, 교양인, 상식을 존중하는 시민들의 반대를 무릅쓰고 이 일을 계속 추진한다는 것은 이 정권이 '독재정권'이 되려는 욕망을 갖고 있다는 것 이외의 다른 이유로는 설명이 되지 않는다. 반대자들에게 '비국민'이니 '종북'이니 딱지를 붙이는 게 얼토당토않은 짓이라는 것은 자기들이 잘 알 것이다. 왜냐하면 세상이 다 아는 '보수적' 인사들 다수도 교과서 국정화만은 허용할 수 없다는 분위기가 지배적이기 때문이다.

'종북'이라는 게 '북한 따라하기'를 뜻한다면, '종북세력'은 교과서 국정화를 획책하는 자들이지 그것을 반대하는 사람들일 리 없다. 지금 이 나라 대부분의 학자, 지식인, 양식 있는 시민들은 학문과 사상과 교육의 자유가 중요하다고 생각하며, 자유로운 대화와 토론을 통해서 진실에 도달하려는 학문공동체의 오래된 상식을 지지하고 있다. 여기에는 좌파, 우파가 있을 수 없다. 그들은 무엇이 진리인지, 역사를 어떻게 해석하고 가르칠 것인지를 국가권력이 독점하고 있는 '북한식' 체제를 결코 받아들일 수 없기 때문에 대한민국 정부의 교과서 국정화 시도에 맹렬히 반대하고 있는 것이다. 요컨대 그들의 목소리는 "우리는 사상과 학문, 언론, 교육의 자유를 억압하는 북한식 독재체제에서는 절대로 살고 싶지 않다"는 비명이라고 할 수 있다.

해방 후 70년, 대한민국은 끊임없이 '정통성' 문제에 시달려왔다. 왜냐하면 만천하가 다 알듯이, 다수의 일제부역자들과 독립운동가들을 탄압한 자들 그리고 그 후손들이 대한민국의 중추권력을 장악하여 자신들의 사적 이익을 국익 혹은 공익으로 포장하며 계속 지배해왔기 때문이다. 그러나 세월이 흐르면서 '정통성'의 기준도 달라질 수밖에 없게 되었다. 물론 친일세력 청산 여부도 중요하지만, 해방 70년이 경과하는 이 시점에서 더 중요한 것은 상대적이지만 어느 쪽이 더 보편적인 인간가치를 중시하는 사회로 전개됐느냐 하는 점이기 때문이다. 그렇다면 4·19와 광주항쟁, 6월항쟁이라는 민중의 피나는 싸움을 통해서 어느 정도나 민주주의적 제도와 관행이 성립되어온 남한이 보다 '정통성'을 확보한 사회라고 정당하게 말할 수 있다.

지금 교과서 국정화에 많은 시민들이 분노하는 것은, 이 어렵게 쟁취한 민주주의가 수구 지배세력에 의해서 유린되고 파괴되는 정도가 점점 극단으로 치닫고 있기 때문이다. 나치스가 집권을 하자마자 착수한 첫 번째 사업이 독일어사전 변경 작업이었다는 사실을 우리는 기억해야 한다. 리하르트 페크룬이

1933년에 편찬하여 반세기 이상 독일에서 가장 널리 애용된 사전('도이체보르트')에는 애초에 '국가사회주의(나치스)'에 대한 정의가 "극우적인 독일의 한 정당의 세계관"이라고 돼 있었다. 그러나 히틀러가 수상이 된 후 1934년의 개정판에는 "독일 민족민중의 해방을 가져온 세계관, 피와 땅, 충성과 전우애라는 근본개념에 기초하고 있다"라는 설명으로 바뀐 것이다.

독재 혹은 파쇼 정권의 특징은 무엇보다 그 반지성주의이다. 그들은 인간문화가 힘들여 쌓아온 이성과 상식을 인정하려 하지 않고, 자신의 입장에 동조하지 않는 학자, 지식인, 양심적인 시민을 언제나 적으로 간주하는 버릇을 갖고 있다.

이 시점에서 내게 가장 궁금한 게 있다. 그것은 교과서 국정화를 밀어붙이는 이 정권의 반지성주의적·반문명적인 행태에 대해서 이 나라 최고의 지성인, 예술가들이 모여 있다고 하는 (게다가 국민의 세금으로 유지되고 있는) 대한민국 학술원과 예술원이 어떤 입장을 갖고 있는가 하는 것이다. 그들은 왜 민주주의의 존망이 걸린 이 중대한 상황에서 침묵하고 있는가? (경향신문, 2015-10-29)

'헬조선', 국가의 거짓말, 니힐리즘

나라 꼴이 돌아가는 것에 탄식을 하다 보면, 떠오르는 글귀

가 있다. 그것은 500년 전 유학자 남명(南冥) 조식(曺植, 1501-
1572) 선생이 임금(명종)에게 올린 저 통렬한 '을묘상소'이다.
"나라의 근본은 이미 망했습니다. 이미 하늘의 뜻도 떠나갔으
며, 인심도 떠났습니다. 비유컨대, 이 나라는 백 년 동안 벌레
가 속을 갉아 먹어 진액이 말라버린 큰 나무와 같습니다. 언제
폭풍우가 닥쳐와 쓰러질지 모를 지경이 된 지 이미 오래입니
다. 나라의 형세가 안으로 곪을 대로 곪았는데도 누구 하나 책
임지려 하지 않습니다. 내직에 있는 자들은 자신들의 당파와
권세 불리기에 여념이 없고, 외직에 있는 벼슬아치들은 들판
에서 이리가 날뛰듯 백성들을 수탈하고 있습니다. 이들은 가죽
이 없어지면 털이 붙어 있을 곳이 없다는 사실을 모르고 있습
니다. 신(臣)이 낮에는 자주 하늘을 우러러보며 깊이 탄식하고,
밤에는 천장을 바라보며 흐느끼는 까닭이 여기에 있습니다."

　남명 선생은, 알다시피, 조선시대의 가장 기개 높은 선비 중
한 사람이었다. 이 글은 조정에서 내린 벼슬을 받지 않겠다면
서 올린 상소문이다. 그는 조금도 에둘러 표현하지 않고 '나라
의 근본'이 이미 망했다고 직설적으로 말하고, 궁극적인 책임
은 임금에게 있다고 서슴없이 직언하고 있다. 아무리 세상에
서 존경받는 선비가 쓴 것일지라도 이렇게 대놓고 임금을 비
판하는 글을 읽은 어린 왕과 (수렴정치를 하던) 그 모후의 기
분이 좋을 리 없었다. 기록에 의하면, 격분한 왕이 남명을 죽
이려 했으나, "불쾌한 상소를 올렸다고 해서 선비를 죽이면 그
것은 나라의 언로를 막는 행위"라는 사간원의 논리와 유생들

의 반대 때문에 결국 임금은 자신의 분노를 속으로 삭일 수밖에 없었다.

그런데 나중에 나라가 위난에 빠졌을 때 실제로 나라를 구하기 위해 일어난 것은 바로 그 남명의 정신을 이어받은 후학들이었다. 임진왜란 당시 백성들을 버리고 달아난 것은 임금과 조정의 고관들이었지만, 스스로 궐기하여 왜병과 맞서 피를 흘리며 싸우고 망해가는 나라를 건진 것은 의병들이었다. 그리고 의병들을 이끈 대부분의 지도자는 남명의 제자들이었다.

"가죽이 없어지면 털이 붙어 있을 곳이 없다는 사실"을 망각한 채 백성들을 끊임없이 수탈하며 자신들의 권세 불리기에만 골몰해 있는 지배자들로 인해 망해가는 나라 걱정 때문에 밤낮으로 탄식하고 흐느꼈다는 남명 선생의 목소리는 지금도 절절하다. 그런데 왕조시대도 아닌 지금 이러한 남명 선생의 탄식과 절망이 우리에게 전혀 낯선 느낌이 들지 않는 이 상황을 어떻게 설명해야 할까? 솔직히 웃기는 말이지만, 지금 이 순간 이 어쭙잖은 글을 쓰는 내 기분도 저 상소문을 쓸 때의 남명 선생의 기분과 별로 다르지 않다. 아닌 게 아니라, 내가 하고 싶은 말의 요지도 이미 남명 선생이 분명하게 말씀해놓았다. 즉, "전하께서는 온갖 천재(天災)와 억만 갈래의 인심을 어떻게 감당해내며 어떻게 수습하시겠습니까? (…) 전하께서는 누구를 좋아하십니까? 군자를 좋아하십니까? 소인을 좋아하십니까? 좋아하시는 것이 무엇이냐에 나라의 존망이 달려 있습니다."

통탄스러운 것은, 엄연히 '민주공화국'임을 명시한 헌법을 가진 나라에서 우리가 500년 전 왕조시대와 별로 다르지 않은 정치상황에서 살고 있다는 기분을 느끼지 않고 사는 날이 거의 없는 오늘의 현실이다. 아니, 그때가 차라리 지금보다 나았던 게 아닐까? 최소한도 그때는 임금 맘대로 사람을 살리고 죽일 수는 없었다. 그러므로 (선거로 뽑혔음에도 불구하고) 최고 권력자의 자의적인 통치에 제동을 거는 장치가 아무것도 작동하지 않는 오늘의 대한민국에 비한다면 500년 전 조선왕조는 지금보다 훨씬 더 합리적이고 문명적인 원리로 돌아가는 사회였다고 할 수 있다.

'헬조선'이라는, 젊은이들 사이에 빠르게 확산되고 있는 신조어 그대로 이 나라는 지금 절망적이다. 그런데 현재의 상황을 더 견딜 수 없는 '지옥'으로 만드는 가장 근원적인 요인은 이 상황에서 벗어날 출구가 보이지 않는다는 점이다. 과연 이 나라는 어디로 갈 것인가? 현재의 고통과 절망을 견뎌내기 위해 인간에게 필요한 것은 '희망'이다. 그런데 나라 꼴을 이 지경으로 만든 장본인들인 이 나라의 지배층과 권력자들은 대체어떤 현상 타개책을 갖고 있는지, 어떤 세상을 지향하는지 그비전을 제시한 적이 한 번도 없다. 다만 그들은 온갖 특권을누리는 데 익숙한 나머지 영구 집권의 욕망 속에서 정략적 술수와 책략만 능란하게 구사하고 있을 뿐이다. 그러기에 그들의 정치행위라는 것은 비판자와 반대자들을 '종북'이니 '좌파'니 딱지를 붙여 몰아세우는 상습적 모략 외에는 아무것도 없는 게 아닌가? '종북'이라는 것은 상대를 조금이라도 인간으로 여긴다면 결코 쓸 수 없는 말이다. 그리고 '좌파'라는 것 자체가 왜 비난과 공격의 대상이 되어야 하는지도 꼭 설명이 필요하다.

그러나 설명의 생략 혹은 회피는 이 나라 지배자들의 뿌리 깊은 생리이다. 예컨대, 그들은 대한민국이 자유민주주의 국가라고 강조하지만, 자유민주주의의 기본원리는 사상과 표현과 결사와 시위의 자유를 보장하는 것임을 외면한다. 그리하여 역사 교과서 국정화가 어떻게 자유민주주의 원리와 양립할 수 있는지 전혀 설명해주지도 않고 그냥 밀어붙이고 있다.

프랜시스 후쿠야마는 소비에트사회주의 붕괴 이후에 이 세계에 가능한 정치체제는 자유민주주의 말고는 없다는 논리를 편 유명한 보수파 사상가이지만, 그가 근래의 저술 속에서 부쩍 강조하는 것이 국가의 '설명책임'이다. 그는 자유민주주의가 제대로 작동하려면 집권자의 국민에 대한 '설명책임'이 불가결하다고 역설한다. 가령 덴마크가 좋은 나라인 것은 공공사업이나 새 정책을 펼 때 반드시 국민들이 납득할 수 있는 설명의 의무를 저버리지 않기 때문이라는 것이다.

그럼에도 지금 한국정부는 설명다운 설명은커녕 도리어 온갖 거짓말과 속임수로 일관하고 있다. 세월호 문제를 대하는 정부의 무책임하다기보다 철저히 부도덕한 자세는 여기서 새삼 길게 말할 것도 없다. 지금 몇몇 지방자치단체가 젊은이들의 사기를 조금이나마 살리기 위해 시작하려는 '청년배당' 사업도 정부의 방해 때문에 좌절될 위기에 있다. 시민들의 환영을 받을 만한 복지시책은 오직 중앙정부만 시행할 수 있다면, 지방자치는 대체 무슨 의미가 있는가? 현장, 당사자, 지역민들의 의견을 무시하는 완강한 버릇은 완전히 고질이 되어 있다. 핵발전소 건설 문제로 작년에는 삼척, 최근에는 영덕에서 주민들이 어렵사리 성사시킨 자발적인 주민투표를 정부는 '국가사무'라는 이유로 불법시하고 있다. 대체 나라의 주권이 누구에게 있다는 것인가?

결국 이 정부의 갖가지 명분 없는 정책들은 동시에 헌법과 민주주의를 유린하는 것이기에 거기에 어떠한 합리적인 논거가 있을 수가 없다. 그 대신 들어서는 게 거짓말, 은폐, 속임수이다. 99.9퍼센트의 학자들을 '적'으로 돌리는 교과서 국정화를 뒷받침할 수 있는 합리적 논리란 존재하지 않기 때문이다.

가장 우려스러운 것은 국가권력에 의한 이런 거짓말이 끝없이 되풀이되는 상황이다. 인간은 누구나 잘못을 범할 수 있다. 국가운영도 결국 사람의 일이기 때문에 잘못할 수 있고, 그런 경우 깨끗이 사과하면 된다. 그러나 지금처럼 거짓말을 반복한다면 재앙은 필연적이다. 거짓말이 일상화된 정치가 끝없이 계속되면 사람들은 아무것도 믿지 못하고, 결국 온 나라에 '니힐리즘'만 만연하게 될 것이다. 그런 무서운 상황으로 우리는 빠르게 들어가고 있다. (한겨레, 2015-11-20)

무욕의 정신, 진짜 에고이즘

최근에 성북동 길상사를 다녀왔다. 길상사라면 다 알다시피 예전의 유명한 요정이었던 대원각 건물과 그 땅이 사찰로 바뀐 곳이다. 시인 백석(1912-1995)의 연인이라고 뒤늦게 알려진 대원각 주인 '자야' 여사의 간곡한 부탁으로 거의 억지로 길상사를 떠맡게 된 이가 법정(法頂, 1932-2010) 스님이었고, 금년은 그 법정 스님의 입적 5주년이다. 스님이 만든 단체인 '맑고향기롭게' 관계자에 의하면, 최후까지 스님은 법회 때마다 환경 문제를 걱정하고, 곁들여서 《녹색평론》이라는 잡지를 읽어보라고 늘 신도들에게 권유했다는 것이다.

청명한 가을 하늘 아래에 수많은 나무들에서 붉게 혹은 노랗게 물든 잎사귀들이 흩날리며 조용히 떨어지고 있는 길상사의 분위기는 그지없이 아름다웠다. 그러나 강원도 산골에 홀로 기거하시던 법정 스님은 법회가 열리는 날 오셔서 단 하루도 길상사에서 주무신 적이 없다고 한다. 아무리 늦어도 강원도까지의 먼 길을 당일로 되돌아가셨다는 것이다. 왜 그러셨을까? 혹시 이 길상사의 지나치게 아름다운 경색 때문이었을까?

그런 실없는 생각을 하면서 '진영각'으로 올라갔다. 이곳은 스님이 쓰시던 유품들이 보관된 조그마한 전각이다. 과연 《무소유》의 저자답게 정말 몇 가지 안되는 소박한 물건들만이 유리장 속에 전시되어 있었다. 가사 한 벌, 목탁과 염주, 돋보기, 붓과 벼루, 원고지와 만년필 그리고 두메산골에서 세상소식과 음악을 들을 수 있게 해준 소형 트랜지스터라디오 한 대가 전부였다(그리고 한구석에는 스님이 평소에 애독하셨다는 어떤 책이 펼쳐져 있었는데, 아무 그림도 사진도 장식도 없이 그저 글자만 촘촘히 박혀 있는 그 책이 궁금해서 자세히 보니, 황송하게도, 그것은 《녹색평론》이었다).

유감스럽게도 나는 그런 법정 스님을 생전에 한 번도 뵙지 못했다. 젊을 적에 나도 그분의 책 《무소유》를 애독했고, 때때로 여러 지면에서 스님의 글들을 읽으며 잠깐씩이지만 마음이 맑아지는 기분을 느끼곤 했다. 그리고 《녹색평론》 창간 직후부터 소문을 통해 스님이 이 잡지를 매우 아낀다는 것을 듣고 있었다. 그럼에도 내 소극적인 성격 때문에 차일피일하다가 끝내 기회를 놓치고 말았다. 스님의 5주기에 그분의 유품을 돌아보고 나서야 나는 내가 얼마나 어리석었는지 크나큰 회한에 잠겼다.

오늘날 절간이든 세속이든 법정 스님이 보여준 것과 같은 '무소유'의 삶을 실제로 살아가는 사람은 점점 보기 어려워지고 있다. 물론 인간이 글자 그대로 '무소유'의 삶을 산다는 것은 불가능하다. 하다못해 한 벌의 옷, 안경 하나 등등, 개인 소유물을 일절 지니지 않고 살 수 있는 방법은 없기 때문이다. 그러므로 '무소유'란 절대적으로 아무것도 지니지 않고 산다는 뜻이 아니라 가급적 필요한 것을 최소한으로 줄이고 소박하게 산다는 뜻일 것이다. 그런 의미에서 '무소유'의 삶이란 '무욕'의 삶이라고 할 수 있다.

건강부회적인 말일지 모르지만, 법정 스님이 누구보다도 환경문제에 민감하고 늘 그 문제를 걱정한 것은 그분이 무욕의 인간, 그리하여 정신이 맑고 사리분별이 분명한 '자유인'이었기 때문이라고 나는 생각한다. 따져보면 인간은 누구나 (오랜 수련을 행한 수도자라고 할지라도) 에고이즘을 벗어날 수 없다. 사심을 버리라고 우리는 곧잘 얘기하지만, 생각해보면 완전히 사심을 버리라는 것은 인간이기를 포기하라는 말과 다름없다. 에고이즘은 우리가 결코 벗어날 수 없는 숙명적인 인간 조건이기 때문이다.

　예를 들어, 에고이즘에 관한 간디의 유명한 일화가 있다. 간디의 생애 말년에 주변에서 간디의 삶을 관찰하고 취재하던 한 서양인 기자가 있었는데, 그 기자가 한번은 간디에게 물었다. "당신은 대체 어떤 사람이기에 평생 남들을 위해서 자기희생적인 생애를 살아왔느냐"라고. 이에 대해 자신이 자기희생을 한 적은 한 번도 없다는 게 간디의 답변이었다. 간디는 자기가 남들을 위해서 살았다고 보는 것은 전혀 오해라고 말했다. 겉으로는 어떻게 보이는지 모르지만, 내 이웃이 인간다운 삶을 살고, 내 조국이 독립해서 떳떳한 나라가 되어야 내 자신이 인간답게 살 수 있기 때문에 내가 비타협적으로 싸워왔을 뿐이며, 그런 점에서 나는 어디까지나 나 자신을 위해 살아왔을 뿐이라는 게 간디의 설명이었다. 이 논법대로 한다면, 결국 간디도 에고이스트였다고 할 수 있다.

　그러니까 중요한 것은, 에고이즘 여부가 아니라, 사람이 '무엇이 자신의 진정한 이익인지를 옳게 이해'하느냐 마느냐 하는 문제인 것이다. 오늘날 만약에 우리 각자가 자신의 이익이 어디에 있다는 것을 정말로 제대로 이해한다면 지금 가장 화급한 문제는 기후변화로 대변되는 환경문제라는 것을 부정할 수 없을 것이다. 기후변화가 이대로 진행되고, 토지와 물, 바다 등 '환경'이 돌이킬 수 없이 오염·파괴된다면 인간생존의 자연적·물리적 토대 자체가 붕괴된다는 것은 너무나 기초적인 사실이다. 그런데도 갖가지 구실을 붙여서 이 문제를 외면하고 딴전을 피운다면, 그것은 가장 어리석은 자해행위라고 할 수밖에 없다. 그런데 지금 우리들 대부분은 바로 그런 자멸적인 어리석음에서 헤어 나오지 못하고 있다.

상황의 엄중함을 사람들이 몰라서가 아니다. 물욕, 권세욕, 명예욕 등 온갖 욕심으로 가득 찬 생활에 깊숙이 빠져 있는 마음의 습관 때문에 뻔히 알면서도 자멸의 길로 빠르게 가고 있는 것이다.

당연한 말이지만, 이것은 환경문제에만 해당되는 얘기가 아니다. 경제적 불평등과 사회적 불의(不義)가 이 상태로 방치된다면 곧 사회공동체 자체가 붕괴할 게 명확한데도 이 나라의 지배층·엘리트들은 그저 수수방관하고 있는 정도가 아니라, 오히려 상황을 악화시키는 정책을 '경제개혁', '노동개혁'이라는 이름으로 밀어붙이고 있다. 그러면서 그들은 다른 의견, 비판적인 목소리를 아예 들으려고도 하지 않는다.

말할 것도 없이, 이 어리석은 행동은 그들이 정신적으로 '자유롭지' 못한 데서 연유한다. '무욕'이란 개인뿐만 아니라 정치의 세계에서도 가장 필요한 덕목일 것이다. 이 나라가 지금 나락으로 떨어지고 있는 것은 결국 한국정치를 움직이는 사람들이 드러내는 이 덕목의 현저한 결핍 때문이라고 할 수 있다. (경향신문, 2015-11-26)

정치의 부재, 공화주의 정신의 결여

"국회의원이 안되면 보좌관이라도 만나기 위해 의원실을 누볐습니다. 그러나 우리는 환대받지 못했습니다. '정치의 부재'로 고통받고 있는 주권자들이 주권을 위임받은 자들에게 아주 작은 책임이라도 질 것을 부탁하는 자리에서 보험외판원처럼 옹송거리며, 고개를 조아리며, 굽신거려야 했습니다. 어르신들과 일정을 마치고 국회를 떠나올 때마다 저는 진한 비애를, 외로움을 느껴야 했습니다. 수십 번 국회를 다녔지만, 단 한 번도 이런 감정 속에 빠지지 않은 적이 없었습니다."

이것은 밀양 초고압송전탑 반대 대책위 사무국장 이계삼 씨가 최근에 녹색당의 비례대표 후보로 나서며 쓴 '출마의 변' 가운데 한 대목이다. 이계삼은 몇해 전까지는 고등학교 교사였으나 뜻한 바 있어서 학교를 그만두고 새 삶을 준비하던 중, 송전탑 건설공사 때문에 삶터를 잃게 된 한 연로한 농민이 분신 자결을 하는 충격적인 사태에 마주쳤다. 이후 그는 자신의 일은 접어두고 피해주민들과 함께 송전탑 공사의 부당함을 세상에 알리고 공사를 중단시키기 위한 외롭고, 고통스러운 싸움을 계속해왔다. 그 과정에서, 들여다보면 볼수록 부조리, 불합리, 부도덕성으로 점철되어 있는 송전탑 문제의 진실을 국회의원들에게 설명하고, 도움을 요청하려고 '수십 번'이나 국회를 찾았다.

그러나 의원 나리들은 흔히 시골의 '무지렁이' 할머니, 할아버지들의 운명 따위에는 별 관심이 없다는 태도였다. 그들은 의원실로 찾아온 시골사람들을 친절하게 맞아주기는커녕 이들에게 굴욕감을 안겨주기 일쑤였다. 이계삼은 국회의원이나 보좌관들 앞에서 이 나라의 '주권자'들이 "고개를 조아리며, 굽신거려야" 했다고 쓰고 있다. 이계삼의 글에는 명시돼 있지 않지만, 짐작건대 이것은 여야를 가릴 것 없이 대한민국 국회의원들의 공통적인 태도일 것이다(기억하기도 싫지만, 과거 노무현 정부 시절에 어떤 법안 때문에 의원회관을 며칠 방문해야 했던 나 자신도 이와 유사한 불쾌한 경험을 했다).

오늘날 이 나라 정치의 근본문제는 정치가들이 '주권자'들의 절실한 인간적 혹은 생활상의 요구에 대하여 '반응'을 보여주지 않는다는 데 있다고 할 수 있다. 민주주의를 표방하고 공화국임을 천명하고 있는 나라에서 선거를 통해 뽑힌 통치자, 정치가들이 국민 혹은 유권자들의 절실한 요구에 '반응'하지 않는 것은 기이한 일이라고 하지 않을 수 없다. 그러고서도 그들이 임기 내내 하는 일이란 오로지 다음 선거에서의 재선을 위한 궁리와 술책이다. 유권자들의 절실한 요구를 무시하고 반응을 하지도 않으면서, 또다시 선거에서 이길 궁리를 한다?! 참으로 이해할 수 없는 일이지만, 실제로 그렇게 돌아가고 있는 게 지금 이 나라의 정치판이다.

이렇게 되는 것은 일차적으로 심히 불합리한 선거제도 때문이다. 소선거구 지역구 중심으로 국회의원을 뽑는 제도하에서는 양당체제를 벗어날 수 없고, 양당 소속 정치인들에게는 그들이 '정치가계급'으로서 누리는 특권의 영속화가 늘 최우선적인 관심사일 수밖에 없다. 게다가 오늘날 대한민국의 선거는 이른바 망국적인 지역주의와 강력히 결합되어 있다. 지역주의에 깊이 침윤된 선거 풍토 속에서는 입후보자의 자질이나 공적에 관계없이 '묻지 마' 투표가 횡행하게 마련이다. 따라서 선거에서 당선 혹은 재선을 꿈꾸는 자들에게 가장 중요한 것은 '공천권자' 혹은 '실력자'에 대한 절대적 충성이다. (자신의 지역구 사람들도 아닌) 하찮은 무지렁이들한테 관심을 기울여봤자 별 소득이 없다는 것을 그들은 너무나 잘 안다.

그리고 무엇보다, 선거를 좌우하는 것은 결국 돈이다. 선거에서 이기자면 우선 지명도가 높아야 하지만, 지명도를 보장하는 사회적 성공, 출세, 업적 등등은 불의가 만연한 세상에서 돈(혹은 부패한 정신) 없이 성취할 수 있는 게 아니다. 지금 지식인 사회에서 흔히 운위되는 대의제 민주주의의 위기란 별게 아니다. 오늘날 돈을 가진 자들에 의해 지배·통제되는 선거는 기득권자들의 영구 집권을 돕는 메커니즘 이외에 아무것도 아닌 것이 되었기 때문이다. 이 상황에서 정치가 공익이 아니라 (재벌과 부유층, 기득권층의) 사익에 봉사하는 도구로 변질·타락하는 것은 필연적이다.

이러한 현실에서 가장 두드러진 것은 공화주의 정신의 완벽한 결여이다. 공화주의 정신이란 국가가 개인이나 특정 집단의 사유물이 아니라 공동체 구성원 전체의 공유물이라는 인식에 투철한 정신이다. 비단 물질적인 재산뿐만 아니다. 공화체제는 그 구성원들 사이에 높고 낮음이 없이 모두 기본적으로 평등한 존재라는 사실을 적극적으로 긍정하고 옹호하는 정치체제이다.

공화주의가 무엇인지 쉽게 이해하려면 금년 3월 1일에 퇴임한 우루과이 전 대통령 호세 무히카의 예를 볼 필요가 있다. 그는 재임 중 극히 소박하고 파격적인 생활방식과 지혜로운 국가운영 때문에 세계적인 주목을 받은 인물이다(퇴임 직전에는 한국의 수구언론까지 그에 관한 기사를 썼다). 예를 들어, 그는 대통령관저가 너무 크다고 노숙자들에게 내주고 자신과 아내는 교외의 작은 농가에서 기거하며, 봉급의 대부분을 시민단체에 기부하고, 출퇴근 시에는 관용차가 아니라 오래된 폭스바겐 비틀을 직접 운전하며, 찾아온 손님들에게는 손수 차를 끓여 내놓곤 했다. '정치적 쇼'로 오해받을 수도 있는 이런 행동은 실은 그의 공화주의적 신념에 완전히 부합하는 행동이었다. 그는 정치가는 자기가 대표하는 국민들의 다수와 같은 수준과

방식으로 생활을 하는 게 마땅하다고 생각한 것이다.

그는 오늘날 세계가 직면한 최대의 위기는 기후변화도, 환경파괴도, 전쟁위협도 아니고, 정치의 위기라고 말했다. 그가 보기에 오늘날 대부분의 정치가는 지위가 높아지면 갑자기 왕이 되려 하고, "붉은 카펫과 자신을 받들어 모시는 자들에 둘러싸여" 공화주의 정신을 망각해버린다. 즉, 선출된 임시적 공복일 뿐이라는 자각을 결여한 정치가들 때문에 오늘의 정치가 위기에 처했고, 세계가 커다란 위험에 처했다는 것이다.

넥타이라는 헝겊 조각을 매는 것을 싫어하고, 빈민가의 소년 소녀들이 각자의 매트리스에서 잠을 자는지 아닌지에 관심이 많았던 무히카 대통령은 취임 때보다도 퇴임 시에 국민들로부터 훨씬 더 높은 지지를 받았다. 퇴임 후 그는 지금껏 살던 집에서 화훼농사를 지으며 농업학교를 운영하고 있다.(경향신문, 2015-12-24)

발언 II

김종철 칼럼집

2012. 9.~2015. 12.

초판 제1쇄 발행 2016년 1월 11일
      제4쇄 발행 2022년 1월 3일

저자 김종철
발행처 녹색평론사

주소 서울시 종로구 돈화문로 94 동원빌딩 501호
전화 02-738-0663, 0666
팩스 02-737-6168
웹사이트 www.greenreview.co.kr
이메일 editor@greenreview.co.kr
출판등록 1991년 9월 17일 제6-36호

ⓒ 김종철 2016
ISBN 978-89-90274-81-6 04300
ISBN 978-89-90274-82-3(세트)